식물 사람

식물 사람
철학적 식물학

초판 1쇄 발행 2024년 5월 15일

지은이 매튜 홀
옮긴이 유기쁨

펴낸곳 서울대학교출판문화원
주소 08826 서울 관악구 관악로 1
도서주문 02-889-4424, 02-880-7995
홈페이지 www.snupress.com
페이스북 @snupress1947
인스타그램 @snupress
이메일 snubook@snu.ac.kr
출판등록 제15-3호

ISBN 978-89-521-3180-5 93100

PLANTS as PERSONS

식물 사람

철학적 식물학

A Philosophical Botany

매튜 홀 지음 | 유기쁨 옮김

서울대학교출판문화원

옮긴이의 말

시골로 이주한 지 8년 차다. 인간과 인공 사물에 둘러싸여 살아가던 도시에서는 잘 몰랐지만, 시골에서는 이 세계가 이른바 '인간적인 것'보다 훨씬 더 크다는 것을 일상에서 깨닫게 된다. 시골에서는 어디서든 멈춰 서서 잠시만 가만히 주의를 기울이면 엄청나게 많은 살아 있는 존재들을 발견하게 된다. 크고 작은 곤충이나 뱀은 물론이고, 닭이나 개와 같은 동물들과 밀접하게 지내는 시간은 놀라움의 연속이었다. 한때 닭을 키우면서 닭들이 가진 저마다의 개성에 놀랐고, 개들과 함께 살면서부터는 그들과의 적절한 관계 맺기에 대해 현실적인 고민을 하게 되었다. 요즘은 벌을 키우면서 벌과 함께하는 삶에 대해 생각하고 있다.

인간 사회에는 인간 사이에서 바람직한 관계를 형성하기 위해 윤리가 존재해 왔다. 그리고 여태까지 우리는 인간 사이에서 일어나는 일에만 윤리적 관심을 가졌다. 그런데 우리가 살아가는 이 세계가 인간적인 것보다 훨씬 더 크다는 것, 수많은 존재가 더불어 살아가고 있다는 점을 생각할 때, 그들과 어떻게 바람직한 관계를 맺을 것인가를 생각하지 않을 수 없다. 인간 이외의 다른 존재들, 지금껏 굳이 의식하지 않았던 낯선 존재와의 관계에 대해 생각한다는 것은 참으로 번거롭고 복잡한 일로 느껴진다. 이들과의 바람직한 관계 맺음을 위해 윤리적 관심을 가진다면, 그 범위는 어디까지이며, 또 무엇을 기준으로 삼아야 할까? 우리는 보통 인간에게 비교적 친숙한 반려동물과의 경험에 비추어, 고통을 느낄 수 있는 비인간 동물을 윤리적으로 고려해야 한다는 생각에 이른다. 그런데 이 책은 거기서 더 나아가 식물을 윤리적 고려의 대상에 포함시켜야 한다고 제안하고 있다. 이게 무슨 뜻일까?

이 책은 현대 식물학, 종교학, 인류학, 윤리학, 철학의 연구 성과를 두루 아우르면서 식물과 인간 사이의 적절한 관계를 모색하는 매혹적인 작품이다. 저자인 매튜 홀은 특히 식물에 대한 동서고금의 다양한 문화적·철학적 접근 방식들을 비교, 분석한다. "문화적·철학적 관념들"이 인간과 식물의 상호작용에 강력한 영향력을 행사해 왔다고 여기기 때문이다. 그리스 철학에서부터 초창기 식물학의 주요 선구자들, 그리스도교, 힌두교, 불교, 자이나교, 그리고 북아메리카·오스트레일리아·뉴질랜드의 토착 종교, 이교도 우주론 등의 철학적, 종교적 유산에서 나타나는 식물과 인간의 관계 및 식물에 대한 태도를 주제로 다룬다.

이 책은 먼저 고전 시기부터 오늘날에 이르기까지 서구 철학과 종교의 주요 논의들에서 나타나는, 식물을 주변화하는 '배제의 철학'의 흐름을 살핀다. 가령 플라톤, 아리스토텔레스, 플리니우스, 프랜시스 베이컨, 아우구스티누스, 아퀴나스의 저작에서 식물이 어떻게 주변화되는지를 다룬다. 특히 철학과 종교의 주요 논의들이 식물을 수동적인 비활성 존재로 여기면서, 우월하고 지배적인 존재로서 인간이 식물을 자의로 이용하는 것을 정당화해 온 방식들이 분석된다. 플리니우스에서 칼 폰 린네에 이르는 서구 식물학의 주요 선구자들에게서 발견되는 아리스토텔레스적 식물관을 분석한 대목도 흥미롭다. 이 책을 통해서 독자는 서구 사상사에서 식물이 맨 밑바닥에 위치하는 존재의 위계질서가 정립되고 생명의 연속성이 무시되는 가운데 인간과 식물과 비인간 동물 사이의 뚜렷한 단절이 가정되는 방식을 가늠해 볼 수 있다.

또한 이 책은 식물을 인간의 윤리적 고려의 대상에 포함시켜 온 여러 문화의 접근 방식들을 검토한다. 먼저 '영혼(지바)' 교리를 바탕으로 비폭력의 윤리를 전개해 온 힌두교, 자이나교의 주요 논의에서 식물과 인간의 상호작용이 다루어지는 방식을 살핀다. 또 감응적 존재로서 식물을 바라볼 때 일어나는 효과 등을 검토하고, 최근 종교학과 인류학 분야에서 활발히 일어나는 '새로운 애니미즘' 논의 가운데 특히 북아메리카, 호주, 뉴질랜드 원주민들이 식물을 비인간 사람으로 여기는 사례를 소개하며 종간 윤리interspecies ethics의 가능성을 살핀다. 그리고 새로운 과학적 발견이 이러한 관점을 뒷받침한다는 것을 효과적으로 보여 준다.

이 책에서 저자는 시종일관 식물과 인간 사이에 생태학적으로 적절한 관계란 무엇인지를 묻는다. 이 책의 장점 중 하나는 인문학과 자연과학의 연구 성과들을 적절히 결합해서 좀 더 넓은 시야에서 식물과 인간의 관계를 사유하게 한다는 점이다. 저자인 매튜 홀은 자연과학과 철학, 인류학, 종교학, 윤리학 등의 연구 성과를 토대로 다양한 각도에서 식물과 인간의 관계를 생각하도록 능숙하게 유도한다. 그는 현대 식물학의 성과를 바탕으로 식물과 인간이 감각하는 자율적이고 지성적인 존재로서 기본적인 존재론적 실재를 공유한다는 점을 강조한다.

홀은 특히 '식물 사람'이라는 개념을 전면에 부각시키면서, 식물의 도덕적 지위를 재고하도록 요청한다. 사실 '식물 사람'이란 개념이 홀의 독창적인 작품은 아니다. 최근 들어 근대 서구 문명이 생태 위기를 초래했다는 데 대한 반성과 대안에 대한 관심 속에서 점점 더 많은 인류학자, 철학자, 종교학자, 나아가 예술가와 작가 등이 '사람person'의 의미 확장을 시도하고 있으며, '돌고래 사람', '자작나무 사람' 등 새로운 조어를 만들어 내고 있다. 그와 같은 '사람'의 의미 확장은 그 단어를 인간에 국한해서 사용하는 현대사회의 일반적 통념과는 차이가 있기에 혼란을 불러일으키지만, 그러한 혼란은 인간과 비인간 존재의 관계를 다시 생각해 보게끔 의도된 것이다.

현대 자연과학의 연구 성과를 바탕으로 식물과 인간의 관계에서 중요한 동서양의 문화적·철학적 접근 방식들을 아우르는 이 책의 광범위한 분석은 오늘날 인간을 포함한 생태계의 상호작용이 가진 복합적인 성격을 이해하는 데 기여한다. 이 책은 지구 생태계가 주관적이고 협력적인 존재들, 환경을 조직하고 경험하는 존재들 사이의 교섭임을 잘 보여 준다.

오늘날 비인간 동물과 인간의 관계를 다루는 논의는 적지 않다. 비인간 동물과 인간의 관계 맺음에 대해 생각해 보는 것은 여러 학문 분야에서 유의미한 도전이 되었다. 저자는 거기서 한 걸음 더 나아가 인간이 식물과 맺고 있는 관계에 대해 돌이켜 볼 것을 요청하며, 세계 내에서 식물의 자리를 전면적으로 다시 생각하게 한다.

기후 변화의 한복판에서 살고 있는 우리에게 식물과 인간의 복잡하고 다양한 관계와 역동적인 결합을 다루는 식물철학은 오늘날 생태철학의 이른바 최전선에 자리한다. 홍수, 가뭄, 대형 산불, 팬데믹 같은 재난의 근저에는 인간중심주의의 사유 체계가 있다. 식물이 없이 살 수 없는 인간이 점점 더 식물 세계로부터 멀어지는 현실 속에서 식물의 도덕적 지위와 존재론, 식물과 인간이 관계하는 방식의 문화적·철학적 논의들을 다루는 이 책은 우리를 중요한 철학적 성찰의 세계로 인도할 것이다.

이 책의 번역은 한편으로는 힘겨웠지만 다른 한편으로는 즐거웠다. 여러 학문 분야의 전문 지식과 낯선 용어들을 우리말로 옮기는 과정은 쉽지 않았고, 종종 나의 무지로 인한 돌부리에 걸려 넘어지기도 했다. 그렇지만 식물에 관해 잘 모르던 내용을 배우고 또 막연하게 알고 있던 지식을 명료화하면서 식물 세계에 조금 더 가까워질 수 있었다는 점에서는 일종의 희열을 맛볼 수 있었다. 사실은 후자의 즐거움이 훨씬 더 컸다고 말하고 싶다.

시골로 이주한 뒤 해마다 봄이면 나무를 심었다. 저마다의 속도로 자라는 다양한 식물의 모습을 가만히 관찰할 때면 늘 경이롭다. 수많은 비인간 존재들을 알아차리게 될수록 이 세계가 인간만의 독무대가 아니라는 것을 절감하는데, 이상하게도 그 사실이 위로가 된다. 그리고 희망을 준다. 바라건대, 독자들도 이 책을 통해 식물 세계에 조금 더 가까워질 수 있으면 좋겠다.

이 책을 번역하는 동안 식물의 생명력과 주변 나무와의 역동적인 상호작용을 내게 가르쳐 준 마당의 호두나무에게, 그리고 번역 원고의 첫 번째 독자로서 날카로운 조언을 아끼지 않은, 나무처럼 늘 내 곁을 지켜주는 박상언에게 감사의 마음을 전한다.

2024년 4월
호두나무 그늘 아래에서
유기쁨

차례

발 플럼우드를 위해

감사의 글

많은 사람들이 이 책을 위한 연구에 도움을 주었고, 이 자리에서 기쁜 마음으로 그들에게 감사를 전한다.

데버라 로즈, 빌 플립우드, 그리고 리비 로빈은 내게 **생대인문학**(www.ecologicalhumanities.org)을 소개해 주었고, 이 책 전반에 흐르는 생각과 주제를 발전시키도록 도와주었다. 그레이엄 하비는 종교학 분야로 나를 안내했고, 윌 툴라다르-더글라스, 카다란, 필립 카곰, 댐, 샐리 올스포드, 포티아, 미란다 모리스, 그리고 시우사이드 체나딕은 종교 전통에서 식물을 다루는 장들에 중요한 정보를 제공해 주었다. 토니 트레와바스와 쏨 반 두렌은 저서의 바탕이 된 개념을 친절하게 논해 주었다. 프리츠 디트와일러, 존 그림, 그리고 프레야 매슈스 및 익명의 두 검토자들은 이 책의 초고에 귀중한 논평을 제공하고 수정 사항을 알려 주었다.

SNUY 출판부의 낸시 엘리게이트, 켈리 윌리엄스-르룩스, 토머스 골드버그, 그리고 앤 밸런타인에게도 감사드린다.

가족과 친구들의 사랑과 성원에 가장 깊은 감사를 전한다.

철학적 식물학

우리 모두가 살 수 있으려면, 평화롭게 살 수 있으려면,
나무에게 어떻게 말해야 할까?
나무를, 다른 동물을, 그리고 서로를 어떻게 대해야 할까?[1]
_ 에라짐 코학

자연을 다시 심기

대부분의 사람들은 인간이 자연에 해를 끼치고 있음을 안다. 죽어 가는 열대우림, 살육당한 호랑이, 유독물질로 오염된 강의 모습을 담은 상징적인 사진은 모두 인간이 자연 세계와 맺는 관계가 점점 더 파괴적인 것이 되고 있다는 사실을 여실히 보여 준다. 그런데 우리의 환경 위기에 대한 가장 강력한 분석 중에서는 오히려 인간이 자연 세계로부터 지나치게 분리되었기 때문에, (보전생물학자들이 여섯 번째 대멸종의 위기로 인식하는) 인간이 만든 죽음의 위기에 휘말리게 되었다는 시각도 있다. 환경철학자 발 플럼우드Val Plumwood는 지배적인 서구 문화가 인간과 자연을 구분짓는 이원론을 만들어 냈다고 주장해 왔다.[2] 이러한 세계관에서 자연은 인간과는 근본적으로 다른 무언가로 구성되며, 인간 문화는 자연으로부터 근본적으로 분리되어 있다. 플럼우드에 따르면 특히 서구의 세계관이 자연을 하찮은 타자, 균질화되고 목소리 없는 공허한 존재 상태로 표현하는데, 그러한 자연

인식은 지구에 대한 지배를 정당화하는 데 기여한다.[3]

대체로 자연은 인간의 관심이 요구되는 속성, 예컨대 정신, 행위주체성, 자유의지 등이 없는 것으로 묘사되기 때문에 인간의 도덕적 고려의 영역에서 제외되었다. 최근 제4차 유엔 지구환경전망보고서UN GEO4 report에 따르면, 결과적으로 자연 세계에 대한 인간의 행동은 생물권의 온전성을 훼손할 만큼 지구 환경에 파괴적인 것으로 나타났다.[4] 인간이 야기한 환경문제에 대한 적절한 대응은 인간과 자연 사이에서 덜 파괴적이고 더 존중하는, 조화로운 관계를 발전시키는 것이어야 한다. 그렇지만 자연이라는 개념은 다소 모호하고 포괄적이다.

탈근대적 해체주의자에게 자연은 오로지 문화라는 인간의 영역과 대립하는 자리에 위치하게끔 만들어진 도발적인 용어이자 인간에 의해 구성된 개념이다.[5] 물리학에서 자연은 보편성과 불가침의 법칙이라는 측면에서 사고된다. 물리학자와 천문학자는 천체와 그것을 지배하는 힘을 통해 자연에 대한 관념을 형성한다. 지구로 돌아와서, 문화지리학자 데이비드 하비David Harvey는 변증법적인 관점에서 자연을 일련의 과정process과 흐름flow으로 인식한다.[6] 자연을 이동transfers 시스템으로 보는 이러한 생각은 생태과학의 현대적 관념과 많은 공통점을 지닌다. 환경철학의 영역 안에서는 과정에 기초한 자연 이해가 종종 옹호된다. 프레야 매슈스Freya Mathews는 자연에는 추상적 디자인이 부재한다고 보고, "추상적 사유의 지시를 받는 우리 혹은 다른 행위주체가 간섭하지 않고 내버려 둘 때 일어나는 모든 것"을 자연으로 여긴다.[7]

자연에 대한 철학적, 일상적 언급이 풍부함에도 불구하고, 환경 연구에서 "자연은 대체로 미분화된 개념으로 남아 있었고, 그 구성 요소가 별도로 이론화되는 일은 거의 없었다."는 점은 명백하다.[8] 따라서 인간 활동이 비인간 세계의 많은 부분을 위협하는 시대에 자연과의 윤리적 관계를 새롭게 하라는 도전에 논리적으로 대응하자면 인간과 자연의 관계를 이질성의 측면에서 이론화해야 한다. "인간을 생태학적 측면에서, 비인간을 윤리적 측면에서 (재)정위(re)situating하라."라는 플럼우드가 제안한 두 가지 과제를 받아안고서, 이를 다양하고 풍부하며 개별적(또한 집단적)으로 존재하는 별도로 이론화된 자연에 대해 적용해야 한다.

생물학의 통찰을 활용해서, 그러한 활동은 넓게 정의된 동물 연구 분야에서 한동안 진행되어 왔다. 수십 년 동안 동물권 이론은 동물과 보다 윤리적인 관계를 수립하는 데 직접적으로 관여해 왔다. 피터 싱어Peter Singer, 톰 레건Tom Regan, 개리 프랜시온Gary Francione과 같은 선도적인 동물권 이론가들은 동물이 지닌 감응력sentience과 주관성subjectivity에 대한 이해에 힘입어 동물을 도덕적 고려의 범주에 포함시킬 것을 주장해 왔다.[9] 동물 행동학자 마크 베코프Marc Bekoff 또한 동물학에서 이러한 접근법을 개척해 왔다. 동물의 윤리적 처우를 위해 앞장서서 목소리를 내는 베코프는 인간이 동물을 매혹적이고 복잡한 사회적 존재로서—인간의 도덕적 고려를 충분히 받을 만한 자율적 개체로서—인식하는 정도를 극대화하도록 연구를 설계한다.[10] 동물의 생리와 행동에 대한 그처럼 상세한 생물학적 지식은 좀 더 도덕적인 관점에서 인간과 동물의 관계를 재정립하는 것을 목적으로 하는 더욱 광범위한 동물-인간 연구를 다수 촉발시켰다.[11] 인류의 주요 과제에 비추어 볼 때, 이러한 연구들은 인간과 비인간의 이원론에 의문을 제기하기 시작했고, 비인간이 도덕적으로 고려될 가능성을 열어 놓기 시작했다.

동물에 대해서는 이런 연구들이 확산되고 있지만, 식물의 도덕적 지위에 초점을 맞춘 연구는 드물다. 그렇지만 보다 윤리적인 인간-자연 관계의 필요성과 자연의 구성 요소들을 별도로 이론화해야 할 필요성을 고려할 때, 우리는 비인간 존재들로 구성된 자연의 가장 큰 구성 요소는 동물 생명으로 이루어져 있지 않다는 점 또한 인정해야 한다. 지구의 사막이나 산봉우리에서, 비인간 세계는 대부분 바위로 이루어져 있다. 지구의 바다, 호수, 강에서 가장 큰 비인간 존재는 물이다. 그렇지만 인간이 거주하는 대부분의 장소에서는—특히 유럽과 북아메리카에서는 심지어 마을과

도시 안에서도—식물이 자연 세계를 지배한다.

지구에서 생명체가 살고 있는 대부분의 장소는 시각적으로 **식물경관** *plantscapes*이다. 인공적으로 변형된 서식지를 걷든 황무지를 걷든, 다른 어떤 종류의 생물보다 식물과 마주치게 될 가능성이 훨씬 높다.[12] 사실 이 행성에서 눈에 보이는 바이오매스의 대부분은 식물로 구성되어 있다.[13] 지구상의 거주 가능한 대부분의 장소에서, 자연 세계 안에 있다는 것은 무엇보다도 동물이나 균류, 혹은 박테리아가 아니라 식물 사이에 있다는 것을 의미한다. 비록 균류, 박테리아, 그리고 동물은 자연적인 과정을 유지하는 데 중요하지만, 식물은 인간이 만나는 자연에서 가장 풍부한 생명체다.[14] 중요한 것은, 직접적으로나 간접적으로나 눈으로 볼 수 있는 이러한 식물 바이오매스의 존재가 인간 존재를 존속시킨다는 점이다.

자연*nature*이라는 부정확한 용어를 사용할 때 식물계의 지구적 우세는 거의 인식되지 않는다. 식물이 지배하는 생물권에서, 자연은 어쩌면 (자연과 같은 것을 의미하는) 식물 자체가 인식되는 방식 때문에 그토록 무정형이며 주변적인 무언가가 되었을 것이다. 따라서 너무 늦은 감이 있지만, 식물에 대한 인간의 인식 및 인간과 식물의 관계에 관한 연구는 우리가 자연 세계를 대하는 방식을 이해하기 위해 중요하다.[15]

여기서 나는 인간이 자연 세계를 고려할 때 결정적으로 중요한 문화적, 철학적 지향들에 대한 폭넓은 조사에 기초해서 연구를 수행할 것이다. 철학자 에라짐 코학Erazim Kohák은 환경 담론 안에 이러한 고려를 포함시킬 필요성을 명확히 하기 위해 **철학적 생태학***philosophical ecology*이란 용어를 만들었다.[16] 이 책에서 나는 철학적 생태학의 개념을 식물 세계에 적용하고, 식물계와의 보다 윤리적인 관계를 발전시키기 위해 식물계에 대한 여러 문화적-철학적 인식들을 연구하는 것이 중요하다고 주장한다. 식물을 명시적으로 다루는 대립적인 우주론, 철학, 형이상학 체계들을 다양하게 검토함으로써 이 연구가 이루려는 주요 목적 중 하나는 식물이 인간의 다양한 세계관 안에서 어떻게, 어디에 위치하는지를 밝히는 것이다. 이를 통해 인간이 자기 주위의 식물과 맺는 가장 중요한 관계를 이들 식물철학이 어떻게 규정하는지를 분석할 것이다. 이 작업의 중요성은 식물이 인간의 일반적, 도덕적 고려의 영역 안에 포함되거나 배제되는 과정을 폭넓게 분석한 것에서 찾을 수 있다.

이는 식물 생명에 관한 인간의 가장 적절한 해석을 알아내기 위해 수많은 식물 지식을 살펴보는 작업이다. 수많은 식물종과 다름 아닌 자연 세계 자체가 인간 활동에 의해 위협받는 이 시기에, 이 연구는 또한 인간이 식물을 대하는 가장 적절한 태도를 찾아내는 것을 목적으로 한다. 이러한 이중적 접근 방식은 다시금 코학의 철학적 생태학의 범위 안에서 설정된다. 연구의 핵심은 "단일한 '메타-물리적meta-physical' 현실에 관한 실증적 서술"을 찾기보다는 가장 적절한 "말하기 방식"을 모색하는 코학의 뒤를 따른다.[17]

인위개변人爲改變의 생태적인 위기 속에서, 인식과 행동의 다양한 양식들 사이의 선택이 중요하다. 인간의 생명은 식물의 존재에 달려 있다. 이 연구를 통해, 나는 식물을 수동적 자원으로 보는 일반적인 서구적 시각이 우리의 생태학적 곤경에 분명 책임이 크다고 되풀이해서 주장한다. 식물 생명에 접근하는 좀 더 적절한 방식을 발견함으로써 생물권의 온전함을 위협하지 않고 유지하는 인간 행동 방식을 뒷받침할 수 있을 것이다.[18] 여러 문화 및 철학 자료를 조사함으로써 식물 연구에 문화적, 형이상학적 영향을 통합하는 것, 어쩌면 좀 더 **철학적인 식물학**을 제시하는 것이 이 연구의 목적이다.

이 책을 통해, 나는 생태학적 붕괴가 임박한 시대에 식물을 대하는 가장 적절한 태도를 모색한다. 이 광범위한 접근은 우리가 환경 문제에 대한 복잡한 윤리적 해결책을 발전시키기 위해서 "다양한 문화들에 가능한 한 폭넓게 의존해야 한다"는 프레야 매슈스의 생각과 일치한다.[19] 요점은 다른 지식 체계를 전유하거나 하나의 세계관을 **최고**로 추켜올리는 게 아니라, 오히려 서구적 맥락에서 좀 더 적절한 생태학적 행위를 이끄는 생각과 전략을 낳기 위해 수많은 세계관들을 연구하는 것이다. 엘리엇 도이치Eliot Deutsch가 명백히 말했듯이, 우리는 "자연에 관한 더 나은 과학적 이해를 위해서가 아니라 (…) 우리 자신의 생각에 영향을 미칠 수 있는 다른 존재론적 시각과 도덕적 이상을 위해서" 다른 문화적 관념들에 의지한다.[20]

여러 소규모 사례 연구를 통해서, 이 작업은 식물이 특정 세계관 안에 어떻게 자리 잡게 되었는지를 밝히는 영향력 있는 요인과 과정을 검토하여 메타-내러티브를 구축할 것이다. 식물 세계에 관한 인간의 인식과 태도에 물음을 던질 때부터 에라짐 코학이 중요한 뭔가를 알아차린 것은 분명하다. 문화적-철학적 관념들은 인간이 식물계와 상호작용하는 데 강력한 영향을 미치며, 인류는 매우 다양한 방식으로 식물에 대해 생각하고 행동한다. 다음 장들은 인간이 식물을 인식하고 식물을 대하는 대조적인 방식들을 분석할 것이다. 명확히 하기 위해, 나는 이러한 인식 방식들을 넓게 정의한 **배제의 철학**과 **포용의 철학**으로 나누었다.

배제의 관점과 과정

처음 세 장은 근본적 분리, 동물중심주의(동물에 초점을 맞춘 관점), 배제, 그리고 위계적 가치 세우기라는 주제들을 사용해서 식물의 주변화 문제와 씨름한다. 여기서는 이러한 관념들이 식물 존재론에 관한 서구적 논의에서 지배적이라고 주장한다. 미하일 바흐친Mikhail Bakhtin의 용어를 빌리자면, 생명에 대한 그러한 접근은 독백적인 것으로 폭넓게 분류될 수 있다. 바흐친에게 독백이란 타자의 목소리나 존재를 인식하지 못하는 것이다. 그것은 "완결된 채로 타자의 반응에 귀 기울이지 않으며, 타자의 반응을 기대하지 않고, 그것의 어떠한 결정적인 힘도 인정하지 않는다. 독백은 타자 없이 헤쳐 나간다…."[21]

인간이 식물을 주변화하는 문제는 식물학에서 어느 정도 관심을 받기 시작했다. 식물생리학의 중요한 한 연구에서, 식물생태학자인 프랑시스 알레Francis Hallé는 인간이 생물권의 식물 생명에 대해 무지하다는 가정에서 시작한다. 그는 대다수 인간이 "일반적으로 식물에 대해 잘 알지 못하고 식물을 얕보거나 그저 무시한다"고 주장한다.[22] 같은 맥락에서, 식물학자이며 환경 교육자인 완더시Wandersee와 슈슬러Schussler는 **식물맹***plant blindness* 현상, 곧 식물에 대한 인간의 글자 그대로의 무지와 자발적인 동물 선호에 관한 글을 썼다.[23] 저자들에 따르면, 이러한 광범위한 "질병"의 징후는 다음과 같다.

- 생활 속에서 식물을 보거나 알아차리지 못하고, 식물에 관심을 집중하지 못한다.
- 식물은 그저 동물을 위한 배경이라고 생각한다.
- 인간 생명을 위한 식물의 중요성을 간과한다.
- 식물 활동과 동물 활동의 상이한 시간 척도를 이해하지 못한다.[24]

알레는 만연한 동물중심주의 혹은 인간중심주의로 인해 인간이 식물 생명에 거의 가치를 두지 않는다고 가정한다. 이는 인간이 식물과는 동물만큼 쉽게 일체감을 느끼지 않는다는 사실과, 인간에게 식물의 생리학적 작용에 대한 즉각적 이해가 부족하다는 사실에 기인한다.[25] 우리는 식물에 둘러싸여 있는 데다 정원에서 식물을 열성적으로 기르면서도 식물이 인간에게 "절대 타자"의 상태에 있다고 여기는데, 즉 식물이 동물인 **호모 사피엔스**와는 대단히 다른 방식으로 삶을 영위한다고 여기는 것이다. 알레는 식물이 인간 및 동물과 크게 다른 점에 초점을 맞추어 식물 생리학과 생활사에 관한 지식을 증진시킴으로써 이러한 상황을 바로잡으려 했다.

완더시와 슈슬러는 그 문제에 대한 비슷한 이해에서 출발해, 동물에 대한 심리적-시각적 편견을 분석함으로써 식물에 대한 무지와 만연한 동물중심주의를 설명하려고 시도했다.[26] 식물에 대한 지식 부족, 식물 표면과 질감의 일반적인 유사성, 식물에게 움직임이 결여된 점, 그리고 식물이 인간을 먹잇감으로 삼지 않는다는 사실 등은 모두 **식물맹** 현상의 그럴듯한 이유로 제시된다.[27] 이후에 발표한 논문에서, 완더시와 클래리Clary는 식물에 대한 무시와 무지를 근본적인 생리학적 편향의 징후로 보고 있음을 분명히 드러낸다.

> 일반적인 통념에 도전하면서, 우리는 동물중심주의, 동물쇼비니즘, 식물경시라는 처음 세 가지 행동이 실제로 인간의 눈-뇌 시스템이 전형적으로 시각 정보를 가공하고 처리하는 방식에서 발생하는 식물맹의 기본 **조건**의 **징후**라고 제시했다….[28]

이 식물학자들은 식물에 대한 무지의 문제를 강력하게 제기했지만, 그 원인에 대한 분석은 여전히 불완전하다. 그들은 식물에 대한 동물중심적 태도의 문제를 확인했지만, 그러한 문제가 존재하게 된 까닭으로 제시한 설명은 잠재적으로 오해의 소지가 있다. 이 문제에 생리학적 근거를 부여함으로써, 그러한 동물중심적 태도가 어떤 의미에서는 모든 인간에게 **자연스럽고 불가피하다고** 은연중에 암시하는 것이다. 나는 서구 사상을 특징짓는 주변화marginalization가 자연스러운 것도 불가피한 것도 아니라고 주장한다. 동물중심주의는 생리학에서 나온 것이 아니라, 오히려 주로 문화적-철학적 태도와 관련된다. 여기서 근본적 착오는 서구 사회에서 발견되는 이러한 동물중심주의가 식물계에 대한 모든 문화적 관념과 행동에 스며들어 있다는 가정이다. 이처럼 닫힌 입장은 대안적 접근 방식을 받아들일 여지를 거의 남겨 두지 않는다.

이 책의 처음 세 장은 서구적 사유의 흐름을 폭넓게 다루는데, 각 장은 동물중심적 관점이 우세하다는 것을 분명히 보여 준다. 여기서 나의 핵심적 주장은 알레 등이 확인한 대로 현대 서구 사회에서 식물이 형편없는 지위에 처한 것은 분리, 배제, 위계를 향한 추진력에서 부분적으로 발생했다는 점이다. 나는 그러한 관념의 토대, 그것들이 굳어져 온 과정, 인간이 식물을 대하는 태도가 낳은 결과 등을 집중적으로 분석할 것이다.

처음 세 장의 자료는 서구 사회에서 동물중심적 시각이 지배적이라는 알레의 인식에 동의하지만, 동물중심주의가 식물을 주변화하고 배제하기 위한 의도적인 철학적 전략이라고 주장한다는 점에서 차이가 있다. 동물중심주의는 도덕적 고려의 관계에서 식물을 배제하는 **방법**이다. 동물중심주의는 배제의 과정에서, (더 좋은 표현이 있으면 좋겠지만) 말하자면 **정치적인** 도구가 되는데, 이때 "타자는 집단적 자기collective self에 대한 감각을 유지하기 위해서 분리되고 계속 떨어져 있어야 하는 부정적인 필연성이 된다."[29] 그리하여 동물중심주의는 식물이 지배당할 수 있도록 식물계에 대한 인간의 우월성 관념을 유지하는 데 기여한다. 동물중심주의는 식물을 열등한 존재로, 그리고 인간이 지배하는 위계질서의 자연적 기반으로 묘사하는 데 책임이 있는 핵심적인 이원화의 힘이다.

플럼우드가 밝혀낸 이원론에 따르면,[30] 최상위층이 더 많은 가치를 지니는 엄격한 위계를 구축하는 것은 서로 다른 집단들의 근본적 분리를 장려하고 상위 계층에 의한 위계 지배의 논리를 정당화하는 데 핵심적이다.[31] 사회생태학 분야에서 머레이 북친Murray Bookchin은 인간의 위계 구축이 한 인간 집단에 의한 다른 인간 집단의 지배를 정당화하는 토대라고 간주했다.[32] 에코페미니즘 이론에서 캐런 워렌Karen Warren은 가치위계적 사유가 "정당화되지 않는 지배와 종속 관계를 설명하고 유지하며 '정당화'하는 기능"을 하는 억압적 개념틀의 일부라고 여겼다.[33] 분리와 가치에 따른 줄 세우기는 식물을 인간의 고려 대상에서 배제하려는 일반적 경향의 핵심이다. 이러한 경향을 폭로하고 궁극적으로 바로잡는 일은 매우 중요한데, 왜냐하면 배제는 "지적인 폭력이며, 집단적이고 체계적인 물리적 폭력을 유발하는 태도"이기 때문이다.[34] 식물을 배경으로 몰아내고 식물의 감응력을 부정하는 지적 폭력은 식물계에 대한, 그러므로 더 넓게는 자연세계에 대한 "점령, 전유, 상품화"를 뒷받침한다고 이야기할 수 있다.[35]

식물에 대한 서구적 태도를 고려할 때, 배타적인 "대립적 가치 이원론"의 구축에 기초한 이러한 위계 세우기는 서구 세계에서 가장 영향력 있고 널리 스며든 철학의 일부에서 두드러진다.[36] 1장은 고대 그리스 철학 전통의 맥락에서 자연 세계 안에서의 위계 구축 및 식물의 능력과 기능에 관한 이원적 취급을 다룬다. 이러한 구조들을 분석하는 시작점은 플라톤인데, 그는 이원론적인 동물중심적 관점에서 식물을 정의했고, 식물이 인간의 이용을 위해 특별히 창조되었다고 주장했다. 이러한 접근법은 아리스토텔레스에 의해 영속화되었다. 아리스토텔레스는 식물 그 자체를 고려하기보다는, 그가 동물에게서 관찰한 것을 토대로 식물의 능력을 판단했다. 아리스토텔레스는 식물을 확고히 밑바닥에 두는 생명의 위계를 구축했다. 이러한 위계를 뒷받침하는 과정에서 식물은 동물과는 **근본적으로** 다른 것으로 제시되었고, 감각 능력과 지성이 결여된 것으로 여겨졌다. 그러한 위계 세우기는 분리를 향한 충동을 드러낸다. 이는 식물과 인간 생명 사이의 연속성을 제거하는 것에 기초한다. 이것은 배제를 강화하는 입장이다.

1장의 주요 특징 중 하나는 관점과 의도가 식물 생명에 대한 인간의 접근 방식에 미치는 영향을 살펴본다는 점이다. 1장에서는 아리스토텔레스의 위계 세우기, 즉 인간과 식물 사이의 연속성을 제거함으로써 분리와 배제를 추구하는 그의 경향을 그의 제자인 테오프라스토스Theophrastos의 작업과 대조한다. 테오프라스토스의 관점을 검토함으로써, 1장에서는 배제의 입장이 자연스러운 것도 불가피한 것도 아니라는 사실을 드러낼 것이다. 근본적인 배제를 만드는 것은 식물의 상이한 생리학이 아니라 오히려 인간의 의도다.

아리스토텔레스와는 대조적으로, 테오프라스토스의 저술은 식물을 식물의 방식대로 다루려고 시도하며 식물과 인류의 관련성relatedness과 연결성connectedness을 강조한다. 식물에 대한 그러한 접근 방식은 고대 그리스 신화에서, 그리고 유럽 전역에 남아 있는 이교도 전통의 흔적들에서 발견되는 것과 매우 유사하다.[37] 테오프라스토스의 저작에서는 그가 배제가 아닌 포용과 배려를 지향한다는 점이 분명히 드러난다. 이러한 의도의 차이가 만들어 낸 결과는 놀랍다. 식물을 감각과 지성이 결여된 수동적 존재로 여기는 대신, 테오프라스토스는 식물을 자율성과 생의 목적을 명백히 보여 주는, 의지와 마음, 의도를 가진 생물로 간주했다. 테오프라스토스의 관점에서 식물은 서식지 선택 및 씨앗과 열매의 생산을 통해 번성하려는 목적과 욕구를 갖는다.

2장은 서구에서 식물을 다루는 지배적인 방식이 왜 테오프라스토스가 아닌 아리스토텔레스의 방식과 유사한지 그 이유를 살핀다. 테오프라스토스는 식물학의 많은 부분을 발전시키는 데 크게 기여했지만, 유감스럽게도 그의 철학적 지향은 계승되거나 발전되지 못했다. 이 장에서는 테오프라스토스가 지녔던 통찰력의 유실, 아리스토텔레스의 위계적 철학의 우세, 그리고 식물학 역사에서의 동물중심주의에 대한 분석을 좀 더 심층적으로 다룬다. 특히 고대의 동물중심적 철학의 토대 위에서 식물이 점점 더 배제되면서, 식물과학에서 식물에 위계적으로 접근하는 방식이 얼마나 순조롭게 유지되어 왔는지를 검토한다. 가장 중요한 요점 중 하나는 데카르트 철학과 산업 기계론적 원자론industrial mechanistic atomism이 등장하기 훨씬 전에 자연 세계의 그처럼 큰 부분에 대한 체계적 평가절하가 일어났다는 점이다.[38]

3장은 계속해서 위계의 주제를 다루며, 그리스도교 신학 자료, 특히 성서 자료와 저명한 신학자들의 저술 속 식물에 대한 해석을 살펴본다. 성서 역시 식물 생명을 인간 및 동물과 근본적으로 다른 존재로 구성하는 것은 분명하다. 나아가 성서의 창조 이야기에는 식물과 인간 사이의 연속성을 거부하고 차이를 강조하려는 경향이 나타난다. 식물은 성장과 죽음처럼 다른 생명체들이 갖고 있는 특징을 나타내지만 살아 있는 것으로 간주되지 않는다. 여러 기준에 따라 식물에 좀 더 포괄적으로 접근할 여지가 있음에도, 식물은 "하느님의 숨"이 불어넣어지지 않았다는 이유로 살아 있는 세계의 나머지로부터 분리된다. 이러한 취급은 식물 세계에서 생명과 자율성의 가능성을 모두 제거한다. 그 결과, 그리스도교 신학 자료에서 식물과의 관계는 주로 식물이 인간에게 갖는 유용성에 기초한 **도구적** 관계로 특징지어질 수 있다. 식물은 자연 세계의 위계에서 맨 아래에 위치하며, 인간의 도덕적 고려에서 배제된다.

후대 신학자들의 저술에서는 식물이 가진 활력은 인정되지만, 인간-식물 관계의 도구적 양식이 유지되면서 생명에 대한 위계적 시각이 지속된다. 식물을 살아 있는 존재로 인식하는 것과 생존을 위해 매일 식물을 죽여야 하는 필요 사이에는 긴장이 존재한다. 이러한 죽임을 인정하고 인간 행동에 한계가 있을 수 있음을 직시하는 대신, 위계는 그것을 숨긴다. 그 신학자들은 식물을 주변적이고 무의미한 것으로 만들기 위해 **근본적인** 차이를 구성하는 다른 방법을 찾아내고, 이를 통해 지배의 논리를 심화한다. 성서의 창조 이야기에 나타난 위계는 그리스 철학 전통에서 나온 유사한 관념을 차용함으로써 굳건해진다. 특히 많은 그리스도교 신학자들은 식물에게 지성이 없다는 아리스토텔레스의 표현을 이용해서 식물에 **영혼**이 있음을 부정했다.

1장과 2장, 3장에서는 서구에서 두드러진 식물과의 관계가 도구적이고 위계적이라는 것과, 분리를 향한 추진력이 위계의 **가장 낮은** 부분에 대한 체계적 평가절하에 기초한다는 것을 보여 준다. 근본적으로 이것은 식물에 대한 도덕적 고려를 거부하는 과정이다. 배제는 식물의 존재와 감응력에 대한 부정에 기초하며 또한 이를 심화한다. 궁극적으로는 생명과 죽음을 부정한다. 이 부정은 식물을 수동적 존재로 만들고 분리와 차이를 강력히 강화한다. 플라톤과 아리스토텔레스는 물론이고 성서적 사유에서도 이용과 폭력 문제를 중심으로 위계가 구축된다.[39]

포용의 관점과 과정

식물의 생명과 죽음을 어떻게 여기고 대응하는지에 관한 논의는 뒤이은 장들 전반에 걸쳐 이루어진다. 4장은 이미 약술한 사례 연구와 포용 및 연결을 다루는 사례 연구를 연관시킨다. 4장은 포용과 연결뿐 아니라 **헤테라키***heterarchy*와 **대화**라는 일반적 주제를 소개한다.[40] 여기서 대화는 독백과 마찬가지로 바흐친의 용어로, 주로 상호작용하는 동안 타자의 "목소리", 입장, 그리고 존재를 인정하는 것으로 정의된다.[41]

이 책의 나머지 장들에는 식물을 그것 자체로 대하려는 경향과 함께, 포용이란 주제가 곳곳에 스며 있다. 4장은 처음 세 장의 내위법이자 동반자 역할을 하기에 가장 길다. 4장은 상충하는 여러 관점과 분기점, 그리고 모호성을 포함하며, 그다음 장들과도 짝을 이룬다. 4장은 식물 세계에 대한 다양한 태도를 낳는 대조적인 과정들을 검토할 수 있게 해준다는 점에서 유의미하다.

4장에서는 힌두교의 경전 자료를 검토할 것이다. 비록 철저한 연구와는 거리가 멀지만, 이러한 경전에 대한 나의 제한된 독서를 통해서도 식물을 위계적으로 분리하는 것이 보편적 현상이 아님을 알 수 있다. 중요한 힌두교 문헌들에서 식물은 고유한 정신적 속성을 지닌, 완전히 감응력 있는 존재로 묘사된다. 의미심장하게도, 『우파니샤드*Upanisads*』에 등장하는 사후에 환생하는 영혼의 묘사는 식물과 인간과 동물의 세계들을 존재론적으로 연결한다. 이러한 존재 간 상호침투는 인간이 이 모든 유형의 존재에게 폭력을 행사할 수 있다는 인식을 불러일으킨다. 식물의 경우, 이는 식물을 비폭력으로 대하겠다는 인간의 윤리적 이상으로 나타난다.

이러한 광범위한 철학적 기반에서, 자이나교와 불교 사이의 주요한 분기점을 확인할 수 있다. 자이나교 철학은 힌두교 경전의 일반적 접근에 공명하며, 식물 세계와 맺는 모든 관계에 대해 비폭력 철학을 체계적으로 적용한 실제 사례다. 자이나교 철학은 비인간의 이해관계를 인간이 고려하는 영역 안에 뚜렷하게 포함한다는 점에서 특히 중요하다. 자이나교는 식물과의 친연성을 추구하며, 따라서 비폭력을 장려한다. 그로써 식물은 번성할 여지를 갖게 된다는 점이 주목할 만하다.

이와 대조적으로, 비록 불교 우주론이 본질적으로 위계적인 것은 아니지만, 어떤 불교 학파에서는 식물보다 동물에게 특권을 부여하는 위계가 발달해 왔다. 이 불교 학파들은 식물을 살아 있고 감응력 있는 존재로 인정하는 데서 방향을 틀어서, 도덕적 고려에 대한 물음에서 식물을 배제했다. 불교학자 람베르트 슈미트하우젠Lambert Schmithausen의 연구는 이러한 생략의 근거를 정확히 보여 준다는 점에서 특히 중요하다. 슈미트하우젠이 볼 때, 불교 철학이 폭력에 대한 명시적 인식을 피하고자 한 까닭에 식물은 배경으로 밀려나게 되었다. 식물에게 행해진 폭력에 대한 인식의 이러한 억압은 핵심적이다. 4장은 이러한 철학적 평가절하의 과정이 서구에 국한되지 않는다는 생각을 제시한다는 점에서 중요하다. 수많은 불교 학파들은 식물을 대상으로 한 폭력에 관해 모호한 입장에 서서 동물중심적인 윤리적 포용 기준을 발전시켜 왔고, 식물의 위치를 감응적 생명 영역의 외부에 두었다.

그러나 흥미롭게도 불교 전통은 또한 식물에 대한 매우 다른 철학적 접근을 포함하며, 이는 식물을 초점에 둘 때 단일한 불교 전통이란 존재하지 않음을 보여 준다. 동아시아 불교학자 중에는 식물을 동물보다 하위에 두기보다는, 식물이 능력과 가치 면에서 모두 우월하다고 여기는 경우도 있었다. 이러한 입장은 동일한 일반 형이상학적 틀 안에서 식물에 대한 근본적으로 대조적인 인식을 낳은 미묘한 전환점을 논의할 수 있게 하기 때문에 중요하다. 다시금, 의도를 묻는 것이 중요하다. 동아시아 불교 문헌들은 식물의 감응력에 대한 명백한 증거를 좀 더 상세히 말하려고 직접적으로 시도하기 때문에 식물 생명에 좀 더 공감적인 표현을 보여 준다. 이것은 이미 수립된 열등성의 교리를 명백히 거부한 사례다. 그렇지만 다른 존재들로 향하는 이런 직접적인 시도가 적절한 기준 아래 그들과 관계 맺고 그들을 인간의 도덕적 고려의 영역 안에 포함시키려는 시도인지에 관해서는 생각해 볼 여지가 있다.

식물 생명에 대한 좀 더 공감적인 접근이 동아시아 불교에서 나타나지만, 토착 지식에 대한 연구는 식물과 **연결되는** 더 적절한 방법이 존재한다는 것을 보여 준다.[42] 실제로 원주민들은 보통 직질한 관계 속에서 살아가는 삶을 지향하기 때문에, 나는 식물을 배제하려는 세계관과 대조되는 가장 중요한 자료를 원주민에게서 얻을 수 있다고 주장한다. 애니미즘 연구자 어빙 핼러웰Irving Hallowell, 누리트 버드-데이비드Nurit Bird-David, 그레이엄 하비Graham Harvey의 연구를 바탕으로, 4장에서는 또 다른 중요한 대조를 다룰 것이다. 즉 식물을 배경으로 여기는 서구인과 **인간이-아닌 사람***other-than-human persons*으로서 식물과 관계 맺는 원주민의 차이를 드러내는 작업이다.[43]

5장은 사람다움, 번성, 그리고 친족이라는 주제를 소개한다. 많은 원주민들은 모든 존재가 연결되어 있다는 생각을 바탕으로 식물이 의식awareness, 지능, 의지, 그리고 소통 능력을 가지고 있다고 여긴다. 식물은 **번성**할 수 있고 **해를 입을** 수 있는 존재로 여겨진다.[44] 식물은 물론 인간과 다른 존재라고 인정된다. 식물은 다른 방식으로 삶을 살아가며 인간과는 다른 것을 필요로 한다. 식물은 고유한 분류학적 범주를 가질 만하다. 그렇지만 식물과 동물, 인간 사이에 근본적인 존재론적 분열은 없다. 식물은 동물중심적으로 열등한 존재로 이원화되지 않으며, 자연의 가치질서 위계의 밑바닥에 위치하지도 않는다.

식물의 자율성, 그리고 식물과 인간의 헤테라키적 관계성heterarchical relationship이 인정된다. 식물은 친족으로 간주되며, 일반적이고 구체적인 친족 관계, 즉 흔히 "동질성에 기초한" 돌봄 혹은 연대의 관계 속으로 통합된다.[45] 식물에 대한 이러한 접근은 식물이 인간과 다른 **존재**라는 강력한 인식과 결합된다.[46] 이러한 차이는 포식 행위에서 가장 강력히 표현된다. 고대 인도의 자료에서와 마찬가지로, 원주민들은 식물을 이용하는 행위가 흔히 폭력 행위라는 점을 인정한다. 성서나 그리스 자료에서와는 달리, 폭력의 필연성을 인정하는 일이 사람다움의 인식을 부정하는 수순으로 나아가지 않는다. 오히려, 인간이-아닌 사람을 먹어야 할 필요성은 받아들이면서도, 인도 종교들에서 그러하듯이 다른 존재에게 가해지는 피해를 경감하기 위한 방법이 모색된다.

5장에서 논의하겠지만, 식물을 사람이라는 존재론적 범주에 두는 것은 공상도 착각도 아니다. 식물을 돌봄의 관계 속에 포함하는 것은 식물 생명의 역사에 대한 면밀한 관찰과 모든 존재들 사이의 공유된 속성에 대한 인식에 기초한다. 다시금, 의도가 무엇보다 중요하다. 이것은 위계가 아니라 헤테라키 안에서의 신중한 관계 구축이다. 그것은 데버라 버드 로즈Deborah Bird Rose가 "토착적 연결의 윤리indigenous ethic of connection"라고 명명했던 것이며, 타자성alterity에 직면하여 연결성을 인정하는 것이다.[47] 적어도 식물의 경우, 이것은 서구적 배제의 윤리라고 명명되는 것과 뚜렷하게 대조된다.

이 글에서 가장 중요한 요점 중 하나는 식물 생명을 이해하는 대조적인 방식들이 명료한 기준으로 정확히 나누어질 수 없다는 것이다. 앞서 언급한 대로, 불교의 사례 연구는 우리가 동양-서양 이원론의 구축을 피해야 한다는 것을 보여 준다. 마찬가지로 6장은 원주민-서구 이원론 역시 결함이 있다는 것을 보여 준다. 이 장에서 다루는 주요 내용 중 하나는 현대 유럽 페이건Pagans•이 식물과 좀 더 포용적이며 친족 관계에 기초한, 덜 동물중심적인 관계를 어떻게 발전시키고 있는지를 알아 가는 것이다. 불교 사례 연구에서 보였듯 이는 동물중심주의로부터의 또 다른 의도적인 이탈이며, 고대 이교도pagan 자료뿐 아니라 원주민 지혜를 접하면서 영감

• 고대의 비그리스도교 전통을 가리키는 paganism, pagan은 '이교', '이교도'로, 현대 종교 문화의 한 갈래를 가리키는 Paganism, Pagan은 '페이거니즘', '페이건'으로 옮겼다. 6장의 주 8 참고.

을 받은 것이다.

이러한 고대 이교도 자료 중 일부가 6장에서 논의된다. 이 장의 핵심적인 주장은 그리스도교 이전, 아리스토텔레스 시대 유럽의 단편적 증거 역시 생물권의 모든 존재가 실질적인 친족 관계를 맺고 있다는 인식을 나타낸다는 점이다. 현대 애니미즘에 관한 학계의 논의에서 얻은 통찰을 활용하면, 많은 이교도 자료는 식물을 근본적으로 자율적이고 의지가 있는 소통적이며 관계적인 존재로 대한다는 점이 명백하다. 식물의 사람다움 및 인간과 식물의 친족 관계에 관한 관념이 이야기, 시, 신화에서 표현된다. 사람다움과 친족 관계는 흔히 인간 형태로부터 식물 형태로의 변형metamorphosis으로 표현된다. 이교paganism를 대체한 사상의 흐름과는 달리, 여러 이교도 문헌에서는 식물에 대한 폭력이 인정된다. 6장은 서구 문화에 한때 동물중심적 철학들이 제공한 것보다 식물과 관계하는 좀 더 적절한 방식이 있었을 가능성을 제안한다.

아마도 내가 이 연구를 진행하면서 발견한 가장 흥미로운 사실은 식물이 가진 사람다움의 수많은 속성 및 인간과 식물의 친족 관계에 대한 인식이 종교 연구의 영역에 국한되지 않는다는 점이다. 7장은 19세기 초반부터 자연의 위계와 직접적으로 모순되는 과학적 증거가 꾸준히 누적되어 왔다고 주장한다. 민감한 식물인 미모사Mimosa pudica L.에 대한 찰스 다윈의 초기 실험으로부터 한 세기 이상 진행된 과학적 관찰은 식물이 수동적이고 무감각한 존재라는 관념을 반박한다. 경성운동nastic movements과 굴성 성장 반응tropic growth responses을 통해 식물은 민감하고 의도적이며 의지가 담긴 행동을 보인다는 것이 수십 년에 걸쳐 증명되었다. 다윈의 가장 중요한 저술인 『종의 기원』 역시 인간과 식물이 실제로 계통descent으로 연결된다는 관념을 은연중에 담고 있다.

다윈의 실험은 또한 식물 신호 전달 분야의 발전을 위한 도약의 발판을 제공했다. 식물 과학의 해당 영역은 7장에서 개략적으로 다루어지는데, 식물이 자신의 몸 안에서 그리고 주변 환경 속 존재들과 풍부한 의사

소통에 관여한다는 점을 보여 주기에 특히 흥미롭다. 식물을 그 자체로 평가하는 작업은 또한 **식물 지능**이라는 획기적인 개념을 발전시켰다. 식물 지능의 가장 적극적인 지지자인 앤서니 트레와바스Anthony Trewavas는 식물이 추론과 선택 같은 정신의 더욱 정교한 측면들을 보여 준다는 점이 점점 더 분명해지고 있다고 주장한다. 식물은 움직임으로 이것을 드러내는 대신 행동을 표현하기 위해 표현형 가소성phenotypic plasticity을 사용한다는 점에서 동물과 다르다.

현대 과학 연구에서 또 다른 흥미로운 발전은 정교한 정신 활동을 가능케 하는 생리학을 식물이 가지고 있다는 증거가 축적되고 있다는 점이다. 다윈이 처음 발견했듯이, 이러한 지능적 행동이 분열조직meristems으로 알려진 뇌와 비슷한 수많은 실체들에 의해 유도된다는 증거가 늘고 있다. 프란티셰크 발루슈카František Baluška, 스테파노 만쿠소Stefano Mancuso를 비롯해서 이제 막 생겨난 **식물 신경생물학** 분야 연구자들의 작업은 식물이 정교하고 분산된 신경감각계를 가지고 있다는 관념을 제시한다. 현대 식물 과학 문헌에서는 식물 행동이 정신의 특징을 다수 나타낸다는 인식이 커지고 있다. 그러한 선구적인 과학 연구는 인도의 종교 사상과 원주민 지식 체계에서 오랫동안 강조되어 온 감응력과 사람다움의 속성에 대한 인식을 여러 면에서 반영한다.

7장은 식물과 인간이 지각적, 의식적, 자율적, 자치적, 지능적 존재로서 기본적인 존재론적 현실을 공유하는 방식을 서술하기 위해, 데카르트적 이원론을 피해서 마음의 문제에 대한 시스템 접근법을 취한다. 다른 살아 있는 존재들과 마찬가지로, 식물은 능동적으로 살면서 번성하려고 한다. 그들은 환경과 상호작용한 결과로 스스로 조직되고 스스로 창조된다.[48]

과학적 발견에 지배되는 문화 속에서 이러한 증거의 출현은 식물에 대한 우리의 일반적인 인식과 취급이 부정확하고 부적절하다는 주장에 무게를 싣는다. 그것은 또한 포괄적이고 비위계적이며 대화적인 방식으로 식물과 관계 맺는 다른 철학 전통들의 적절성을 시사한다. 앤드루 브레

넌Andrew Brennan의 말에 따르면, 그것은 "자연적인 것에 대한 돌봄의 태도가 타당해지는 맥락"을 제공한다.[49]

물론 회의주의자는 이러한 축적된 지식을 무시하고 계속해서 식물을 도덕적 고려에서 제외하겠지만, 이러한 선택에는 환경적 결과가 뒤따른다. 나아가, 식물이 자율적 주체라는 인식하에 지속되는 도구적 배제는 의도적인 무례로 간주되어야 한다. 플럼우드가 웅변적으로 말하듯이, "우리가 그들을 실제보다 못한 것처럼 취급하고, 거리낌 없이 파괴하며, 그들을 우리가 필요로 하는 잠재적 목재, 나무토막, 혹은 연료에 지나지 않는 것으로 여길 때, 우리는 그들에게 불의를 행하는 것이다⋯."[50]

인간과 식물 간 돌봄과 배려의 관계?

이 연구의 후반부는 애니미즘 문화를 길잡이 삼는 한편 현대 식물 과학의 증거를 바탕으로, 식물을 '인간이-아닌 사람'으로서 존중받을 자격이 있는 주체로 인정해야 한다고 주장한다. 여기서 나는 "윤리는 집단적 수준에서 결코 완전히 실현되지 않으며 개인적 수준에서 매우 드물게 실현될 뿐이다. 오히려 윤리는 인간 행동의 이상ideal을 구성한다."고 상기시켜 준 캘리콧Callicott의 관점을 염두에 두고, 식물을 인간의 윤리적 인식 안에 포함하는 것을 옹호한다.[51] 이 책에서 이러한 이상적인 인간 행위는 도덕성에 대한 특정한 이해에 근거한다. 도덕성을 이해하는 방식은 다양하지만, 대부분 타자를 올바로 대한다는 관념을 공유한다. 우리가 인간과 **인간이-아닌** 사람 모두와 맺는 지구적 친족 관계, 그리고 지구상에서 생명이 번성하도록 하는 이러한 사람들 사이의 상호작용에 비추어 볼 때, 이 책에서 윤리에 관한 논의는 이러한 관계성에 대한 인식에 뿌리내리고 있다.[52] 이 점에서 도덕적 고려는 순전히 우리 생활 속에서 다른 존재들의 번성을 고려하는 것을 의미한다. 생태학적 맥락에서 도덕적 행위는 우리가 지구를 공유하는 타자들의 안녕을 위해 존중하며 책임지는 것을 뜻한다.

마지막 장에서는 식물 생명에 대한 새로운 인식의 함의와 식물의 사람다움에 관한 서구적 관념의 발달을 검토한다. 이 연구 성과의 논리적 귀결은, 우리가 식물 세계를 대할 때 식물을 자율적, 지각적, 지능적 존재로 인정해야 한다는 것이다. 식물과 순전히 도구적 관계를 지속하는 것은 우리가 식물의 속성, 특성, 생활사, 그리고 지구상 생명의 상호연결성에 관해 얻은 증거에 더 이상 부합하지 않는다. 또 다른 각도에서, 자연 환경은 도덕적 고려에 관한 인간중심적이거나 동물중심적인 이야기로는 더 이상 충분히 보호되지 않는다. "환경에는 파괴적이지만 인간에게는 [즉각적인] 부정적 영향을 거의 혹은 전혀 미치지 않는 인간 행위"의 발생을 평가하고 또 방지하기 위해서, 인간이 아니라 비인간 존재를 중심에 둔 도덕적 고려에 관한 더욱 강력한 이야기가 필요하다.[53] 동물권 이론이 집중하는 사안과는 대조적으로, 식물이 지배적인 생물권에서 도덕적으로 고려할 만한 존재들의 종류에서 식물을 은연중 배제해서는 '인간이 아닌' 존재를 향한 이러한 전환을 이룰 수 없다.

마지막 장에서는 이렇게 발전된 식물의 사람다움 관념이 어떻게 식물계와 자연 전체에 대한 인간의 도덕적 행동으로 나타날 수 있는지 논의한다. 에라짐 코학과 지그문트 바우만Zygmunt Bauman의 윤리학 이론의 영향 아래, 마지막 장의 목적은 도덕적 고려를 위한 증거 목록이나 식물에 대한 윤리적 규칙 체계를 만들려는 것이 아니다. 오히려 마지막 장의 목적은, 개별 식물들과 식물종을 위해서, 그리고 식물의 생존에 삶을 의존하는 동물과 인간을 위하여, 식물을 도덕적 고려의 영역에 포함시킬 가능성을 논의하는 것이다.[54]

식물과의 순전히 도구적인 관계는 생태학적으로 파괴적인 것으로 드러나고 있다. 식물을 배경화하는 것은 위험한데, 왜냐하면 인간과 인간이 살아가는 환경 사이의 대화적 상호작용의 기회를 없애기 때문이다. 친족관계, 돌봄, 연대의 의미 있는 관계가 결여될 때, 우리 인간은 전적인 생태학적 탈구脫臼의 위험에 놓이게 된다. 플럼우드가 예리하게 관찰했듯이, 우리를 둘러싼 존재들로부터 거리를 둠으로써, "우리는 비인간 영역을 윤리적으로 공감하며 바라보는 능력을 잃었을 뿐 아니라 (…) 자율성에 대한 환상을 포함해서 우리 자신의 성격과 위치에 관해 잘못된 감각을 얻게 되었다."[55]

식물에게서 거리를 두고 식물의 자율성을 부정할 때, 인간의 정체성, 위치성situatedness, 책임에 관한 진정한 감각은 위태로워진다. 우리는 타자와 함께할 때 우리 자신의 사람다움과 생태학적 정체성에 대한 진정한 감각에 도달한다.[56] 우리는 식물의 사람다움을 무시함으로써 우리 인간이 의존적인 생태학적 존재임을 잊어버릴 위험에 처했다. 우리는 자연 세계의 다른 존재들과의 연결이 완전히 단절될 위험을 무릅쓰고 있는데, 그 과정은 우리의 생태학적으로 파괴적인 행동 능력을 강화하고 심화시킬 뿐이다. 이것은 인류가 저지르는 가장 나쁜 폭력이다.[57]

마지막 장에서는 또한 인간과 식물 간의 돌봄에 기초한 관계를 회복하는 한 방법으로 생태학적 복원restoration을 제안한다. 식물에 대한 혁신적인 이해를 바탕으로 식물 서식지를 복원하는 것은 개체, 종, 군락으로서 식물과의 대화에 참여하는 강력하고 직접적인 방법이 될 수 있다. 여기서 대화라는 관념은 미하일 바흐친의 사유에 기초한 것이다.[58] 다시 바흐친의 말을 빌리면, "[대화는] 독백과 달리 다성적多聲的이며, 두 개의 뚜렷한 목소리가 존재한다는 특징을 갖는 것"이 대화의 본질 중 하나다.[59]

대화는 타자의 "목소리"와 관점, 그리고 필요를 인식할 수 있게 해준다.[60] 인간이 식물과 대화할 수 있는 방법 중 하나는 식물이 번성하고 주변 세계와 소통하기 위해 필요한 공간을 제공하는 것이다. 복원을 통해 식물의 필요를 가장 먼저 고려할 수 있으며, 복원이 만들어 내는 공간에서 대화가 생겨날 수 있다. 복원된 생태계는 종종 쉽게 손상되기 때문에, 식물 서식지를 복원하는 것은 아마도 돌봄에 기초한 식물과의 개인적인 관계를 적극적으로 다시 수립하는 가장 좋은 방법이 될 수 있을 것이다. 그런 점에서 복원을 식물과의 적극적인 대화에 참여하는 방법으로 볼 수 있다. 그 대화는 식물의 목소리가 가장 먼저 고려되는 대화다.

주

1 Kohák 1993, 383.
2 Plumwood 1993, Plumwood 2002 참고.
3 Plumwood 2002, 9 참고. 캐런 워렌(Karen Warren)은 서구적 세계관이 "지배의 논리"를 승인한다고 여긴다. 이에 대해서는 Warren 2000, 46-47 참고.
4 UNEP 2007, 서문 xvi.
5 서로 다른 자연 개념들과 그 정치적 역학관계에 관한 연관된 논의로 Soper 1995 참고. 자연 개념의 해체에 대한 반응으로는 Soulé and Lease 1995 참고.
6 Harvey 1996.
7 Mathews 1999, 120.
8 Wolch and Emel 1998, Introduction xv.
9 Regan 1983; Singer 1995; Francione 2008.
10 Bekoff and Goodhall 2002; Bekoff 2003 참고.
11 Ingold 1994; Wolch and Emel 1998; Emel, Wilbert, and Wolch 2002; Bekoff and Goodhall 2002; Bekoff 2003.
12 식물과 자연은 사실상 동의어이기에, 서구 문학에서 **자연**이란 용어가 식물 세계와 관련해서 최초로 사용된 것은 적절하다고 할 수 있겠다. 라틴어 **나투라**(*natura*)로 번역된 그리스어 **퓌시스**(*physis*)는 호메로스의 식물에 대한 묘사로 거슬러 올라갈 수 있다. *Odyssey* 10. 302-303.
13 Trewavas 2003.
14 지구의 비가시적이고 수수께끼 같은 원핵 생물다양성에 관한 설명으로는, Nee 2004 참고.
15 내가 오로지 식물에 집중함으로써 자연 세계의 살아 있는 구성 요소와 무생물 구성 요소 사이의 이분법과 배제를 행하려는 것은 아니다. 내가 여기서 식물에 초점을 맞춘 까닭은 식물이 지구상의 생명을 유지하는 데 근본적인 역할을 하기 때문이며, 또한 인간과 식물의 관계 문제가 현대의 자연 논쟁에서 거의 관심을 받지 못했기 때문이다.
16 Kohák 1993, 375.
17 Kohák 1993, 380-381.
18 Kohák 1993, 381.
19 Mathews 1994.
20 Deutsch 1986, 294.
21 Bakhtin 1984, 293.
22 Hallé 2002, 17.
23 Wandersee and Schussler 1999, 84-86.
24 Wandersee and Schussler 2001, 2-9.
25 Hallé 2002, 17.
26 Wandersee and Schussler 2001, 5-6.
27 Ibid.
28 Wandersee and Clary 2006, 2.
29 Ram-Prasad 2007, 9.
30 Plumwood 1993.
31 Warren 2000, 47.
32 Biehl 1997, 75.
33 Warren 2000, 46.
34 Ram-Prasad, 9.
35 Coleman 2006, 535.

36 Warren 2000, 46.

37 이러한 대안적인 서구적 유산은 5장에서 논의된다.

38 자연에 대한 기계론적, 원자론적 접근법들은 Leiss 1972; Merchant 1982; Mathews 1991에서 분석되었다.

39 플라톤의 『국가론』에서 인간 사회의 위계 구축은 기본적으로 사회의 폭력을 축소하기 위함이었다.

40 헤테라키는 하향식 명령 사슬이 아니라 오히려 네트워크와 비슷한 조직 구조다. 마굴리스와 세이건은 생명체들 사이의 비위계적 관계성을 **홀라키**(*holarchy*)라고 부른다(Margulis and Sagan 2000).

41 Bakhtin 1984, 293.

42 Kohák 1993; Thompson 2007, 386은 공감을 "우리가 타자의 경험을 향하게 되는 고유한 형태의 의도성"으로 여긴다.

43 5장과 6장 참고.

44 크리스 쿠오모(Chris Cuomo)에게 **번성**하는 존재는 변화에 적응하고, 자신의 신체적 온전함을 유지하며, 좋거나 나쁜 건강을 나타낼 수 있는 존재다. 번성하는 존재는 이러한 번성을 촉진하는 공동체에 연결된다. 따라서 번성하는 존재는 그들의 적응을 제한하고, 그들의 신체적 온전함을 훼손하고, 질병을 야기함으로써 손상될 수 있다. Cuomo 1998, 71-74.

45 Harris 1991, 58-59.

46 레비나스(Levinas)가 예리하게 관찰했듯이, 동일성과 차이에 대한 인정은 관계 구축을 위해 필요하다.

47 Rose 1999.

48 이러한 이해는 Maturana and Varela(1980)의 **자기생산**(*autopoiesis*) 관념과 공통점이 많다.

49 Brennan 1988, 138.

50 Plumwood 1999, 200-201.

51 Callicott 1997, 2.

52 Harvey 2005a, 172.

53 Callicott 1997, 10.

54 Bauman 1993; Kohák 1993; Heyd 2005.

55 Plumwood 2002, 9.

56 Rose 1999, 184.

57 Rose 2006, 77.

58 Bakhtin 1981, 1984.

59 Baxter and Montgomery 1996, 24.

60 Bakhtin 1984.

1장

부시의 근원

고전 그리스 철학에서 배제와 포용

우리가 땅이 아니라 하늘에서 자라는
식물이라는 사실은, 우리를 땅에서
하늘에 있는 우리의 동족에게로 이끈다.[1]
– 플라톤

식물을 수동적이고 비활성인 존재로 체계적으로 배경화하며 도덕적 고려에서 배제한 철학을 찾는 과정에서, 우리의 첫 번째 목적지는 그리스 고전기의 가장 저명한 철학자들의 작품이다. 고대 그리스의 신화와 이야기의 배경(6장에서 자세히 설명됨)에 대항해서, 기원전 5세기와 6세기에는 세계를 이해하는 새롭고 좀 더 비판적인 방식이 나타나기 시작했다.[2] 순수하게 과학적인 철학적 탐구의 기원이라 할 만한 많은 것이 만들어졌지만, 애니미즘의 관계적인 세계에서 비판적 관찰에 기초한 세계로의 변화는 점진적 과정을 거쳐 이루어졌다.[3]

소크라테스 이전에 출현한 철학이 그리스의 종교적 유산을 완전히 저버린 것은 아니었다. 예를 들어, 탈레스Thales와 같은 소크라테스 이전의 초기 철학자들은 여전히 체화된 신성 관념을 인정했던 것 같다. 탈레스는 만물은 신들로 가득 차 있다고 외친 것으로 잘 알려져 있다. 밀레투스의 아낙시메네스Anaximenes는 공기를 신으로 간주했고, 크세노파네스Xenophanes에게 신은 우주의 기저를 이루는 존재였다.[4] 또한 만물 사이에 실질적인 친족 관계가 있다는 인식이 나타났다. 탈레스가 볼 때, 모든 것은 물로 만들어졌다. 아낙시메네스가 볼 때, 세계의 모든 것을 연결하는 근원은 공기다. 반면, 헤라클레이토스Heracleitos에 따르면, 근원은 불이다.

불행히도 소크라테스 이전 철학자들의 식물에 관한 언급 중 남아 있는 자료는 거의 없다. 그러나 엠페도클레스Empedocles의 작품은 이후 플라톤과 소요학파의 철학적 발전을 평가하기 위한 기초가 된다. 엠페도클레스가 식물을 대하는 태도에서 가장 눈에 띄는 특징 중 하나는 식물과 다른 살아 있는 존재들 사이의 친족 관계에 대한 분명한 인식이 나타난다는 점이다. 『자연에 관하여*Physics*』의 남아 있는 단편들을 검토해 보면 이러한 친족 관계의 사례를 살피는 데 도움이 될 것이다. 『자연에 관하여』의 한 단락에서 엠페도클레스는 "네 개의 뿌리"(흙, 불, 물, 공기)와 그것들이 어떻게 살아 있는 존재들을 결합하는 데 기여하는지를 설명하면서 인간, 동물, 식물 사이의 명백한 실질적 친족 관계를 묘사한다.

> 그것들[네 개의 뿌리]에서 나무가 나왔다. 남자와 여자, 동물과 새와 물에 사는 물고기, 그리고 최고의 영예를 누리는 오랜 신들까지도.[5]

엠페도클레스의 작품에서, 이 모든 살아 있는 존재들은 공통의 기원을 갖는 것으로 보인다. 실제로 식물 생명이 다른 살아 있는 존재들보다 먼저 출현한 것으로 묘사된다는 점은 주목할 만하다.[6] 6장에서 자세히 다루게 될 고대 그리스의 애니미즘 신화에서처럼, 엠페도클레스는 네 개의 뿌리에서 나오는 모든 존재에게 감응력을 부여한다.

> 만물은 이것들[네 개의 뿌리]로 짜맞추어져 구성되며, 이 뿌리들에 의해 생각하고 쾌락과 고통을 느낀다.[7]

엠페도클레스의 견해에 따르면, 식물의 사고는 동물과 마찬가지로 대부분 충분한 음식을 찾는 방향으로 향하는데, 음식의 획득은 쾌락을 주지만 그 결핍은 고통을 야기한다고 여겨진다.[8] 엠페도클레스는 동물에게서 이러한 주관성을 인식하고서, 인간의 식용을 위한 동물 도살을 비난한 것으로 잘 알려져 있다.[9] 엠페도클레스의 단편斷片들에는 존중하는 마음으로 식물을 대해야 한다는 비슷한 제안이 나온다. 『정화*Kartharmoi*』에서 엠페도클레스는 해를 입히거나 다치게 하지 않도록 "월계수 잎에서 완전히 떨어져 있으라"고 충고한다.[10]

이러한 점에서 엠페도클레스는 고대 애니미즘적 이해에 밀접한 요소들을 보유한다. 헤시오도스의 『신통기*Theogonia*』에 따르면, 대지는 모든 신과 인간과 식물을 포함한 만물을 반생시켰다.[11] 따라서 만물 사이에는 일종의 친족 의식이 있다. 그리스 신화 역시 변형transformation의 형태로 친족 관계를 제시하며, 이를 사람과 같은 감응력의 소유와 연결한다. 나무와 식물이 동물이나 인간과 같은 방식으로 고통을 겪는다는 묘사는 흔하다. 이 책의 6장에서 태양신 헬리오스의 딸들인 헬리아네스의 신화를 상세히 다루었는데, 그들은 오빠의 죽음을 너무나 슬퍼한 나머지 포플러 나무로 변했다. 그러한 변형으로 출현한 포플러 나무는 고통과 슬픔의 눈물을 계속 흘림으로써 감응력을 입증한다. 그 사실은 해를 입을 수 있는 생물로서 인간과의 존재론적 유사성을 보여 준다.

엠페도클레스의 사유에서는 식물과 인간 사이에 비슷한 존재론적 연관성이 존재한다는 점이 눈에 띈다. 식물과 인간은 밀접히 연결되어 있다. 식물도 인간도 네 개의 뿌리로 만들어졌고, 양쪽 다 숙고를 거친 사려 깊은 행동을 보여 준다. 엠페도클레스의 철학에서 이러한 연결됨의 인식은 인간이 식물을 대할 때 식물의 이익을 고려하도록 의무를 지운다.

그러나 소크라테스 이전 철학이 애니미즘적 이해의 요소들을 유지했음에도, 발전하는 철학 분야들은 다른 생물들과 자연적 실체들을 인격화한personified 신화와 이야기를 거부하기 시작했다. 크세노파네스와 같은 철학자들은 신화와 그리스의 미신적 종교 전통에 반대해서 자신들의 합리주의를 적극적으로 표명하기 시작했다.[12] 전통적인 시, 이야기, 의례가 거부되면서, 고대 그리스 사회의 애니미즘적 성격도 거부되기 시작했다. 이런 면에서, 비록 엠페도클레스가 식물을 존중하라고 강력히 권고했지만, 소크라테스 이전 철학의 움직임은 비인간과 존중하는 관계를 유지하려는 사회로부터 자연 현상에 대한 합리적이고 인과적인 설명을 우선하는 세태로의 전환을 예고했다.[13]

플라톤의 식물철학

이러한 비판적이고 좀 더 합리적인 기반에서, 그리스 철학 사상은 식물에 대한 서구의 인식과 행동에 지대한 영향을 미치게 되었다. 고전 그리스 철학에서 발견할 수 있는 핵심적 경향은 식물을 지능이나 소통 능력이 전혀 없는 수동적 생물로 규정하는 것이다. 이것은 그리스 전통의 전환점을 나타내는 플라톤(기원전 427?-기원전 347?)의 철학에서 분명히 드러난다. 플라톤의 사상도 엠페도클레스의 사상과 마찬가지로 애니미즘적 고대 그리스 사상의 잔재를 포함하고 있는 것처럼 보이지만, 한편으로 식물을 관계적이고 능동적이며 자율적 존재로 간주하는 관점을 외면하는 측면이 있다.

플럼우드는 에코페미니스트의 시각에서 쓴 중요한 비판서인 『페미니즘과 자연 지배*Feminism and the Mastery of Nature*』에서 플라톤 철학을 "자연에 대한 부정, 배제, 평가절하"에 책임이 있는 주요 서구적 근원 중 하나로 여긴다.[14] 플럼우드는 다음과 같이 썼다.

> 플라톤 철학은 자연의 영역보다 이성의 영역이 위에 있는 위계적 이원론을 중심으로 조직되며, 사랑, 아름다움, 지식, 예술, 교육, 존재론 등 사실상 논의되는 모든 주제를 관통하는 단층선을 만든다. 이러한 사례들 각

각에서 아래쪽은 자연, 몸, 생성의 영역, 그리고 여성과 연관되며, 위쪽은 이성의 영역과 관련된다.[15]

플럼우드는 이러한 위계적 이원론의 형성과 정당화에 대해 심층적으로 논의했으며, 다음 절들은 플럼우드의 학문적 작업에 힘입은 바가 크다. 그러나 간결하게 주요 원칙들을 열거하기 위해서 나는 『티마이오스 *Timaios*』에서 상위 형태와 하위 형태로 이원화된 두 가지 유형의 인과관계의 철학에만 논의를 집중할 것이다. 상위 형태는 "합리적 원칙 혹은 형상Form, 곧 인과관계의 진정한 형태"와 관련된 본질적으로 지성적인 것으로 여겨진다.[16] 이러한 유형의 인과관계는 보통의 변화하는 물질적 실재보다 우월한 것으로 간주되는 추상적이고 불변하는 플라톤적 형상Platonic Form과 관련된다.[17] 이러한 합리적인 인과관계는 모든 선의 근원으로 간주된다.[18] 플라톤 철학에서 그것은, 상위 형태와는 달리 영원하지도 불변하지도 않은 더 낮은 인과관계 원리인 물질적인 것과 대조된다. 플라톤은 이러한 형태의 인과관계를 비합리적인 것으로 여겼고, 지성이 결여된, 궁극적으로는 무질서한 것으로 간주했다.

매우 간단히 요약하면, 이성이 우월하다고 간주되는 주된 이유 중 하나는 추상적이고 불변하는 신성한 형상divine Forms의 영역과 동맹 관계에 있기 때문이다. 물질적 형태의 인과관계는 보편적이지도 영원하지도 않기 때문에 일반적으로 열등한 것으로 간주된다. 이성은 또한 자연보다 우월한 것으로 여겨지는데, 왜냐하면 이성은 무질서하고 무감각한 물질적 영역에 질서를 부여하기 때문이다.[19] 플럼우드가 명백히 했듯이, 플라톤은 데모크리토스의 물질 철학에 맞서기 위해 자신의 우주론에서 이러한 철학을 확장하고 또 정당화하려고 시도했다. 『티마이오스』의 우주론에서, 로고스 혹은 합리적이고 질서정연한 원칙을 대표하는 신은 끊임없이 변화하는 우주에 질서를 부여하는데, "왜냐하면 그는 질서가 모든 면에서 무질서보다 낫다고 믿었기 때문이다."[20] 따라서, 우주에 질서를 수립하는 원칙으로서 로고스는 우월한 것으로 여겨진다. 또한 로고스는 『티마이오스』에서 합리적인 힘에 의해 "상이한 인상이 주조되는" "중립적인 가소성 물질"로 표현된 유연하고 변화하는 물질 세계를 형성할 수 있기 때문에 더 높은 자리를 차지한다.[21]

플라톤의 대화편을 읽어 보면, 이성과 자연 사이의 이원론을 유지하기 위해서는 플라톤이 자연 세계를 지배하는 식물계로부터 이성을 빼앗을 필요가 있다는 점이 분명해진다. 이성은 우월한 능력으로 여겨지며 또한 우월한 인간 생명을 규정한다고 여겨지기 때문에, 자연을 지배하려면 인간과 식물 사이의 차이를 강조해야 한다. 이러한 분리와 배제의 필요에 기초해서, 식물은 노예나 여성과 같은 방식으로 이성을 빼앗긴다.[22] 식물은 수동적이고 말 못하는 존재로 그려지면서, 그저 인간의 노고에 쓰일 단순한 자원으로서 좀 더 쉽게 지배된다.

식물은 플라톤의 세 부분으로 된 영혼에서 가장 낮은 수준을 부여받는다. 위의 『티마이오스』의 설명에서, 식물은 욕구적 영혼을 부여받지만 정신적 영혼(활동과 의지), 그리고 합리적 영혼(지성과 자제력)은 부정된다.[23] 가장 반복적으로 욕구적 영혼과 결합되는 존재는 노예, 여성, 그리고 아이들인데, 그들은 플라톤의 사회적 위계의 맨 밑바닥에 있는 존재들이다. 그들은 이성 및 자제력이 결여되어 있다고 여겨지기에, 당연히 식물은 (노예, 아이들, 그리고 여성과 함께) 합리성을 발휘하는 인간 남성에 의해 통치를 받는다.[24]

엠페도클레스의 철학과 비교할 때, 플라톤의 『티마이오스』에서는 배제의 과정이 시작되는 것을 감지할 수 있는데, 생태학적으로 우세한 식물계를 수동적이고 인식이 제한돼 있다고 보는 점이 그렇다. 이러한 배제는 자원 이용을 정당화하고 그와 더불어 인류의 (잘못된) 집단 정체성을 지속하기 위해서 부분적으로 계속되어 온 지적 폭력으로 보인다.[25] 창조에 관한 서술에서, 『티마이오스』는 식물계의 발생을 세부적으로 설명한다.

그들은 인간과 유사한 본성을 다른 형태 및 지각과 혼합해서 또 다른 종류의 동물animal을 창조했다.[26] 이것들은 경작에 의해 개량되어서 지금 우리가 재배하고 있는 나무와 식물과 씨앗 들이다. 고대에는 경작되는 것들보다 더 오래된 야생종만 있었다. 생명을 띠는 모든 것은 진정 살아 있는 존재로 일컬어질 수 있는데, 우리가 지금 이야기하는 동물은 견해나 이성이나 마음과 무관하게 단지 쾌락과 고통의 느낌 및 거기에 수반되는 욕망에만 관여하는, 횡격막과 배꼽 사이에 자리한다고 이야기되는 세 번째 종류의 영혼을 가지고 있다. 이 본성은 항상 수동적 상태에 있고, 자기 안팎을 돌며, 외부의 움직임을 물리치고 자체 운동만 하며, 따라서 자기 자신의 관심사를 관찰하거나 반영하는 힘을 본래by nature 부여받지 않았기 때문이다. 그런 이유로 그것은 살아가고 있고 생명체와 다르지 않지만, 스스로 움직이는 힘을 갖지 않은 채 같은 지점에 고정되어 뿌리를 내리고 있다.[27]

이 구절에서 플라톤은 앞서 엠페도클레스와 마찬가지로 생명 형태들 사이의 연속성을 인정하는 것처럼 보인다. 그는 식물이 신에 의해 인간과 비슷한 본성으로 만들어졌다는 점을 분명히 한다. 또한 식물이 다른 생명 유형들과 마찬가지로 쾌락과 고통뿐 아니라 욕망의 경험을 갖는다고 묘사한다. 그렇지만 플라톤은 상이한 유형의 존재들의 위계적 가치 질서, 즉 지배를 용인하는 가치 질서를 제안한다는 점에서 엠페도클레스와 다르다.

그러므로 이러한 억압적인 위계의 틀 안에서, 관계됨과 해를 입을 능력에 대한 인식은 열등한 존재를 향한 인간 행동의 수정을 요구하지 않는다. 캐론Carone이 지적하듯이, "플라톤은 더 크고 긍정적인 목적에 기여할 수 있다면 고통을 느끼는 것이 문제 될 것 없다고 여겼던 것 같다."[28] 플라톤의 『국가』는 근본적으로 위계적으로 세워진 노예 기반 사회이며, 폴리스의 세 계급의 존재를 지탱하는 노예의 고통과 노동으로 꾸려진다.[29] 자연이 질서를 필요로 하는 혼돈 상태로 묘사되는 것과 같은 방식으로, 노예

는 이성이 결여된 것으로 그려진다.[30]

플라톤이 식물과 인간 사이의 연속성을 일부 인정하긴 했지만, 그의 작업은 식물과 인간 사이의 연결을 제거하는 과정을 부추긴다. 위에 인용한 『티마이오스』의 구절에서 플라톤은 푸타*phuta*(식물)를 원칙적으로 성장에 의거해 정의한 것으로 보이는데, 단수 푸톤*phuton* 역시 "성장한 것"을 의미한다. 플라톤은 어떠한 증거도 제시하지 않은 채 식물에게 활동, 자발적 운동, 의식과 같은 기능이 있다는 관념을 거부하면서, 근본적으로 동물중심적 철학을 드러낸다. 플라톤의 관찰에 따르면, 식물은 고착된 존재이기에 단지 성장만 할 수 있다. 끊임없이 활동하는 동물에 비해, 식물은 수동적이고, 비활동적이며, 마음이 없는 것으로 묘사된다.

따라서 『티마이오스』의 창조에 관한 설명에서, 식물의 진짜 목적은 그들 자신을 위해 살고 꽃을 피우는 것이 아니라, 동물과 인간에게 음식을 제공하는 것이다. 플라톤은 식물을 수동적 생물로 그려낸 뒤 곧바로 "우월한 힘은 이 모든 자연natures을 우리를 위한 음식으로 창조했다."고 쓴다.[31] 식물이 동물의 먹이라는 것은 분명하지만, 플라톤은 식물을 마음이 없고 번성할 능력이 없는 비활동적인 존재로 묘사함으로써 식물이 고유한 목적을 가질 수 없다고 암시했다.

아리스토텔레스의 영혼의 위계

우리는 『티마이오스』에서 도구주의와 위계 질서의 출현을 추적할 수 있지만, 아리스토텔레스(기원전 384-기원전 322)의 작업은 이러한 배제 과정을 크게 확장하고 강화한다. 플라톤의 사상에 기초해서, 아리스토텔레스는 플럼우드가 서구 철학의 특징으로 여기는 분리와 불연속성을 계속 밀고 나갔다.[32] 자연 세계에 관한 아리스토텔레스 철학에서 가장 눈에 띄는 양상은 그가 자연의 위계 질서를 수립하고 식물을 괄호로 묶어서 존재의 가장 낮은 계층에 배치했다는 점이다. 아리스토텔레스의 저작에서 이런 식물에 대한 평가절하는 더욱 뚜렷하게, 그의 유명한 영혼 이론의 일부로 드러난다. 소크라테스 이전의 전통에서 벗어나, 아리스토텔레스는 영혼을 분리된 실체라기보다는 오히려 형상으로 여긴다. 영혼의 본성에 관한 아리스토텔레스의 생각은 『영혼에 관하여*De Anima*』에서 읽을 수 있다.

> 영혼은 가능태로 생명을 지니는 자연적 몸의 형상으로서의 실체다. 그런데 이 실체는 현실태이므로 영혼은 그러한 몸의 현실태일 것이다.[33]

이러한 관점에서, 영혼은 단지 하나의 형상에 불과한 것이 아니라 생명을 지닌 형상이며, "영혼이 깃든 것은 살아 있다는 점에서 영혼이 깃들지 않은 것과 구별된다."[34] 따라서 모든 살아 있는 것에는 영혼이 귀속되는 반면, 무생물에는 영혼이 깃들어 있지 않다. 생명과 영혼은 서로 연결되어 있다고 말할 수 있다. 이러한 바탕에서, 아리스토텔레스의 영혼 개념은 형상으로서의 영혼뿐 아니라 생명 그 자체의 원리이자 실천으로도 해석될 수 있다.

> 만약 이를 막는 것이 아무것도 없다면 식물은 해체되어 버릴 텐데, 해체를 막는 뭔가가 있다면 이는 영혼일 것이기 때문이다.[35]

이 구절에서 한 존재의 영혼이 생명을 지속하고 부패와 죽음을 막는다는 점이 명백히 드러난다. 아리스토텔레스의 사상에서, 영혼은 생명을 조직하고 유지한다. 그것은 또한 존재의 생활 양식을 정하고 변화와 성장의 한계를 정한다.[36] 그 온전함이 유지된다는 것은 영혼이 있는 존재가 자율적이고 능동적이라는 결론을 이끌어 낼 수도 있다. 그렇지만 『영혼에 관하여』에서 영혼의 상이한 "능력faculties" 혹은 사실상 **유형**에 관한 아리스토텔레스의 서술은 식물에게서 이러한 본성을 부정한다. 아리스토텔레스는 영혼의 능력을 "영양 능력, 지각 능력, 욕구 능력, 이동 능력, 지적 능력"으로 묘사한다.[37] 영혼의 이러한 능력들 혹은 상이한 측면들은 살아 있는 존재의 상이한 능력을 나타낸다. 철학 전통에서 이러한 영혼의 다섯 가지 능력은 일반적으로 세 가지 수준으로 나뉜다.[38] 첫 번째는 영양 수준이며, 영양을 섭취하고 번식하는 능력을 부여한다. 두 번째 수준은 감각적인 것이고, 세 번째 수준은 지적인 것이다.

아리스토텔레스는 모든 생명체가 이러한 수준들 중 첫 번째, 영양 영혼 혹은 식물 영혼을 소유한다고 본다. 영양 영혼은 그것의 존재가 다른 능력을 갖기 위한 기초가 된다는 의미에서 가장 기본적인 것으로 여겨진다. 음식을 모으고 번식하는 능력은 감각하고 사고하는 능력을 뒷받침한다. 그렇지만 『동물부분론*De Partibus Animalium*』과 『니코마코스 윤리학』에서뿐 아니라 『영혼에 관하여』에 이르기까지, 영혼의 더 높은 능력은 모든 존재에게 부여된 속성이 아니다. 영혼이 세 부분으로 나누어질 때, 식물은 단지 영양을 섭취하고 번식하는 능력만 부여받는다. 영양 영혼을 묘사하면서 아리스토텔레스는 이렇게 강조한다.

> 필멸의 존재에게서 이 능력[영양 능력-옮긴이]은 다른 능력들[지각 능력, 이동 능력 등-옮긴이]에서 분리될 수 있지만, 다른 능력들은 이 능력에서 분리될 수 없다. 이는 식물의 경우에 명백한데, 식물에게는 영혼의 다른 잠재력이 전혀 없기 때문이다.[39]

식물의 능력에 대한 이러한 묘사에서 아리스토텔레스는 플라톤의 식물과 동물의 분리를 확대한다. 촉각을 통해 환경을 지각하는 능력을 부정당한 식물은 영혼의 다른 어떤 능력도 갖고 있지 않은 것으로 여겨진다. 영혼이 깃든 다른 모든 존재와 달리, 식물은 의식도 정신도 없는 존재로 상상된다. 이러한 노골적인 철학은 식물이 영혼이 깃든 존재로서 자신의 온전함을 유지한다는 관념에 맞서는 역할을 한다. 그 결과 영양을 섭취하고 번식하는 등 식물의 생명 과정은 수동적이고 기계적인 과정으로 제시된다. 이렇게 되면 상태로 식물은 어떠한 자기지향도 없고 주변 환경을 평가할 수도 없는 진정한 식물적인 존재가 된다.

> 식물에게는 단지 영양 영혼만 있지만, 다른 생물에게는 이것뿐 아니라 지각 영혼도 있다. 그러나 만약 지각 능력이 있다면 욕구 능력도 있는 것이다. 욕구는 욕망, 열정, 혹은 소망이기에, 모든 동물은 적어도 하나의 감각(즉 촉각)을 지니며, 그리하여 지각이 있는 곳에서는 쾌락과 고통, 쾌감과 고통스러움도 있다. 이것들이 있는 생물에게는 욕망, 쾌감을 향한 욕구가 존재한다. 그리고 그들은 먹이에 대한 지각 또한 지닌다.[40]

식물이 감각적이고 지각적이라는 명백한 사실을 부정하면서, 아리스토텔레스의 체계에서 식물은 영혼의 가장 높은 능력, 곧 지능 혹은 마음의 소유에 있어서도 논외가 되었다. 이는 『니코마코스 윤리학』 1권에서도 명백히 표현된다.

> 식물적 요소는 결코 이성에 참여할 수 없지만, 욕구적인 그리고 일반적으로 욕망적인 요소는 이성에 귀 기울이고 복종하는 한, 어떤 의미에서 이성에 참여하기 때문이다.[41]

또한 아리스토텔레스는 플라톤이 『티마이오스』에서 표명한 바를 이어받아, 자연사 연구를 위해 그것을 확증한다. 이 범주에서 아리스토텔레스는 식물의 성장 활동에서 의지, 선택, 지능 및 소통 능력을 제거하며, 나아가 식물계에 주체가 없음을 주장한다. 식물학 전통에서 이것은 아마도 식물에게서 정신적 속성을 박탈한 최초의 주장이며, 뒤이은 모든 주장은 어떤 식으로든 그것에 근거한다고 말할 수 있다.[42]

식물이 동물 및 인간과 존재론적으로 연결된다고 보았던 엠페도클레스나 고대 그리스의 기원 신화와는 달리, 아리스토텔레스의 엄격한 구분은 인간과 식물 사이에서 친족 관계의 감각을 제거한다. 아리스토텔레스의 저서에서 식물의 목소리는 완전히 들을 수 없게 된다. 식물의 생명은 단지 영양과 생식에 지나지 않는 것으로 축소된다.

아리스토텔레스가 식물에게 셋 중 가장 낮은 수준의 영양 영혼만 할당한 것처럼, 식물은 전통적으로 "정신의 위계psychic hierarchy" 혹은 자연의 사다리*scala naturae*에서 밑바닥에 위치한 것으로 여겨졌다.[43] 영혼의 능력에 대한 이러한 가치 줄 세우기는 몇 가지 근거에 따른 것이다. 캐론은 영양 영혼이 영혼의 다른 능력들을 뒷받침하지만 식물의 경우에서처럼 홀로 존재하는 능력이 될 수도 있기 때문에 기본적인 것이라고 여긴다.[44] 그렇지만 이는 서로 다른 영혼을 그 가치에 따라 줄 세울 충분한 이유가 되지 못한다. 왜 영양 능력은 홀로 기능할 수 있다는 이유만으로 기본적인 것으로 여겨져야 하는가?

합리적인 영혼은 자연 세계에서 존재의 정점에 자리하게 되는데, 그 까닭은 부분적으로 『니코마코스 윤리학』에서 이성의 적절한 발휘가 인간의 최고선인 행복을 가져온다고 말하기 때문이다.

> 우리는 자제력 있는 사람과 자제력 없는 사람의 합리적 원칙과 영혼의 이성적 부분을 찬미하는데, 그것이 그들을 올바르게 인도하며 최선의 목적을 향하도록 이끌기 때문이다.[45]

이성은 인간을 다른 존재와 구별짓는 핵심 요소로 간주되며, 이는 대부분의 인간에 대한 정의에서 나타난다.

> 그렇지만 이 주제는 충분히 논의되었으니 영양 능력에 관해서는 넘어가도록 하자. 그것은 본성상 인간의 탁월함에 어떠한 기여도 하지 않기 때문이다.[46]

아리스토텔레스는 이성이 인간을 덕망 있게 만들고 행복을 성취하게 해준다고 믿기 때문에 이성을 영양 능력보다 높게 평가한다. 이성은 인간을 행동으로 이끄는 요소로 여겨지며 수동적인 영양 능력보다 높이 평가되는데, "왜냐하면 모든 경우에 행동하는 것이 영향을 받는 것보다 우월하기 때문이다."[47] 이러한 태도는 이성이 질서를 부여한다는 근거를 바탕으로 이성을 자연보다 높게 평가한 플라톤 철학에 필적한다. 그렇지만 궁극적으로 이성은 인간의 특징으로 간주되기 때문에 무엇보다 높이 평가된다고 말할 수 있다. 달리 말해서, 영혼의 더 높은 능력은 그것이 단지 인간에게만 속한다고 여겨지기 때문에 더 고등한 것이다. 이러한 가치 줄 세우기는 근본적으로 인간중심적이며, 인간이 가치의 척도가 된다.[48] 아리스토텔레스의 이러한 인간중심주의가 표현된 가장 유명한 단락은 아마도 『정치학』의 아래 구절일 것이다.

> 비슷한 방식으로 우리는 동물이 있고 나서 식물이 그들을 위해 존재하며, 다른 동물들은 인간을 위해 존재한다고, 가축은 이용되고 먹이가 되기 위해서, 야생동물은 전부는 아니더라도 대부분은 음식과 의복 및 다양한 도구를 공급하기 위해 존재한다고 추론할 수 있다.[49]

이 유명한 구절은 『티마이오스』의 내용과 일치하며, 성서(3장 참고)에서 발견되는 자연 세계의 모든 것이 인류를 위해 존재한다는 말과 유사한 생각을 명확히 표현한다. 이 인간중심적 세계에서 인류는 존재의 정점에 자리하는데, 왜냐하면 아리스토텔레스는 다른 모든 존재가 우리 인간의 사용을 위해 창조되었다고 여기기 때문이다. 이러한 도구적 사용에 관한 위계적 관념은 아리스토텔레스가 말하는 영혼의 위계를 명백히 반영한다. 사실 이러한 사용의 위계는 영혼의 세 가지 구분에 전적으로 의존한다. 가장 낮은 존재, 영양 능력이 있는 식물은 동물과 인간을 위해 존재하는 반면, 감각적인 동물은 합리적인 인간을 위해 존재한다. 여기서 중요한 점은 식물을—비활동적이고, 침묵하는, 무감각한—수동적 생물로 여기지 않는다면 식물계에 대해 그렇게 주장하기가 훨씬 더 어려우리라는 점이다. 아리스토텔레스는 식물이 오로지 인간이 사용하기 위한 **도구**라고 주장하기 위해서 식물과 동물의 자율성을 훼손하며, 사실상 그들에게 어떠한 자율성이나 주관성도 남겨두지 않는다.

식물에게서 행위주체성agency, 감수성 및 정신의 어떤 측면도 인정하지 않으려는 것은 의도적인 정치적 술책으로 보인다. 아리스토텔레스가 (또한 그 이전에 플라톤 역시) 노예의 속박을 정당화하기 위해 노예를 자연적으로 더 낮은 존재로 묘사한 것과 똑같은 방식이다.[50] 이러한 맥락에서, 식물을 배경에 두는 목적은 식물 자원을 제약 없이 이용하기 위해서다. 그러므로 아리스토텔레스가 볼 때 인간의 지배를 성취하기 위해서 식물을 배경에 두고 수동적이며 침묵하는 존재라고 결론짓는 것은 불합리하지 않다. 그 결과 발생하는 도구적 관계는 식물과의 연결됨이나 식물 자체를 위해 식물을 돌보는 책임 개념을 무효화하고 따라서 인간의 권리주장에 내재하는 한계를 없애는 데 기여한다.[51] 자연 세계의 이러한 예속은 인간에게도 매우 중요한 결과를 가져오는데, 블라스토스Vlastos가 주목하듯이, 그것은 인간 사회에 존재하는 지배와 예속을 정당화하는 데 활용되기 때문이다.[52]

동물중심주의

아리스토텔레스의 이러한 식물 배제는 인간중심주의에 기반을 두고 있을 뿐 아니라, 마찬가지로 식물 생명에 관한 동물중심적 평가에도 기인한다.[53] 아리스토텔레스가 식물에게 전적으로 영양 영혼만 부여하려면, 식물에 대해 그가 관찰한 내용에 식물이 환경을 지각할 가능성이 없어야 했다. 그렇지만 비록 아리스토텔레스의 이론은 식물에게 지각 능력이 없다고 간주했지만, 『영혼에 관하여』의 한 단락은 아리스토텔레스가 동물과 매우 비슷한 방식으로 외부 자극에 반응하는 식물을 관찰했음을 명백히 보여 준다.

> 식물이 비록 정신의 부분을 지니며 어떤 식으로든 접촉 대상에 의해 영향을 받지만(어쨌든 식물은 뜨거워지고 차가워진다) 그럼에도 식물이 지각하지 못하는 까닭 역시 분명하다. 그 이유는 식물이 감각 대상의 형상을 받아들일 수단이나 원리를 갖고 있지 않기 때문이다.[54]

아리스토텔레스는 식물이 접촉이나 주위 온도 변화에 반응하는 것을 분명히 관찰했다. 위의 구절에서 그는 심지어 이것이 식물에게서 일종의 활동적인 정신mentality을 구성한다고 인정하는 데까지 나아간다. 『영혼에 관하여』에서 아리스토텔레스는 촉각을 가진 존재는 주위 환경을 지각할 수 있다고 주장했는데, "촉각을 가진 살아 있는 것들은 욕구도 가지고" 있기 때문이다.[55] 위의 구절을 통해 분명해진 것은, 아리스토텔레스가 식물이 접촉에 대해 다른 생물들과 비슷한 방식으로 반응한다고 본다는 점이다. 아리스토텔레스의 체계에서, 논리적으로 식물은 민감하고 지각 있는 존재로서 인식될 만하다.

그렇지만 식물은 이를 부정당했는데, 어느 정도는 아리스토텔레스가 식물이 지각을 획득하는 수단을 관찰할 수 없었기 때문이다. 여기에는 명백한 동물중심적 편견이 있다. 식물에게는 대부분의 동물이 지닌 식별 가능한 뇌 조직이 없기 때문에, 아리스토텔레스는 식물에게 지각 능력이 없다고 여겼다. 식물을 그 자체로 고려하기보다는 오히려 식물의 능력을 동물학의 시각에서 정의하며, 동물의 생리학과 능력에 비추어 식물을 평가한 것이다.

따라서 플라톤에게서 엿보이는 동물중심적 편향은 자연 세계에 대한 아리스토텔레스의 철학 전반에 퍼져 있다. 이것은 할레, 완더시, 쉬슬러가 제안했듯이 선천적인 생리학적 편향에서 생겨난 것이 아니다. 아리스토텔레스에게서 **동물중심주의**는 철학적 입장에 더 가까우며, 제한된 관찰과 그의 학문적 지향에서 생겨난 일반적 편견으로 뒷받침된다. 아리스토텔레스는 자연 세계를 연구할 때 동물에게 관심을 집중했으며, 다수의 저작을 내놓은 동물학자인 아리스토텔레스는 동물 해부학의 구조와 기능에 관하여 괄목할 만한 이해를 보여 준다. 이러한 학문적 전문화의 결과 중 하나는, 식물을 다룰 때 아리스토텔레스가 거의 언제나 **동물학적** 기준을 사용해서 식물을 정의하고 평가하며, 식물 생리학을 **일련의 결핍들**로 취급한다는 점이다.[56] 그는 식물계의 명백한 단순성의 사례로 식물 기관과 동물 기관을 다음과 같이 비교한다.

> 이러한 종류에는 기관을 가진 모든 몸체가 포함될 것이다. 심지어 식물의 부분들도 매우 단순하지만 기관이다. 예를 들어 잎은 껍질의 덮개이고 껍질은 열매의 덮개이며, 뿌리는 입과 비슷한데 둘 다 먹이를 빨아들이기 때문이다.[57]

아리스토텔레스는 위대한 경험주의자로 여겨지지만, 특별히 훌륭한 식물학자로 알려져 있지는 않다. 식물 해부학에 관한 이처럼 결함이 있는 이해는 아리스토텔레스의 식물 연구의 전반적 수준을 나타내며, 아리스토텔레스는 식물 형태학에 관한 이러한 이해를 바탕으로 식물계를 평가한다. 아리스토텔레스는 식물 생리학과 동물 생리학의 세 가지 주된 차이점에 관해 썼다. 첫 번째 차이는 조절 시스템의 결여다. 식물과 동물 사이의 나머지 차이는 『동물의 부분들에 대하여*Parts of Animals*』 2권에서 발견된다.

> 우리가 식물 역시 생명을 가진 것들에 포함시키고 있지만, 식물은 노폐물을 배출하기 위한 어떠한 부분도 가지고 있지 않다. 그들이 땅에서 흡수

하는 먹이는 이미 배합된 것이고, 그 대신 [그에 상응하는] 씨앗과 열매를 내놓기 때문이다.[58]

식물에게서 발견된다고 추정된 차이점은 먹이를 가공하거나 배설을 할 수 없다는 점이다. 다시금 이러한 생명 과정은 전적으로 동물 해부학 및 생리학의 시각에서 인식된다. 특히 식물의 수동성은 먹이를 전혀 가공하지 않고 취한다는 가정 때문에 강화된다. 식물이 필요로 하는 먹이는 땅속에서 적절히 배합된 것으로 추론되기에, 거기에는 어떤 활동도 관여될 리 없는 것이다.

동물과 달리, 식물은 고착적이다. 동물은 운동을 통해 먹이를 찾고 그것을 가공한다. 따라서 아리스토텔레스의 분명한 추론은 식물은 고착되어 있기에 그러한 먹이 획득이나 가공을 하지 못한다는 것이다. 식물의 뿌리는 동물의 입에 비유되며, 먹이를 흡수하기 위한 수동적 용기로서 작용한다고 추정된다. 땅속에서 배합된 이러한 먹이가 바로 식물이 필요로 하는 것이라고 생각되기에, 식물은 배설물을 내놓지 않는 것으로 추정된다.[59] 오히려 식물은 편리하게도 단지 씨앗과 열매만 내놓으면서 인간과 동물의 소비를 위한 도구적 역할을 확고히 한다고 여겨진다.

식물학의 아버지

테오프라스토스(기원전 371-기원전 287?)는 서구 식물학 전통의 거장이며 흔히 식물학의 아버지로 불린다.[60] 테오프라스토스는 리시움Lyceum의 수장으로서 아리스토텔레스의 작업을 계승했는데, 그의 스승이 그에게 자연사에서 식물 요소를 연구하는 책무를 부여한 것으로 생각된다. 아리스토텔레스가 수많은 다른 작업에 더해서 식물학까지 두고 씨름하기에는 그 분야가 너무 방대했을 것이다.[61] 테오프라스토스는 두 권의 뛰어난 식물학 논저인 『식물의 역사*Historia Plantarum*』, 『식물의 원인*De Causis Plantarum*』에서 현대 식물학의 근간이 되는 수많은 발견을 보고했다. 테오프라스토스의 작업은 식물 세계를 세부적으로 관찰한다는 점에서 아리스토텔레스의 작업과 차이가 있다. 식물의 내부 및 외부 해부학의 복잡한 세부 사항이 대체로 정확히 기록되었다. 예를 들어, 서로 다른 나무 종의 상이한 질감, 뿌리 시스템의 복잡성, 다양한 발아 방법이 모두 관찰되었다.

테오프라스토스의 식물학 작업은 대부분 시스템, 생리학, 농업 문제와 관련이 있으며, (아리스토텔레스의 『영혼에 관하여』와 달리) 자연 혹은 식물의 능력에 관한 명시적인 철학적 분석을 목표로 삼지 않았다. 테오프라스토스는 자기 방식으로 『영혼에 관하여』를 썼지만, 불행히도 이 문헌은 우리에게 전해지지 않았다. 그의 작품 중 남아 있는 유일한 단편은 프리스키아누스와 데미스티우스가 인용한 대목들이다. 그럼에도 불구하고, 비록 명시적으로 형이상학적인 것은 아니지만 『식물의 역사』와 『식물의 원인』의 박식한 묘사에는 테오프라스토스의 식물 개념을 이해할 수 있게 해주는 암시적인 언급이 포함되어 있다.

식물과 동물, 연결성과 차이점

> 당신의 식물은 각양각색으로 다양하다. 따라서 일반적인 용어로 서술하기 어렵다.[62]

테오프라스토스는 『형이상학*Metaphysics*』에서, 무언가를 알기 위해서는 각각의 것에 적절한 방식으로 접근해야 한다고 쓴다. "출발점이자 중요한 점은 적절한 방식이다."[63] 식물학의 경우, 이것은 살아 있는 식물에 대한 주의 깊고 세밀한 관찰을 포함한다. 테오프라스토스는 그의 중요한 식물학 연구에서 식물이 나타내는 차이점을 충분히 인식한다. 그렇지만 테오프라스토스는 식물을 동물학적 관점에서 평가하는 것이 적절하다고 생각하지 않는다. 오히려 테오프라스토스는 식물 생명에 내재하는 차이점은 식물을 고유한 방식으로 다룰 필요가 있음을 시사한다고 여기고, 『식물의 역사』의 처음 몇 페이지에서 다음과 같이 기록한다.

> 아마도 우리는 다른 측면에서는 물론이고 번식과 관련된 것[부분]에서는 식물에게서 동물과의 완전한 일치를 보려고 기대해서는 안 된다.[64]

테오프라스토스의 식물 이해는 식물의 삶이 동물의 삶과는 다른 방식으로 구성된다는 사실을 인정하는 것에 기초하며, 이로써 아리스토텔레스의 동물중심적 평가를 은연중에 거부한다. 예를 들어, 테오프라스토스는 동물을 이해할 때보다 식물을 이해할 때 지역 환경이 더 중요하다는 것을 인식한다. 다음 절에서 살펴보겠지만, 그는 식물이 동물보다 환경의 영향을 더 많이 받을 수 있다는 것을 알고 있었다. 왜냐하면 식물은 "땅에 결합되어서 동물처럼 땅에서 자유롭지 않기" 때문이다.[65] 번식에서뿐 아니라 식물과 동물 사이의 다른 주요 차이점들도 인정된다. 특히 테오프라스토스는 식물과 동물의 성장이 완전히 대응하지 않는다는 데 주의를 기울인다.

> [식물의] 부분의 수는 불확실하다. 왜냐하면 식물은 모든 부분에서 성장력을 가지고 있고 모든 부분에서 생명을 갖고 있기 때문이다.[66]

식물은 성장이 불확실할 뿐 아니라, 부분의 수가 끊임없이 변하는 것으로 묘사된다. 식물 해부학의 이러한 세부 사항에 대한 인식은 매우 중요한데, 왜냐하면 여기서 테오프라스토스는 동물에게는 **없는** 식물의 속성을 기술하고 있기 때문이다.

> 그렇지만 이뿐 아니라 식물의 세계는 일반적으로 동물과 비교해서 다른 차이점도 나타낼 것인데, 왜냐하면 우리가 말했듯이 식물의 세계는 가지각색이기 때문이다.[67]

『식물의 역사』에서 이 구절을 읽을 때, 식물계와 마주한 테오프라스토스의 감탄과 경이를 쉽게 감지할 수 있다. 확실히 "가지각색"의 식물 세계는 동물 세계보다 더욱 다양하고, 특별하며, 복잡하다는 인상을 준다. 이러한 가지각색의 세계에서 식물은 동물 친척에게서 발견되지 않는 수많은 다른 자질과 능력을 소유한다고 은연중에 인정된다. 그렇지만 테오프라스토스의 특징은 이러한 차이를 식물의 열등함을 전혀 가정하지 않고서 진술한다는 점이다. 플라톤이나 아리스토텔레스와는 달리, 그는 식물에게서 나타나는 차이점을 인식하면서도 이러한 차이를 인간중심적 혹은 동물중심적 기준과 관련된 가치 위계 속에 편입시키려고 하지 않았다.[68] 테오프라스토스는 또한 존재들 사이의 유사성을 발견하려 했는데, 그것은 그의 『형이상학』의 한 구절에서 확인된다.

> 그리고 일반적으로 과학의 책무는 수많은 사물들에서 동일한 것을 식별해 내는 것이다.[69]

따라서 『식물의 역사』와 『식물의 원인』 전반에 걸쳐서, 테오프라스토스는 식물과 동물의 해부학과 생활사에서 연관성을 강조한다. 이러한 연관성을 찾는 과정에서, 겨울에 잎과 같은 식물의 부분이 벗겨지는 것과 뿔과 같은 동물의 부분이 떨어지는 것은 유사한 과정으로 여겨진다. 식물과 동물의 부패와 죽음의 과정은 양쪽이 다 필요로 하는 수분과 온기의 부족이라는 동일한 이유에서 일어나는 것으로 서술된다.[70] 테오프라스토스는 고대 그리스 신화(6장에서 상세히 다룸)에 공감하며, 식물의 수액을 동물의 피와 동일시한다. 피의 공유에서 암묵적으로 친족 관계가 드러날 뿐 아니라, 식물의 다른 부분들도 동물의 부분들과 연결된다. 식물의 껍질, 목질부 및 핵심 조직은 "체액, 섬유질, 정맥, 살"로 구성된 것으로 묘사된다.[71] 테오프라스토스는 또한 나무의 심부를 "심장" 혹은 "심재心材"로 부르면서 심화된 유비를 사용하는데, 그것은 오늘날에도 사용되는 표현이다.[72]

『식물의 역사』에서 그는 그러한 비교가 단지 동물 세계에 좀 더 친숙한 사람들의 이해를 돕기 위한 것임을 명백히 한다.[73] 그러한 비교는 이해를 위한 다리이며, 동물과 식물 사이의 연결성과 친족 관계를 드러내고 강조하는 부가적 기능을 한다. 그것은 식물을 동물학적 시각에서 정의하려는 시도가 아니다.

역사적으로, 테오프라스토스는 식물의 부분을 가리키는 이러한 명칭이 표면적인 유사성으로 인해 동물로부터 차용된 것임을 명확히 하려고 애썼고, 그 점이 중요하다. 그러한 명칭들은 이해를 돕고 식물과 동물 사이의 간극을 메우기 위한 수단이었다. 그것들은 식물의 구조와 기능에 대한 글자 그대로의 설명으로서 선택된 것은 결코 아니었는데, 왜냐하면 테오프라스토스에게 식물 세계는 그 자체로 평가받을 가치가 있었기 때문이다. 그렇지만 식물을 동물의 부분으로 설명하려는 이러한 시도의 불행한 역사적 결과로 흔히 식물이 동물과 관련지어 생각되는 경향이 계속되었다는 점에 주목해야 한다. 2장에서 상세히 다루겠지만, 테오프라스토스에게 크게 의존했던 플리니우스 같은 사상가들은 그 경고의 중요성을 이해하지 못했고, 식물을 이러한 동물의 틀 안에서 판단하는 것을 그다지 조심스러워 하지 않았다.

식물 자율성

식물이 그 자체로 다루어져야 한다는 기본 인식은 식물계의 독립성과 자율성에 대한 테오프라스토스의 인식에서 뚜렷이 드러난다. 식물을 배경화하는 플라톤과 아리스토텔레스의 철학과 대조적으로, 테오프라스토스는 『식물의 원인』에서 열매 형성을 세심하게 묘사해, 목적성을 띤 자율성에 관한 인식을 드러낸다.[74] 열매 해부학에 관한 첫 번째 중요한 기술은 다음과 같다.

> 확실히 과피의 혼합물[진짜 열매의 다육질의 과피]이 있지만, 본연의 열매라 할 수 있는 또 다른 부분[씨앗]이 존재한다. 전자의 혼합물은 인간에게 음식을 제공하고 후자는 나무의 발생과 영속화에 기여하는데, **이것이 열매와 씨앗의 목적이다**. 이러한 두 혼합물 각각은 서로를 간섭한다. 과피가 더 부드럽고 크기가 클수록 열매[씨앗]가 더 작아지고, 열매[씨앗]가 더 커지면 과피는 더 작고, 단단하고, 맛이 떨어지게 된다.[75]

열매 해부학의 세부적인 이해는 그 자체로서 주목할 만하지만, 이 구절을 더욱 두드러지게 하는 것은 열매와 씨앗이 인간이나 동물이 먹기 위해 **고안된** 것이 아니라는 암묵적인 인식이다. 식물을 재생산하는 본연의 씨앗과 인간이 전유하는 열매의 과육 부분은 분명히 구별된다. 테오프라스토스는 식물학적 관점, 또는 이를테면 식물의 관점에서 볼 때, 열매와 씨앗에 인간을 만족시키려는 목표가 없다고 볼 수 있음을 인식한다. 열매와 씨앗은 식물이 계통을 이어가기 위한 것이다.

회의론자는 종의 지속이 인간의 이익에 매우 부합하기 때문에 궁극적으로는 인간의 필요를 충족시키기 위해 만들어진 체계에 속할 수 있다고 주장할 수 있을 것이다. 그러나 만약 우리가 야생 열매와 재배된 열매(그리고 씨앗)의 상이한 상대적 크기에 대한 테오프라스토스의 연구를 고려한다면, 유일하게 합리적인 결론은 식물이 그 자체의 목적을 가진 자율적 존재로 간주된다는 것이다.[76] 식물은 단지 인간의 먹이가 되기 위해 지구상에 존재하는 것이 아니다.

두 가지 숙성 중에서 씨앗의 숙성은 번식을 위해 더 중요하며, 과피의 숙성은 인간의 필요를 위해 더 중요하다. 우리가 두 가지 숙성 중에서 어느 쪽을 나무의 더 큰 목적으로 둘 것인가는 또 다른 문제다. 사실, 만약 우리가 나무의 목적을 과피의 숙성에 둔다면, 우리는 채소처럼 우리가 잎(혹은 뿌리)만 사용하는 식물의 경우, 이러한 부분의 혼합물이 [인간에게] 훨씬 더 중요하다고 말해야 할 것이다. 그러나 식물의 목적은 우리가 전혀 음식으로 삼지 않는 씨앗에 있다.[77]

야생 식물은 재배 식물보다 훨씬 더 큰 씨앗을 가지고 있는 것으로 기술된다. 식물의 열매를 세심하게 관찰해 보면, 자유롭게 살아가는 식물은 인간을 위한 음식을 제공하기보다 번성해서 자신의 종을 계속 유지하기를 분명히 원한다는 점이 매우 명백히 드러난다. 이 두 개의 짧은 단락에서, 테오프라스토스의 연구는 식물이 고유한 삶의 목적을 지닌다는 인식으로 인도한다. 『식물의 원인』의 한 단락은 테오프라스토스가 그러한 목적을 무엇으로 이해했는지를 설명하는 데 도움이 된다.

[식물의] 본성은 오히려 항상 최선의 것을 성취하는 일에 착수하는 것이며, 이에 대해서는 합의가 이루어져 있다(고 말할 수 있다).[78]

이 사례에서 "최선의 것"은 식물에게 좋은 것 혹은 그것의 목적인目的因을 가리킨다. 테오프라스토스는 식물이 인간의 먹이가 되기 위한 목적에서 창조되었다는 **외재적** 목적론보다, 유기체는 선을 가지고 있어야 하며 이러한 선이 추구해야 할 목적인이라는 아리스토텔레스적 목적론의 **내재적** 측면을 따른다. 인간의 필요와 요구를 충족시키는 것이 아니라 이러한 목적인을 성취하는 것이 식물의 목적이다. 테오프라스토스는 **내재적** 목적론을 수립하면서, 식물 **자체를 위한** 성장과 번식을 식물 생명이 지향하는 목적으로 제시한다. 이것은 "그러나 식물의 목적은 우리가 전혀 음식으로

삼지 않는 씨앗에 있다."라는 문장에서 확인된다.[79]

식물을 인류를 위한 노예가 아니라 자율적인 존재로 인식하는 것에는 의미심장하게도 식물이 자체의 목적을 성취하기 위해 보여 주는 의도적이고 지각 있는 분투에 대한 묘사가 수반된다. "최선의 것"을 성취하기 위해 식물은 무엇이 최선인지 알 수 있어야 하기에, 현세대와 미래 세대에 번성하는 것은 의도적이고 차별적인 활동을 통해 성취된다고 설명된다. 의도적이고 지각 있는 식물에 관한 테오프라스토스의 묘사는 매우 중요한데, 그것들은 명시적이지는 않지만 서구 식물학 전통에서 식물의 정신적 현상을 최초로 인정한 기록이기 때문이다.

식물 행동과 지각

우리는 동물에게서 발견되는 행동과 활동을 그들에게서 찾아볼 수 없다.[80]

이 구절은 테오프라스토스가 아리스토텔레스의 가치 위계를 지지하는 것으로 읽힐 수 있다. 어떤 저자들은 실제로 그렇게 읽었고, 그래서 테오프라스토스가 식물에게 영혼의 어떠한 측면도 남기지 않음으로써 아리스토텔레스보다 더 나아갔다고 주장했다.[81] 그러나 현존하는 테오프라스토스의 저술에는 식물의 능력에 관한 학설이 명시적으로 나타나지 않으며, 그가 식물을 영양 영혼의 경계 안에 가두었다고 볼 만한 명시적인 내용도 없다. 식물을 그 자체로 고려하고 식물의 자율성을 인정하라는 그의 좀 더 강경한 주장에 비추어 볼 때, 위의 구절은 식물과 동물 생명의 차이를 공정하게 판단하려는 시도로 보인다. 그가 상이한 부분들로부터 자라날 수 있는 식물의 능력을 기록했듯이, 마찬가지로 그는 식물이 동물과 같은 방식으로 돌아다니거나 행동할 수 없다는 데 주목했다.

아리스토텔레스와 달리 식물이 수동적 존재가 아니라고 보는 테오프라스토스의 견해는 감각 지각에 관한 그의 이해에서 찾아볼 수 있다. 프리스키아누스는 테오프라스토스의 『영혼에 관하여』에 대한 해설에서, 테오프라스토스는 살아 있는 존재에게 감각적 자각이 없기란 불가능하다고 여겼다고 주장한다. 테오프라스토스에게 감각의 소유는 "생물의 완성"이다.[82] 아리스토텔레스의 『영혼에 관하여』와 달리, 테오프라스토스의 사유에서 살아 있다는 것은 환경을 의식하는 것을 수반한다.

『식물의 역사』의 한 단락은 식물이 주변의 온도 변화에 민감하다는 아리스토텔레스의 인식과 유사점이 있다. 그렇지만 지각에 대한 테오프라스토스의 이해는 놀랄 만큼 상이한 결론으로 나아간다. 환경 조건이 어떻게 식물 성장에 영향을 미치는지 서술하면서, 테오프라스토스는 말한다.

> 모든 식물의 뿌리는 땅 위 부분들보다 먼저 자라는 것 같다(성장이 아래쪽으로 일어나기 때문이다). 그러나 어떤 뿌리도 태양이 미치는 것보다 더 깊이 자라지 않는데, 왜냐하면 성장을 **유도하는** 것은 열기이기 때문이다.[83]

뿌리 성장의 패턴에 관한 이러한 기술은 성장에 관한 기본적인 인식뿐 아니라 지각 및 수용 능력에 관한 명확한 이해를 드러낸다.[84] 이 구절은 식물이 열의 존재를 감지하고 적소에서 이러한 변화에 맞춰 성장을 조정할 수 있다고 강력히 암시한다. 아리스토텔레스는 『영혼에 관하여』에서 같은 현상을 설명하지만, 식물에는 감각 대상의 형태를 수용하는 식별 가능한 조직이 없기 때문에 이것을 지각의 사례라고 인정하지 않는다. 이와 대조적으로, 테오프라스토스는 환경을 감지하고 능동적이고 방향성 있게 성장하는 식으로 반응할 수 있는 식물의 능력을 간단명료하게 묘사한다.

테오프라스토스의 작품의 많은 부분은 농업에 중점을 두었고, 그는 기본적인 농사 기술을 기록한 최초의 그리스 저술가들 중 하나였다.[85] 역사적으로 가장 중요한 농경 서술 중 하나는 대추야자 수분 기술에 관한 기록이었다.[86] 『식물의 원인』에서 대추야자는 환경을 감지할 수 있을 뿐 아니라 실제로 다른 장소보다 특정한 장소를 **즐기고 선호하는** 나무의 사례로도 활용된다.

> 어떤 나무들은 [열기의] 어느 한쪽으로의 극단을 좋아하는데, 대추야자 같은 나무는 열기를 선호하고, 담쟁이덩굴이나 전나무 같은 다른 나무들은 차가운 것을 선호한다.[87]

> 그러나 나무마다 그 정도는 다르다. 어떤 나무는 수분과 거름을 사랑하고 편백나무 같은 나무는 그렇지 않은데, 그것은 거름도 물도 좋아하지 않는다.[88]

식물이 좋아하는 것과 싫어하는 것에 대한 이러한 묘사는 테오프라스토스의 작품에 배어 있는 식물에 대한 저술 방식을 보여 주는 두 가지 간결한 사례일 뿐이다. 나무는 어떤 환경에서 자랄 것인지에 대한 **선호**를 가지고 있는 것으로 여겨진다. 나무는 그들이 선호하는 환경에서 번창하는 것을 **즐기**며, 식물은 가장 적합한 환경에서만 번성할 수 있다.[89]

테오프라스토스의 작품에서는 나무가 그들이 자라는 토양, 그늘과 햇빛의 양, 그 지역의 바람의 세기에 매우 많은 영향을 받는다는 인식이 나타난다.[90] 그 바탕에는 식물이 그들의 지역에서 차이를 감지하고 그에 따라 반응하는 능력을 소유한다는 인식이 자리한다. 이처럼 식물이 지배적인 환경 조건에 따라 본성을 조정하는 현상은 『식물의 원인』에서 분명하게 진술된다.

> 모든 식물은 계절에 맞게 적절히 조정되어야 하는데, 왜냐하면 계절은 다른 무엇보다도 더 큰 영향을 끼치기 때문이다. 모두가 자신의 적절한 계절을 기다리는 것으로 보인다.[91]

테오프라스토스는 면밀한 현장 관찰을 통해서, 식물이 영양 영혼의 능력을 훨씬 넘어서는 역량을 지닌다는 것을 분명히 인식했다. 이러한 능력은 영혼의 영양과 번식 역량이 **소임을 다하게** 했으며, 영양, 성장 및 번식 너머로 확대되었다.

선호는 논증과 밀접히 연관된 것은 지각 능력과 의식 능력이다. 선호를 표현하기 위해서 식물은 환경을 구별하고 지배적인 조건에 따라 행동할 수 있어야 한다. 아마도 더욱 흥미로운 것은, 이러한 희구하는 본성의 소유자로서 식물은 정신과도 밀접히 연관된다는 사실이다. 테오프라스토스는 『형이상학』에서 "실제로 욕망은 사고 능력에서 발생한다"고 주장한다.[92] 따라서 테오프라스토스가 이해한 식물은 좋아하는 것과 싫어하는 것을 분명히 표시하는 존재로서 지성의 능력을 지녔다고 보아도 무리가 아니다.

자율성과 농업

식물이 자율적이라는 인식은 테오프라스토스로 하여금 식물을 재배하는 것이 자연스러운 과정인지 의문을 품게 했다. 테오프라스토스는 또한 인간이 식물에게 끼친 해를 인정한다는 점에서 고대 애니미즘(6장 참고)과 주목할 만한 연관성을 보여 준다. 『식물의 원인』에서 그는 재배되는 식물이 치러야 하는 희생 중 하나는 수명 단축이라고 기록한다. 테오프라스토스는 재배되는 식물이 그 자신의 전반적인 성장과 회복이 아니라 오히려 인간에게 더욱 바람직한 해부학적 부분을 형성하는 데 에너지를 사용하는 것을 관찰했다.[93] 따라서 경작은 식물의 신체적 건강을 해치고 번식 능력을 감소시킴으로써 식물의 전반적인 번성을 약화시킨다. 플라톤이나 엠페도클레스와 마찬가지로 테오프라스토스는 인간의 활동이 나무에게 **고통**을 줄 수 있다고 주장하는데, 이는 아리스토텔레스에 의해 명백히 부정되었던 점이다. 그는 재배되는 나무에 대해 다음과 같이 말한다.

> 나무는 그렇게 초과 비용[수명 단축]을 감수해야 할 뿐 아니라, 수확량이 많아도 **고통을 겪다가** 고갈되어 죽는 경우가 많다.[94]

사실, 식물의 감응력이란 개념은 당시 그리스에서 제법 널리 퍼져 있었던 것 같다. 테오프라스토스는 잎이 무성하고 열매가 너무 적은 아몬드 나무에 쇠못을 박아 넣는 관습을 묘사한다. 그리고 기록하기를, "어떤 이들은 이를 '나무 벌주기'라고 부르는데, 나무의 무성함이 그렇게 벌을 받기 때문이다."[95] 아리스토텔레스의 경우와 달리, 이 일을 하는 사람들은 그들의 행위가 미치는 해악을 인정하는 것으로 보인다.

흥미롭게도, 경작 과정은 관련된 식물에게 전적으로 해로운 것만은 아닌 것으로 여겨진다. (식물의 시각에서) 경작의 긍정적인 점 중 하나는 야생에서는 부족할 수 있는 양분과 물을 충분히 얻는다는 점이다. 그들은 또한 성장과 번식을 지연시키는 경쟁과 질병으로부터 자유로워진다. 테오프라스토스는 그러한 혜택은 재배되는 식물이 입는 피해를 감수할 만한 대가가 될 수 있다고 생각한다. 이러한 방식으로, 식물 육종에 의해 생겨난 형태학적 변화는 해당 식물에게 적절하고 호혜적이며 아마도 이로운 것으로 여겨질 수 있을 것이다.

> 만약 식물의 본성이 더 나은 것을 성취하기 위해 외부의 지원을 **요구한다면**, 식물은 또한 이러한 내부적 수정을 자신에게 적합한 것으로 받아들일 것이다. 또한 그러한 수정을 **요구하고 추구하는** 것이 합리적이다.[96]

테오프라스토스는 경작을 속박의 한 형태라기보다는 식물과 인간 사이의 협동적이고 상호적인 관계로 이해한다. 이를 통해 테오프라스토스는 경작자가 경작되는 대상의 의식과 자율성을 존중하면서 협력 관계에 참여하는, 좀 더 존중하는 형태의 농업을 구상한다.[97] 친족 관계와 비슷한 방식으로, 이것은 상호 돌봄과 책임의 필요성을 불러일으킨다.

이러한 테오프라스토스의 이해는 식물(그리고 결과적으로 자연의 대부분)이 수동적이고 인간에게 종속된다고 여기는 아리스토텔레스의 **자연의 사다리***scala naturae*와 극명한 대조를 이룬다. 따라서 우리는 자연과학의 여명기에, 고전 그리스 전통에서 출현한 식물에 대한 두 가지 매우 다른 해석을 짚어낼 수 있다. 하나는 **배제**, **분리**, **우월성**에 기초한 것이다. 다른 하나는 **포용**, **연결**, **자율성**의 인정에 좀 더 기초한 것이다. 할레가 지적했듯이, 식물에 대한 우리의 현대적 해석은 두 번째보다는 첫 번째 입장과 훨씬 더 비슷하다.[98] 그러나 그것은 자연스러운 현상이 아니다. 이 장을 통해서 식물에 대한 우리의 인식은 철학적 지향에 매우 의존한다는 점이 분명해졌다. 다음 장에서는 이러한 이해를 바탕으로, 두 가지 상이한 소요학파의 식물 인식이 어떻게 식물 연구에 대조적인 영향을 미쳐 왔는지를 살펴볼 것이다. 이를 통해 아리스토텔레스의 동물중심적 이원론과 인간중심적 위계를 기꺼이 수용한 것이 서구의 식물 이해에 막대한 영향을 미쳐 왔음을 보이고자 한다.

주

1 Plato *Timaeus* 91a. 플라톤 작품의 인용은 Cooper(1997)를 따랐다.
2 Mourelator 1993, 4-5.
3 Carone 2003, 67-80. 또한 Egerton 2001, 93-97 참고.
4 *De Anima* 411a7-8, *DK* 13A10 및 Mourelatos 1993, 4. *De Anima*의 인용문은 Lawson-Tancred 1986에서 가져온 것이다. 아리스토텔레스의 다른 작품들의 인용은 Barnes 1984에서 가져왔다.
5 *Physics Fr.* 14(21).
6 이것은 성서의 식물 창조 이야기의 특징이기도 하다. 3장 참고.
7 *Physics Fr*. 78 (107).
8 Wright 1981, 235.
9 *Karthamoi Fr.* 122 (136).
10 *Karthamoi Fr.* 127 (140).
11 *Theogony* 2. 116-138.
12 Mourelatos 1993, 7.
13 *Stanford Encyclopedia of Philosophy*, www.plato.stanford.edu/entries/presocratics.
14 Plumwood 1993, 72.
15 Plumwood 1993, 81.
16 Plumwood 1993, 82.
17 Vlastos 1973, 34.
18 Vlastos 1973, 154.
19 Plumwood 1993, 82-86.
20 *Timaeus* 30.
21 Plumwood 1993, 84-85; *Timaeus* 50.
22 *Laws* 966b에서, 플라톤은 노예의 마음 상태를 이성이 결여된 것으로 묘사한다. 플럼우드(1993, 87)가 주목했듯이, "욕구 혹은 욕망, 영혼의 가장 낮은 부분은 명백히 그리고 계속적으로 야생 동물 및 '아이와 여성과 노예'와 동일시된다. *Republic* 431C." 같은 단락에서, 플라톤은 합리적인 마음이 가장 교양 있고 탁월한 사람들(주로 남성으로 구성된 엘리트 소수)의 전유물이라고 여긴다.
23 이러한 영혼의 세 가지 수준은 *Republic* 439c-441c에서 확인되며, 폴리스의 사회적 위계와 관련해서 명백히 위계적으로 정리된다.
24 플라톤은 또한 이성이 밑바닥 자연의 당연한 통치자라고 여긴다. 441e. 『티마이오스』에서, 창조자 신은 지성적 존재가 비지성적 존재보다 우월하다고 판결한다.
25 Ram-Prasad 2007, 9.
26 그리스어 판본에서 사용된 단어는 *zoion*인데, 그것은 물론 동물에 관한 연구를 일컫는 동물학(zoology)의 어원이다. 그러나 *zoe*는 또한 생명을 의미하며 *ion*은 위치를 뜻한다. 따라서 *zoion*은 또한 "생명의 장소" 혹은 좀 더 단순하게는 살아 있는 존재로 번역될 수 있다. 이것이 "동물"로 번역된 것은 식물에 대한 번역자의 관점에 대해 아마도 좀 더 많은 것을 말해준다.
27 *Timaeus* 77abc.
28 Carone 2003, 72.

29 Vlastos 1968 참고.

30 Vlastos 1973, 160.

31 *Timaeus* 90a.

32 Plumwood 1993, 71.

33 *De Anima* 412^{a}.

34 *De Anima* 413^{a}.

35 *De Anima* 416^{a}.

36 Ibid.

37 *De Anima* 414^{a}.

38 Carone 2003, 74.

39 *De Anima* 413^{ab}.

40 *De Anima* 414^{ab}.

41 *Nichomachean Ethics* 1102^{b}.

42 2장 참고.

43 Lovejoy 1936과 Mayr 1969 참고.

44 Carone 2003, 74.

45 *Nichomachean Ethics* 1102^{b}.

46 Ibid.

47 *De Anima* 430^{a}.

48 Plumwood 2002 참고.

49 *Politics* 1256^{b}.

50 *Politics* 1254^{a}.

51 Plumwood 1999.

52 Vlastos 1973, 160.

53 이러한 요점은 그러한 배경 처리가 의도적인 배제라는 주장에 무게를 더한다.

54 *De Anima* 424^{ab}. 강조 표시는 인용자.

55 *De Anima* 414^{b}.

56 Plumwood(1993)은 플라톤이 여성을 다룰 때 일어나는 비슷한 배경화 과정을 보여준다.

57 *De Anima* 412^{ab}.

58 *Parts of Animals* 655^{b}.

59 물론 식물이 동물과 같은 방식으로 먹이를 소화시키지 않는 것은 사실이지만, 식물 뿌리는 환경으로부터 먹이를 수동적으로 취하지 않는다. 식물은 방수 카스파리 선(Casparian Strip)에 의해 뿌리로 들어오는 물을 조절하고, 기공을 통해 이산화탄소 흡수를 조절할 수 있으며, 그늘진 영역에서 벗어남으로써 빛 자원을 증가시킨다. 광합성이라는 독립영양 과정을 통해, 식물은 동물과 마찬가지로 배설물을 만들어 낸다. 그 배설물은 우리 인간의 삶에 필수적인 산소의 형태다. 물론 아리스토텔레스는 이러한 능동적인 배출을 관찰할 수 없었다.

60 Sarton 1952, 547.

61 Ibid.

62 *HP* 1.1.9-11.

63 *Metaphysics* 8.3.

64 *HP* 1.1.2-3.

65 *HP* 1.4.5.

66 *HP* 1.1.3-4.

67 *HP* 1.2.3-5.

68 확실히, 자연 세계의 명백한 위계는 테오프라스토스의 현존하는 작품 속에는 나타나지 않는다. 게다가 그러한 위계의 자연적 존재는 테오프라스토스의 해부학 작업 및 감각 지각에 관한 그의 관점과 모순된다.

69 *Metaphysics* 8.3.

70 *HP* 1.2.3-5.

71 *HP* 1.2.1-3.

72 *HP* 1.2.5-6.

73 *HP* 1.2.3-5. "그렇지만 더 잘 알려진 것의 도움으로 미지의 것을 추구해야 하기에, 또한 더 잘 알려진 것은 우리 감각에 더 크고 더 분명한 것이기에, 표시된 방식[즉 식물의 부분을 동물의 부분과 비교하는 것]으로 이러한 것들에 관해 이야기하는 것이 옳음은 분명하다."

74 테오프라스토스는 이러한 주장의 중요성을 인식했던 것 같은데, 왜냐하면 그 자신이 몇몇 주목할 만한 단락에 관심을 유도하기 때문이다.

75 *CP* 1.16.1.

76 *CP* 1.16.2. "경작된 것과 야생의 것을, 재배된 것과 그렇지 않은 것을, 잘 재배된 것과 잘못 재배된 것을 비교해보면, 실제로 모든 경우에 전자가 씨앗이 더 작고, 전자가 더 부드러우며, 양분을 과피에 더 많이 전용한다. 게다가 전자는 인간의 요구에 적합한 지점까지 과즙을 숙성시킨다."

77 *CP* 2.16.6.

78 *CP* 1.16.11.

79 *CP* 1.16.6.

80 *HP* 1.1.

81 Browning Cole 1992, 53-55.

82 Priscian, *on Theophrastus on Sense-Perception*, 1.1과 20.9.

83 *HP* 1.7.1. 강조 표시는 인용자.

84 또한 *CP* 1.12.8을 참고할 것. "식물은 어리든 나이 들었든 모든 부분 속에 성장의 충동을 지닌다."

85 Egerton 2001.

86 테오프라스토스는 바빌로니아에서 이러한 실천을 기록했다.

87 *CP* 2.3.3.

88 *HP* 2.7.1.

89 *CP* 2.3.7.

90 *CP* 2.3.7-4.1. 및 9.1.

91 *CP* 1.10.5.

92 *Metaphysics* 2.3.

93 *CP* 2.11.1.

94 *CP* 2.11.3. 강조 표시는 인용자.

95 *HP* 2.7.6.

96 *CP* 1.16.12.

97 Kohák 1997 참고.

98 Hallé 2002.

2장

도그마와 지배

식물에게서 거리두기

[인간은] 식물 족속의 주인이며, 노력을 통해 임의로 식물 족속을 늘리거나 줄이고, 증식시키거나 파괴할 수 있다. 그는 동물 위에 군림한다. 그는 동물처럼 감정과 운동의 힘을 부여받았을 뿐 아니라 생각할 수 있기 때문이다.

_조르주-루이 르클레르, 드 뷔퐁 백작[1]

식물학에서 가장 중요한 사상가들 중 일부의 작업을 검토함으로써, 아리스토텔레스의 식물관이 지닌 권위가 식물의 지위를 열등하게 유지하는 데 중요한 역할을 해왔음을 입증할 수 있다. 플리니우스에서 린네에 이르기까지 식물학자들의 작품을 읽어 보면, 식물을 수동적이고 무감각한 존재로 묘사하는 것은 거의 언제나 인간이 식물의 자율성을 거부하고 식물의 목적을 완전히 전유하는 것에 관련된다는 점이 명백하다. 이 장에서는 식물학의 역사에서 핵심적인 인물들이 식물을 수동적이고 침묵하는, 도덕적으로 하찮은 것으로 보는 관점을 확고히 하는 데 기여해 왔다고 주장한다. 그들은 식물의 본성에 대한 그들 자신의 관찰에 의지하기보다는 오히려 아리스토텔레스의 업적에 독단적으로 집착함으로써 그렇게 했다. 이 철학은 계속 이어지면서 일반적으로 식물을 수동적이고 무감각하며 마음이 없다고 이해하는 배제의 **기본 입장**을 확립하는 데 기여한 것이 분명하다. 식물 존재론에 대한 테오프라스토스의 견해는 그것이 해부학적 사실에 기초하고 있음에도 불구하고, 부분적으로는 역사적 요인으로 인

해 식물학 전통에서 거듭 무시되어 왔다.

헤르만 부르하버Herman Boerhaave가 말했듯이 "식물학은 우리가 별다른 어려움 없이 가장 행복하게 식물을 알고 기억할 수 있게 해주는 자연과학의 한 분야"이기 때문에, 서구 식물학에서 아리스토텔레스적 입장의 확산은 중요하다.[2] 이러한 식물 배제의 기본 입장은 세계에서 가장 영향력 있는 식물학자들을 전거로 해서 베이컨, 데카르트, 로크와 같은 서구 사회의 가장 중요한 몇몇 사상가들의 철학에도 포함되었다. 환경철학자들은 그들의 저술이 자연 세계에 대해 파괴적인 서구적 태도를 발달시키는 데 특히 영향을 미쳤다고 강조했지만, 식물학이 그들의 철학에 미친 영향은 간과되어 왔다.[3] 이 장에서 나는 식물계에 대한 그들의 인식의 바탕에 깔린 아리스토텔레스적 근거를 살펴보고, **자연**을 정복하고 지배할 수 있는 비활성의 수동적 실체로 여기는 그들의 관념에 아리스토텔레스의 시각이 중대하게 기여했다고 주장한다.

플리니우스의 자연사

이오니아 시대의 문화적 전성기에 뒤이은 물질 지향적인 성향이 심화된 사회에서 영향력이 가장 컸던 것은 테오프라스토스의 철학적이고 지각적인 작업이 아니라 약용 식물에 관한 그의 실제적인 연구였다. 『식물의 역사』 제9권에 실린 약용 식물에 관한 그의 설명 모음은 약용 식물에 관해서는 아마도 가장 유명한 논저일 디오스코리데스Dioscorides의 『약물지*De Materia Medica*』에서 사용되었다. 테오프라스토스의 그리스어 원문이 소실되면서, 르네상스 시기까지 『약물지』와 더불어 대大 플리니우스의 『자연사*Naturalis Historia*』가 식물학에 대한 권위적인 저술로 자리 잡게 되었다. 고전학자 존 힐리John Healy의 말에 따르면, 『자연사』는 크게 신뢰받았고 "일반 교육의 대체물이 되었다."[4]

플리니우스는 테오프라스토스의 업적에 의지했던 마지막 고전학자 중 한 사람이며, 이후 테오프라스토스의 업적은 천 년 이상 과학사에서 잊히게 되었다. 따라서 플리니우스는 식물 과학에서 식물에 대한 인식을 형성한 핵심 학자들의 업적을 탐구하기 위한 중요한 출발점이다. 플리니우스는 천 년 동안 권위를 누렸을 뿐 아니라, 식물에 대한 그의 인식은 프랜시스 베이컨, 존 레이와 같은 중요한 과학자들에게도 계속해서 영향을 미쳤고, 그의 영향력은 17세기에 이르기까지 확대되었다. 플리니우스의 업적을 탐구함으로써 식물 과학에서 식물에 대한 인식을 발전시키는 데 중요한 영향을 미친 요소를 논의할 수 있다. 이 장은 식물에 대한 서구적 인식이 형성된 과정을 간략히 역사적으로 분석하기 위한 출발점을 제공할 것이다.

플리니우스는 『식물의 역사』에 많이 의존했지만, 테오프라스토스의 연구 결과에 대해 논하면서 자신의 고유한 해석을 제시했다. 『자연사』를 훑어 보면, 식물학이라는 학문과 테오프라스토스 학파의 식물 이해가 그의 손에서 어떤 모양을 갖추게 되었는지를 알 수 있다. 『자연사』는 전체 자연 세계를 다루지만, 12권에서 27권까지는 거의 전적으로 식물에 관한 것이다. 테오프라스토스의 작품에서와 마찬가지로, 플리니우스는 농경과 의료를 위한 식물의 용도에 중점을 둔다. 플리니우스는 테오프라스토스의 영향을 받았지만, 『자연사』를 보면 그가 훨씬 덜 신중한 학자였다는 점이 분명해진다.[5] 다음은 플리니우스가 나무와 동물의 해부학을 비교한 『자연사』의 한 구절이다.

> 그리고 일반적으로 다른 생물과 마찬가지로 나무의 몸에는 피부, 혈액, 살, 힘줄, 정맥, 뼈, 골수가 있다. 나무껍질은 피부와 같은 기능을 한다. (…) 대부분의 나무에는 껍질 다음에 지방질 층이 있다. 이러한 지방 아래에는 나무의 살이 있고, 살 아래에는 뼈가 있는데, 그것이 목재의 가장 좋은 부분이다.[6]

이 구절은 『식물의 역사』를 연상시키지만, 테오프라스토스가 수립한 관찰의 정확성과 신중한 주의사항이 플리니우스에 의해 무심코 폐기된 것은 분명하다. 독창적이고 비판적인 관찰의 부족은 플리니우스가 자신의 상상을 통해 환상적인 해부학적 특징을 창조하도록 이끌었기 때문에 특히 중요하다. 다음 절들에서는 살아 있는 식물을 제대로 접하지 않고 과거 학문을 뒤죽박죽인 상태로 복제하는 것이야말로 식물계에 대한 동물중심적이고 위계적인 태도를 발전시킨 중요한 요소였음을 보일 것이다.

이러한 사례에서 테오프라스토스 저술의 무분별한 복제는 동물에게서 빌려온 묘사적인 해부학 용어들의 사용으로 이어졌는데, 테오프라스토스는 단지 식물을 좀 더 철저히 이해하기 위한 방편으로, 즉 식물을 동물학적 시각에서 **정의**하기 위해서 그러한 용어들을 사용했다. 어떤 이들은 이러한 동물중심주의가 불가피한 것이라고 주장하지만, 위에 보인 플리니우스의 구절을 비판적으로 읽어 보면, 이러한 동물중심주의가 부분적으로는 동물과 식물 사이의 차이의 포섭에서 생겨난다는 점이 명백해진다. 그것은 또한 동물이 **우선이고** 암묵적으로 우월하다는 분석틀 안에 식물을 배치하는 것과 관련된다. 그러한 취급은 물론 아리스토텔레스를 상기시킨다.

식물이 목적성 있는 활동을 보여 준다는 테오프라스토스의 관념을 플리니우스가 어떻게 옮겨 적었는지 살펴보면 이전 저작들에 대한 무분별한 독단적 수용과 복제에서 일어나는 해악을 알 수 있다. 『자연사』에서 플리니우스는 주관적 성격을 드러내는 식물을 은연중에 언급한다. 그렇지만 테오프라스토스의 식물 주관성에 관한 서술이 신중한 관찰에 기초한 것인데 비해, 플리니우스의 글은 그가 의존한 자료에 대한 제한된 해석에서 비롯된 것이었다.

한편으로, 『자연사』는 식물이 날씨나 토양과 같은 특정한 환경 조건을 선호한다는 점을 인정한다. 플리니우스는 편백나무가 따뜻한 기후를 좋아하고 "눈을 매우 싫어한다"고 묘사한다.[7] 그렇지만 다른 한편으로, 식물 주관성에 대한 그의 묘사는 거의 전적으로 그의 상상에서 나온 것이다. 그것은 식물 행동에 관한 실제적 묘사라기보다는 상징적 표현이다. 곳곳에서 나무는 "사악한 행동"을 한다고 묘사되며, 플리니우스는 "어떤 식물은 바다를 먼발치에서 바라보는 것을 좋아한다"고 기록한다.[8] 마찬가지로 플리니우스는 식물의 고통에 관해 쓴다. 나무는 열매를 맺느라 기진맥진해진다고 묘사된다. 플리니우스는 나무가 특히 겨울철에는 종종 "굶주려 죽은 채" 발견된다고 기록한다.

> 실제로 몇 년 연속으로 이러한 과정을 거친다면 나무 자체가 죽을 수도 있다. 그들이 굶주린 상태에서 힘을 짜내며 고통스럽게 벌을 받는다는 것을 누구도 의심할 수 없기 때문이다.[9]

이것은 의심할 바 없이 식물이 해를 입을 수 있는, 지각력을 지닌 존재라는 테오프라스토스에게서 비롯된 해석을 보여 준다. 이러한 설명에도 불구하고, 플리니우스는 식물계에 자율성을 부여하지 않는다. 사실상 플리니우스는 (식물의 관점에서) 식물의 일차적 목적은 인간을 위해 음식과 의약을 제공하는 것이 아니라 스스로 살아가고 성장하는 것이라는 테오프라스토스의 가장 중요한 발견 중 하나를 놓쳤거나 혹은 무시하기로 선택한 것이다.

플리니우스는 스토아학파의 영향을 많이 받았다. 그는 비록 식물학에 있어서는 테오프라스토스에게 의존했지만, 세계는 유일하게 이성적인 인류에게 봉사하도록 명령받았다는 스토아철학도 주장하는 것처럼 보인다. 대지는 "오직 그것을 사용하는 이들을 위해서 설계되었다."라는 키케로의 주장을 반영해서, 『자연사』에는 식물계에 대한 여러 도구적 주장이 담겨 있다.[10]

그녀[자연]는 인간men의 건강이나 만족감을 위해 식물을 낳았다.[11] 자연이 나머지 나무들을 창조한 것은 목재 때문이다.[12]

[자연은] 우리가 싫어하는 식물 속에도 치료약을 넣어 둔다. (…) 그리고 그녀는 내가 언급한 맛있는 음식 재료인 연한 식물을 이미 제공해 주었다.[13]

이러한 구절들을 보면, 플리니우스가 식물을 주체라기보다는 유용한 대상으로 여긴다는 것이 명백히 드러난다. 여기서 주목할 만한 흥미로운 사항은 각각의 구절이 인간의 이용을 위해 식물을 창조한 것은 신(혹은 신성한 창조자)이 아니라 **자연**이라고 이야기한다는 점이다. 몇몇 환경 사상가들은 **자연**이 유기적이고 목적이 있으며 마음이 있다는 개념의 "상실"과 생태학적으로 파괴적인 행동을 주로 연결해 왔지만, 플리니우스의 이 구절들은 우리가 자연 세계의 **구성 요소**에 더 많은 관심을 기울일 필요가 있음을 시사한다.[14] 플리니우스는 능동적이고 역동적이며 지향적인 자연을 명백히 인정한다. 그러나 동시에 여전히 식물과의 관계를 전적으로 도구적인 것으로 여기며, 그러한 관계는 사실상 자연에 의해 유발되는 것이라고 본다. 이러한 도구화는 인간과 자연의 분리를 보여 주는 일면이다.[15] 플리니우스의 이 구절들은 균질적이고 다소 추상적인 자연에 다시 활기를 불어넣기보다는, 유형corporeal의 식물을 자율적이고 주관적인 개체로서 확립하는 것이 중요함을 보여 준다.

아리스토텔레스와 식물성 영혼의 심장

플리니우스가 잘못 전용한 이후로, 로마 제국의 전성기 동안 테오프라스토스의 작품들은 더 이상 복제되거나 번역되지 않았다. 슬프게도 기원후

2세기 말부터 테오프라스토스의 업적은 유럽 사상사에서 보이지 않게 되었다.[16] "식물학의 암흑시대"(기원후 약 200-1500년)로 흔히 알려진 시기 동안에는 약리학에 적합한 식물만이 연구되었다.[17] 다른 철학적, 체계적, 생리학적 관념들은 식물학 연구에서 거의 완전히 사라졌다. 식물에 대한 정보를 얻기 위해서 독자적인 관찰을 수행하기보다 디오스코리데스와 플리니우스의 권위 있는 문헌에 의존하려는 경향이 강했다. 고전 문헌의 표절이 그 시대를 나타내는 징후였고, 그로 인해서 식물에 관한 인식은 더욱 협소해졌다.[18] 디오스코리데스와 플리니우스의 결함이 있지만 권위적인 영향력은 중세 시기 유럽인들의 마음에 식물을 유용하고 종속적인 대상으로 보는 철학이 확고히 자리 잡게 만들었다.[19]

테오프라스토스의 작품들은 1400년대에 원래의 그리스어 원고가 바티칸에서 발견된 후에야 비로소 복원되었다. 교황 니콜라오 5세는 테오도로 가자Teodoro Gaza로 하여금 그것들을 라틴어로 번역하게 했고(1430년경), 르네상스 시대의 식물학자들은 그 작품들에서 많은 영감을 얻으며 큰 영향을 받았다. 테오프라스토스의 재발견은 중세 동안 혼란에 빠졌던 식물 분류학과 식물계통분류학의 기술적 측면에 큰 영향을 미쳤다. 그런데 비록 천 년이 지난 뒤에 테오프라스토스의 원문은 부활했지만, 식물의 자율성에 관한 그의 생각은 식물이 인간보다 열등하고 종속적이라는 독단적 주장 아래 묻혀 버렸다.

매우 대조적으로, 아리스토텔레스의 철학은 중세 시대에 번성했다. 위대한 그리스도교 학자 토마스 아퀴나스Thomas Aquinas(1225-1274)의 작업에서 아리스토텔레스의 권위를 보여 주는 사례를 찾아볼 수 있다. 아퀴나스는 아리스토텔레스의 영향을 많이 받았으며, 『신학대전*Summa Theologica*』에서 아리스토텔레스가 생물의 능력을 세 부분으로 나눈 것에 주의를 기울였다.[20] 3장에서 자세히 다루겠지만, 아퀴나스는 아리스토텔레스의 사상을 교회 교리에 포함시키는 데 성공했고, 그리하여 식물에게 감각, 움직임, 지능이 없다는 생각이 중세 유럽에서 일반적으로 받아들여지게 되었다. 성서의 지지를 얻어서, 식물이 동물과 인간의 사용을 위해 특별히 설계되었다는 플라톤-아리스토텔레스의 도그마 역시 쉽게 받아들여졌다.

> 따라서 인간의 발생 과정에서 처음에는 살아 있는 것이 있고, 다음으로 동물이, 마지막으로 인간이 있듯이, 마찬가지로 식물과 같이 단지 생명만 가지고 있는 것은 모두 동물을 위해 존재하며, 모든 동물은 인간을 위해 존재한다. 그런 이유로, 아리스토텔레스the Philosopher가 말했듯이, 인간이 동물의 유익을 위해 식물을 이용하고, 인간의 유익을 위해 동물을 이용하더라도 법에 어긋난 것이 아니다.[21]

그리하여 신성한 경전(과 아리스토텔레스)의 권위는 아퀴나스로 하여금 자연적 노예 이론을 수용하게 했다. 이 이론에서는 식물의 수동성을 식물이 "자연적으로 노예가 되어 다른 이들의 이용에 맞게 순응한다."는 것을 보여 주는 신의 징표로 여겼다.[22] 식물의 자율성과 의도적인 행동을 인식하지 못하는 무능력 혹은 인식하기를 꺼려하는 태도가 식물 지배의 바탕에 깔려 있었다.

영향력 있는 신학자들의 후원으로 아리스토텔레스 철학은 중세 사상에 광범위하게 깊은 영향을 미쳤으며, 르네상스 시대에도 여전히 영향력을 발휘했다. 식물학에서 그것은 또한 안드레아 체살피노Andrea Cesalpino(1519-1603)의 연구에도 심대한 영향을 미쳤는데, 그는 "의심할 나위 없이 그 시대의 가장 위대한 식물학자"로 간주된다.[23] 체살피노는 식물의 자연 분류를 시도한 최초의 식물학자로 계통분류학계에서 잘 알려져 있다. 그는 분류를 위해 생식 부분의 사용에 중점을 두었는데, 그것은 오늘날에도 유효한 탁월한 방식이다. 잘 알려져 있다시피, 체살피노는 단지 식물학자이기만 한 것이 아니었다. 그 또한 많은 르네상스 사상가들처럼 철학을 가르쳤으며, 아리스토텔레스의 영향을 매우 많이 받았다.[24] 체살피노의 주요 저술인 『식물학*De Plantis Libris*』은 식물의 감응력을 부정하는 아리스토텔레스의 견해를 성실하게 답습한다.

> 식물의 본성은 그들이 영양을 공급받고, 성장하고, 같은 부류를 생산하는 그런 종류의 영혼만을 지니기에, 그리하여 동물의 본성을 구성하는 감각과 운동이 없기 때문에, 식물은 동물보다 훨씬 더 작은 기관들을 필요로 한다.[25]

체살피노는 동물과 인간을 감응적 본성의 소유자로 묘사하는데, 왜냐하면 이동할 수 있는 그들의 형태가 그러한 본성을 요구하기 때문이다. 이러한 동물학적 시각에서 볼 때, 고착적 존재인 식물은 의식, 지각, 그리고 이성을 가질 필요가 없다. 식물학의 역사를 연구한 율리우스 작스Julius Sachs는 식물에 대한 아리스토텔레스의 동물중심적 평가에 이처럼 지나치게 의존하는 것에 대해 논평하면서, 체살피노가 아리스토텔레스의 영향을 받아서 식물을 "동물계의 불완전한 모방"으로 상상했다고 여긴다.[26]

동물중심주의는 식물 과학에 대한 체살피노의 가장 유명한 공헌 중 하나, 즉 그가 영양 영혼이 들어 있다고 가정했던 식물 기관의 식별에서도 영향력을 발휘했다. 체살피노는 뿌리와 싹이 만나는 그 지점을 식물 영혼의 자리와 동일시했고, 이것을 **식물의 심장***cor plantarum* 혹은 **심장***cor*이라고 명명했다. 이 **심장**은 아리스토텔레스가 감응적인 영혼의 자리로 여겼던 동물의 심장과 유사하다.[27] 식물을 동물학적 틀에 맞추기 위해서 플리니우스 같은 초기 식물학자들과 이후의 체살피노가 어떠한 해부학적 증거도 없는 식물 기관을 부득불 제안하게 된 것은 동물중심주의의 독단적 수용의 특징이다. 이러한 해부학적 기이함이 쉽게 무시되었다는 사실은 후대 사상가들로 하여금 영양 영혼의 존재까지 완전히 의심하게 만들었고, 이는 식물을 능동적, 목적적, 자율적 존재의 범주로부터 더 멀어지게 했다.

베이컨의 위계

전통적인 과학사에서는 아리스토텔레스의 스콜라철학이 르네상스 시대부터 16세기 말, 17세기 초반에 객관적 과학이 발흥할 때까지 큰 영향을 미쳤다고 이야기한다. 이 시점부터는 유럽의 선도적인 과학자들의 마음속에서 경험적 증거에 대한 객관적 평가가 스콜라학파의 연역적 추론을 대체하게 되었다고 여겨졌다. 현재의 식물학의 맥락에서 볼 때, 우리는 이러한 단언에서 좀 더 미묘한 차이를 짚어 낼 필요가 있다. 과학 혁명의 가장 유력한 인물들 중 일부의 마음가짐에서 아리스토텔레스의 위계 및 지배 도그마의 무비판적 수용이 미친 영향을 추적할 수 있기 때문이다.

위계와 지배라는 한 쌍의 주제는 과학적 방법론의 선구자인 프랜시스 베이컨(1561-1626)의 사상에서 가장 쉽게 확인된다. 그는 케임브리지에서 공부하는 동안 연역적인 아리스토텔레스식 교육과정의 한계를 알게 되었고, 이에 따라 그의 유명한 경험과 관찰 이론을 발전시키기 시작했다. 그 성과는 주로 그의 『신기관*Novum Organum*』(1620)에 실렸고, 이후 과학의 범위와 실천에 심대하고 항구적인 영향을 주었다. 그렇지만 아리스토텔레스의 연역적 추론을 거부했음에도 불구하고, 베이컨은 식물계에 대한 동물중심적인 지배의 태도를 유지했다.

베이컨은 숨을 거두기 전까지 자연사에 관한 원숙한 논의인 『숲의 숲: 또는 10세기의 자연사*Sylva Sylvarum, or A Naturall Historie In Ten Centuries*』의 원고를 작성하고 있었고, 이는 그의 사후 1626년에 출판되었다. 이 글은 물리학, 의학, 연금술, 그리고 자연사에 걸친 다양한 범위의 주제들을 다루었다. 식물을 다루는 부분에서 그는 "그것들은 식품, 의약품, 그리고 여러 의술 분야에서 탁월하게 널리 사용된다."라고 하면서 식물을 도구적으로 대하는 태도를 노골적으로 드러냈다.[28] 아리스토텔레스의 영향은 뚜렷이 보이지 않는데, 그의 영향력은 주로 베이컨이 르네상스 저술가인 잠바티스타 델라 포르타(1535-1615)와 그의 책 『자연의 주술*Natural Magick*』의 관념

에 의존한 데서 기인한다.[29]

델라 포르타 자신은 테오프라스토스의 복원된 문서들과 플리니우스의 『자연사』에 크게 의존했는데, 종종 그것들을 직접 언급하기도 했다.[30] 그러나 식물의 능력에 관한 그의 서술에서는 그 역시 인간의 우월성과 식물의 수동성에 관한 아리스토텔레스의 학설을 무비판적으로 수용했음을 확인할 수 있다. 델라 포르타는 인류의 이용을 위해 자연의 비밀을 드러내려고 시도하면서, 인간만이 이성을 소유하기 때문에 인간이 "다른 어떤 생물보다 더 탁월하다."고 묘사한다.[31] 그가 무비판적이었던 이유는, 자연세계를 본래 인간에게 종속된 것으로 구성하려는 자신의 필요를 아리스토텔레스의 학설이 충족시켰기 때문일 것이다. 따라서 『자연의 주술』에서 델라 포르타는 식물이 "감각도 이성도 없고 오로지 성장만 하며, 이러한 식물성 영혼vegetative soul을 가지고 있다는 점에서만 살아 있다고 말할 수 있다."는 아리스토텔레스의 주장을 그저 되풀이한다.[32]

그보다 앞선 플리니우스처럼 델라 포르타도 식물의 분투에 대한 테오프라스토스의 글에서 어느 정도 영향을 받았는데, 그는 그것을 사랑과 갈등에 관한 엠페도클레스의 이론과 혼동했다.[33] 또한 델라 포르타는 지역 식물군에 대한 관찰을 통해서 식물이 전적으로 수동적인 것은 아니라는 인상을 받은 듯했다. 다소 시적이긴 하지만, 『자연의 주술』은 생기 있는 식물에 관한 묘사를 포함한다. 델라 포르타가 볼 때, 포도덩굴은 야생양배추coleworts를 **피하고**, **시클라멘**을 **적대한다**. 담쟁이덩굴은 모든 나무의 **골칫거리**인 반면, 독미나리와 루타는 서로 **싸운다**. 올리브와 포도덩굴은 "서로 함께 있는 것을 기뻐하고", 굴광성 식물은 태양을 **사랑**한다.[34]

감응성의 일부 측면에 대한 이러한 암묵적인 인식에도 불구하고, 아리스토텔레스의 세 부분으로 이루어진 위계적 영혼 이론의 권위는 델라 포르타로 하여금 식물이 다른 생물처럼 완전히 살아 있는 것은 아니라고 결론짓도록 이끌었다. 『자연의 주술』의 서술 전반에 걸쳐서, 델라 포르타는 "식물**과** 생물living creatures"이라는 두 개의 구별되는 존재론적 범주를 반복해서 언급한다.[35] 이처럼 생물의 영역에서 식물을 제외한 것은 경험적 증거의 수용보다는 도그마에 기초한 것이다.

델라 포르타가 베이컨에게 미친 영향은 명백하다. 『자연의 주술』과 『숲의 숲』을 비교해 보면 베이컨이 델라 포르타와 동일한 해부학적, 생리학적 용어를 사용했고, 델라 포르타와 비슷하게 원예 지식의 진보와 발전을 글쓰기의 목적으로 삼았음을 알 수 있다.[36] 베이컨은 식물학 분야에서 가장 훌륭한 인재들에게 인간의 유익을 위해 자연 세계를 좀 더 효과적으로 이용할 수 있도록 원예학과 생리학적 문제들에 전념하라고 권고했다.[37] 베이컨은 인간의 필요를 위해 자연을 정복해야 한다는 강력한 견해를 가진 것으로 잘 알려져 있다. "자연과 그 자식들을 모두 당신 앞에 끌고 와서 당신을 위해 봉사하게 하라. 그녀(자연)를 당신의 노예로 만들어라."[38] 식물이 살아 있는 존재라는 사실을 거부하기 위해 플라톤/아리스토텔레스식 위계와 지배 양식을 사용했다는 점에서 베이컨은 델라 포르타를 뒤따랐다. 식물이 자연 세계에서 생태학적으로 우세한 만큼, 나는 식물의 본성에 대한, 그리고 가치에 따른 위계 질서에서 식물이 갖는 위상에 대한 베이컨의 믿음이 자연의 지배에 관한 그의 견해와 자연 세계의 무제한적 이용을 인류에게 권하는 그의 권고에 영향을 미쳤다고 주장한다.

『숲의 숲』의 제6권에서 베이컨은 또다시 동물중심적 기준을 사용해서 살아 있는 것과 살아 있지 않은 것을 구별한다. 베이컨은 생물의 타오르는 영이 깃들어 있는 "갈라진 정맥들과 비밀스러운 관들"의 존재를 통해 살아 있는 몸을 인식할 수 있다고 여겼다.[39] 베이컨에게 식물은 생물과 무생물 사이 어딘가에 위치한다. 식물은 영양을 섭취하고 성장하고 번식하는 능력과 한정된 수명에 의해 무생물과 명백히 구별된다. 그렇지만 식물이 이러한 생명의 기표를 가지고 있더라도, 두드러지는 차이점을 강조하고 이성을 가치 있게 여기는 서구적 경향으로 인해, 식물은 "진정 살아 있는 생물"에 비해 열등한 것으로 여겨지게 되었다. 가령 베이컨은 다음과 같이 쓴다.

식물과 살아 있는 생물 사이의 친연성 및 차이는 다음과 같다. 그들은 둘 다 지속되고 갈라지는, 그리고 타오르는 영을 지닌다. 그러나 첫째, 살아 있는 생물 안에서 영은 작은 방cell이나 자리seat를 가지고 있지만, 이전에도 말했듯이 식물은 그렇지 않다. 둘째, 살아 있는 생물의 영은 식물의 영보다 더 많은 불꽃을 가지고 있으며, 이 두 가지가 근본적인 차이점에 해당한다.[40]

베이컨은 식물을 "살아 있는 생물"로부터 분리하는 두 가지 주요 차이점을 확인하는데, 그 둘은 모두 학문적으로 식물을 다룰 때 특징적으로 나타나는 동물중심적 시각에서 비롯된 것이다.[41] 동물의 틀을 사용해서 평가할 때, 식물에게는 중앙집중적 본성이 결여되어 있고, 따라서 생기를 불어넣는 영이 머무를 수 있는 자리가 결여되어 있다고 여겨진다. 식물은 동물보다 덜 활동적인 본성을 갖고 있기에, 제대로 살아 있기 위해 필요한 열이 부족하다고 가정된다. 베이컨은 식물과 동물 사이의 수많은 연결성에 대해 이야기하기보다는, 이것들을 "근본적인 차이"로 여긴다.[42] 그는 또한 주로 아리스토텔레스의 저작에서 파생된 더 많은 일련의 차이들을 열거한다.

첫째로, 식물은 모두 대지에 고정되어 있다. 반면 모든 살아 있는 생물은 분리되어 있고, 제 스스로 있다. 둘째로, 살아 있는 생물은 국부적인 운동을 하지만, 식물은 그렇지 않다. 셋째로, 살아 있는 생물은 그들의 위쪽 부분에서, 주로 입으로 양분을 섭취한다. 식물은 아래에서, 즉 뿌리로 양분을 얻는다. 넷째로, 식물은 씨앗을, 그리고 생식 부위를 가장 위쪽에 가지고 있지만, 살아 있는 생물은 그것들을 가장 아래쪽에 지닌다. 그리하여 "인간은 위로 뒤집힌 식물과 같다(*Homo est Planta inversa*)."라는 말은 그저 고상한 표현이 아니라 철학적인 말이다. 왜냐하면 식물의 뿌리는 살아 있는 생물의 머리와 같기 때문이다. 다섯째로, 살아 있는 생물은 식물보다 좀 더 정확한 형상을 지닌다. 여섯째로 살아 있는 생물은 식물보다 몸 안에 좀 더 다양한 기관들과 (말하자면) 내적 형상을 가지고 있다. 일곱째로, 살아 있는 생물은 감각을 가지고 있지만, 식물은 그렇지 않다. 여덟째로, 살아 있는 생물은 자발적인 운동을 하지만, 식물은 그렇지 않다.[43]

이러한 목록 전반에 걸쳐서 식물의 모든 해부학적 특징은 (인간을 포함한) 동물이 식물보다 **우월하다**는 플라톤/아리스토텔레스적 사고방식으로 평가된다는 점이 명백하다. 베이컨이 볼 때, 그러한 지위는 인간이 자연 세계를 지배하는 것을 정당화해 주었다. 동물과 식물의 차이점은 순전히 동물의 양식mode과 다르다는 이유에서 식물의 **열등함**의 사례로 나열된다. 이것은 식물의 감각작용과 노력에 대한 명백한 부정과 짝을 이룬다. 이는 식물을 활기 있는 **비생명***nonlife* 종류로, 일종의 오토마톤automaton으로 인식하게 한다.

식물을 오토마톤으로 보는 이러한 관점을 유지하려면 식물이 보여주는 명확히 목적을 띤 행동을 잘 설명해야 한다. 베이컨은 굴광성 식물의 움직임이나 싹트는 씨앗이 물을 향해 움직이는 것 등 아리스토텔레스의 위계를 뒤엎을 수 있는 광범위한 식물 운동에 대해 알고 있었다. 베이컨은 이러한 감각작용과 목적을 인정하는 대신, 식물의 운동을 단지 기계적인 것으로 설명한다.

이와 관련해서 그들이 태양의 존재를 기뻐하고 그 부재를 슬퍼한다고 말하는 것과 같은 엄숙한 이유는 필요하지 않다. 그것은 단지 공기의 수분이 잎을 무겁게 해 부풀리고, 건조한 공기가 잎을 펼치게 하는 현상일 뿐이다. 또 태양이 밝게 빛날 때 정원의 클로버가 줄기를 숨기는 것이 감탄을 자아내지만, 그것은 단지 잎을 완전히 펼친 것에 지나지 않는다. 머리를 숙이고 기울이는 식물로는 큰 해바라기, 마리골드, 등대풀wart-wort, 아욱꽃 등이 있다. 그 원인은 전자보다 좀 더 모호하다. 그러나 나는 그것이 단지 줄기에서 태양이 가열하는 부분이 더 연약해져서 꽃을 지탱하기 어렵게 된 것이라고 여긴다.[44]

식물학은 경험 과학의 시대로 접어들었지만, 베이컨은 식물이 수동적이라는 도그마를 충실하게 유지함으로써, "감수성의 개념을 배제하고 자연에 대한 위계적 관점을 유지했다."[45] 베이컨은 배제의 입장을 표준으로 확립함으로써 식물에 관한 아리스토텔레스의 낡은 견해를 과학적 사고에 깊숙이 집어넣었다. 이러한 점에서 베이컨의 작업은 식물에 관한 인식의 발달에서 중요한 전환점을 나타낸다. 과학의 다른 영역에서 베이컨은 진리를 드러내기 위해 경험적인 실험 방법을 옹호했지만, 식물에 대한 이해에서는 아리스토텔레스주의의 고집스러운 연역적 추론에 기꺼이 그리고 전적으로 동의했다. 베이컨은 자연 세계를 노예화하려는 자신의 기획에 잘 들어맞는 식물의 열등함을 독단적으로 받아들였기에, 식물의 본성이나 능력에 대한 실험이 필요하다고 느끼지 못했다.

기계론자와 원자론자를 위한 위계

과학의 시대에 아리스토텔레스 위계의 무비판적 수용은 베이컨의 작업에만 국한되지 않는다. 자연에 대한 서구의 파괴적 태도에 중요한 역할을 했다고 흔히 인정되는 영향력 있는 수많은 식물학자들과 철학자들 역시 그들의 작업에서 아리스토텔레스의 철학을 은연중에 받아들였다. 식물 형태학 연구의 발달에 기여한 식물학자 요아힘 융Joachim Jung(1587-1657)은 중요한 인물인데, 그의 연구는 존 레이John Ray와 린네Linnaeus를 비롯한 계몽주의 식물학자들에게 큰 영향을 미쳤다.

융은 테오프라스토스와 체살피노의 식물 형태학 연구를 바탕으로 엽연葉緣을 묘사하는 용어들(*laciniate, crenate, serrate, dentate* 등)을 도입하는 등 포괄적인 형태학 용어들을 발전시켰다.[46] 융은 또한 열성적인 유물론자이자 원자론자였다. 비록 그의 공헌은 가상디Gassendi의 업적에 종종 가려지지만, 그의 작업은 17세기 원자론의 부흥에 중요한 역할을 했다.[47] 융의 저작은 그 성격이 철학적이라기보다는 과학적이었고 스콜라철학을 거부했음에도 불구하고, 식물의 능력에 관한 그의 이해가 아리스토텔레스의 영혼 삼분三分에 기초하고 있음은 주목할 만하다. 융은 『식물학 입문*Isagoge Phytoscopica*』에서 다음과 같이 썼다.

> 식물은 특정한 장소나 서식지에 붙어서 먹이를 먹고, 크기가 커지고, 마침내 스스로 번식할 수 있는 비감응적 몸이다.[48]

과학사가 A. G. 모턴은 이 구절을 설명하면서, "융은 아리스토텔레스의 개념을 포함하면서도 그와 동일하지는 않게 식물을 정의하는데, 융의 정의는 정신적 태도의 미묘한 변화를 드러내며 좀 더 생리학적인 견해를 표현한다."[49]라고 언급한다. 이러한 생리학적 견해는 체살피노의 심장*cor*을 거부하고, 식물의 영양 **영혼**을 가리키는 용어를 배제하는 것을 수반했다.[50] 그렇지만 용어의 모든 변화에도 불구하고, 식물 존재에 관한 융의 기본적인 이해는 여전히 아리스토텔레스의 철학에 토대를 두고 있었다. 융은 스콜라철학을 거부했지만, 식물이 비감응적 유기체라는 아리스토텔레스의 기본 견해를 유지했다. 고착성 습성과 비감응적 본성 사이의 동물중심적 관련성은 융의 저술에서도 명확하다. 융은 식물이 인간의 이용을 위해 설계되었다고 선언하지는 않았지만, 식물이 본성상 동물이나 인간보다 열등하다는 이해를 전파했다.

식물의 수동성과 비감응성에 대한 이러한 독단적 수용은 계몽주의 철학의 발달에서도 찾을 수 있는데, 이는 환경철학자들이 자연 파괴적인 서구적 태도의 중심에 위치한다고 정확히 지적했던 것이다.[51] 환경철학에서 데카르트의 이원론적, 기계론적 철학은 거듭 비판의 대상이 되어 왔다. 여기서 나는 데카르트에 관해 흔히 언급되는 문제점들을 검토하기보다는 식물을 배경화하는 방식이 데카르트 철학의 방향성에 영향을 미쳤을 수 있다고 말하려 한다. 데카르트 사상의 가장 유명한 구절 중 하나로, 『철학의 원리*Principia Philosophiae*』의 말미에서 데카르트는 다음과 같이 썼다.

> 나는 지구와 눈에 보이는 모든 세계를 [그] 형상과 [그 부분들의] 운동 외에는 고려할 것이 아무것도 없는 기계인 것처럼 묘사했다….[52]

데카르트는 『방법서설*Discours de la méthode*』에서 자연 세계의 작동이 신에 의해 확립된 자연의 법칙으로 뒷받침된다고 가정한다.[53] 데카르트는 많은 경우에 "자연의 법칙을 역학의 법칙과 완전히 동일시했다."[54] 이러한 물리학을 다음과 같이 간단히 요약할 수 있을 것이다. 데카르트에게 역학의 법칙은 존재하는 모든 것을 설명했다. 사실상 데카르트 자신은 "나의 모든 물리학은 역학에 지나지 않는다."라고 말하기도 했다.[55] 매슈스가 썼듯이, "메커니즘의 핵심은 운동의 기원에 대한 견해다." 그리고 데카르트의 견해에 따르면, 우주의 모든 운동은 신에 의해 외부에서 운용되었다.[56] 그러므로 아리스토텔레스와 대조적으로, 데카르트의 일반적 입장은 자기 주도적이고 목적이 있는 운동이 없다는 것을 근거로 지구가 기계와 같다고 주장하는 것이었다.

따라서 스스로 추진하고 자기 주도적으로 움직이는 존재가 없는 이 지상 세계에서, 데카르트는 동물의 신체를 "신의 손으로 만들어진 기계"로 묘사한다.[57] 의미심장하게도 이러한 생각은 동물을 비감응적 존재로 인식하기 위한 길을 열어준 것으로 잘 알려져 있다.[58] 물론, 이와 관련해서 인간은 예외로 간주되었다. 비록 마찬가지로 기계로 상정되는 신체를 소유했지만, 인간은 뚜렷이 구별되는 정신mind을 소유했기에 나머지 자연과 달랐다. 특히 이 정신은 감응력과 자율성을 부여받은 의식이었다.[59]

(정신이 있는 감응적인 인간과 대조적으로) 자연 세계를 비감응적이고 비의도적이며 정신이 없는 것으로 여기는 이러한 데카르트적 태도는 식물을 배경에 두는 플라톤-아리스토텔레스의 관점에 기인한다. 데카르트의 저술에서는 그가 식물계를 배경화하는 아리스토텔레스의 견해를 수용했다는 것이 명백히 드러난다. 데카르트는 동물의 경우와 달리 식물을 거의 묘사하지 않으며, 식물의 감응력에 대해 구체적으로 논하지 않는다. 식물은 그저 바위 같은 무생물 실체들과 함께 덩어리져 있을 뿐이다. 데카르트는 아리스토텔레스의 일반적인 목적론을 거부하지만, 식물을 이렇게 대우하는 면에서는 식물을 비감각적이고 자발성 없는 존재로 여기는 아리스토텔레스의 관념을 유지한다.

가버Garber는 데카르트의 역학을 아리스토텔레스 역학의 확장으로 보는 것이 가장 적절하며, 식물에 대한 아리스토텔레스의 취급이 지구를 기계처럼 보는 데카르트의 기계론적 관점의 발전에도 영향을 미쳤을 가능성이 있다고 주장한다.[60] 아리스토텔레스 식물학의 무비판적 수용은 기본적으로 배경에 위치한 식물이 오토마톤으로 인식된다는 것을 의미했다. 따라서 물질 자체에 **목적인**_telos_과 내부 운동이 없다는 데카르트적 견해와 결합해서, (또한 자유의지도 운동도 없는) 식물을 배경화하는 아리스토텔레스의 관점은 자연에는 자기 주도적인 것이 없고 인간에게만 존재한다는 데카르트의 주장을 뒷받침했을 것이다. 이를 위해서, 데카르트는 (인간의) 의식이 정신을 정의하는 측면이라고 가정함으로써, 식물을 배경에 둔 채 아리스토텔레스의 배제를 동물계로 확대하기만 하면 되었다. 확실히, 만약 테오프라스토스의 감응적인 식물에 관한 관념이 데카르트의 시대에 우세했다면, 자연 세계가 기본적으로 살아 있지 않으며 **목적인**이 결여되어 있다고 상상하거나 주장하기가 훨씬 더 어려웠을 것이다.[61]

데카르트에 관한 이러한 간결한 논의는, 데카르트의 인간과 자연의 이원론 역시 아리스토텔레스의 (그리고 플라톤의) 동물/식물, 인간/식물의 위계적 이원론에 크게 빚지고 있다는 점을 조명함으로써, 데카르트의 합리주의(그리고 그 기원인 플라톤주의)에 대한 플럼우드의 분석을 보완한다. 데카르트는 인간을 위계의 정점에 그대로 두었을 뿐 아니라, 배경화된 자연 세계의 위치를 이미 주어진 값으로서 수용했다.

비인간nonhuman이 기본적으로 기계라는 데카르트의 생각은 1687년에 『프린키피아*Principia*』를 출판한 아이작 뉴턴Isaac Newton의 작업에도 영향을 주었다. 이 저작은 고도로 기술적인 스타일로 인해 소수의 전문가들만 접근이 가능했지만, 그것이 과학의 진보에 미친 영향은 막대했다. 뉴턴의 작업은 하늘과 땅의 모든 대상에 적용되는 일정한 기계적인 법칙의 개념을 도입했고, 따라서 그는 "과학에서 '기계론적 철학'을 왕좌의 자리에 앉힌 사람"으로 기록된다.[62] 뉴턴의 법칙은 목적과 방향이 없는 자연 세계에 대한 개념으로 그 공로를 인정받고 있지만, 우리는 수동적인 식물계에 관한 아리스토텔레스의 교리의 독단적인 수용이 천 년이 넘도록 자연 세계의 상당 부분을 기계처럼 만들었다는 사실을 기억해야 한다.

데카르트와 뉴턴이 수립한 기계론적 틀 안에서 연구를 계속한 경험주의자 존 로크John Locke(1632-1704)의 업적은 "관찰과 실험 과학을 위한 지침 및 정당화"로 여겨져 왔다.[63] 로크는 1690년에 출판된 『인간 지성론 *Essay Concerning Human Understanding*』에서 지성과 지식에 이르는 유일한 길은 감각 정보의 수용을 통한 경험과 실험에 의한 수집이라는 철학을 옹호했다. 로크가 베이컨과 흄의 경우처럼 관찰과 실험을 과학 실천의 기본적인 원칙으로 확립하는 데 기여한 동시에, 식물에 관한 아리스토텔레스의 스콜라적인 사유를 독단적으로 수용했다는 사실을 마땅히 강조해야 한다. 따라서 로크는 식물을 인간의 고려 대상에서 제외시키기 위해 고안되어 동물중심적이라고 할 수 있는, 잘못된 관찰에서 비롯된 식물 세계에 대한 이해가 더욱 뿌리내리도록 하는 데 기여했다. 스콜라철학에서 벗어났음에도 불구하고, 식물에 대한 로크의 견해는 합리적인 관찰이나 실험이 아니라 배제와 분리를 향한 충동에 기반한 것이었다.

로크의 『인간 지성론』 27장은 살아 있는 존재들을 세 개의 뚜렷한 존재론적 범주로 나누고 "식물 정체성"과 "동물 정체성"과 "인간 정체성"의 분리를 강조했는데, 이는 아리스토텔레스가 자연 세계를 세 부분으로 나눈 것에 크게 빚지고 있다. 로크가 식물을 다루는 부분은 매우 간결하지만, 『인간 지성론』에서 식물을 익숙한 아리스토텔레스의 방식대로 단지 "영양을 공급받고 분배하기에만 적합한" 살아 있는 존재로 구별한다.[64] 다시 말하지만, 식물이 배제의 영역에 단단히 자리 잡게 된 것은 로크가 그토록 옹호했던 실험이나 관찰에 기초해서가 아니라, 아리스토텔레스의 잘못된 논리와 인간의 우월성 및 분리에 대한 강조를 확장시킨 결과임이 분명하다.

아리스토텔레스와 데카르트에 이어서 로크는 합리성의 모든 측면을 오로지 인간에게만 귀속시킨다. 이 합리성은 자의식에 의존하는 것이었다. 『인간 지성론』에서 로크는 이러한 자의식이 개인적 정체성의 감각에 필요하다고 선언한다. "왜냐하면 그것은 인간을 자기 자신이 되도록 하는 것과 동일한 의식이기 때문이다."[65] 식물계의 자율성과 개별적 정체성에 대한 부정을 토대로, 로크는 더 광범위한 자연 세계를 같은 방식으로 취급했다. 『통치에 관한 두 번째 이론*Second Treatise of Government*』에서 로크는 아메리카를 "비어 있는" 장소, 즉 신이 인간에게 이용하고 일구라고 준 원초적 자연 세계에 가까운 장소로 묘사한다(3장 참고).[66]

그러므로 데카르트의 경우와 마찬가지로, 로크의 메커니즘은 아리스토텔레스 이래로 계속되어 온 식물에 대한 인식을 근본적으로 바꾸지 않았다. 데카르트와 로크는 자연 세계에 정신과 노력이 존재할 가능성을 일축함으로써 계속해서 반향을 불러일으키는 강력한 배제의 입장을 수립했지만, 그것은 플라톤과 아리스토텔레스의 저작에서 발견되는 배제와 위계의 되풀이로 생각될 수 있다. 구석구석 스며든 아리스토텔레스의 영향력의 확산을 연구함으로써, 우리는 식물에게 귀납적인 감수성과 지능이 없다는 선험적 가정이 기계론적 과학 철학에 사실상 내재되어 있음을 감지할 수 있다. 베이컨, 데카르트, 뉴턴, 로크 등에 의한 이 기계론적 철학의 도입은 식물이 수동적이고 선천적으로 열등하다는 관념을 확립하고 정당화함으로써 배제의 기준을 굳히고 더 넓히는 데 중요한 역할을 했다.

계통분류학과 위계

이와 반대되는 식물학적 증거의 꾸준한 축적에도 불구하고(7장 참고), 식물 생명을 바라보는 동물중심적/인간중심적 방식은 계몽주의 시대의 가장 중요한 식물학자들에 의해서도 옹호되었다. 철학자들 다수의 경우에서처럼, 저명한 식물학자들이 식물을 수동적 자원으로 보는 관념에 대응하지 못한 근본적인 이유 중 하나는 성서에서도 발견되는 자연의 위계가 지닌 독단적 힘 때문이다(3장 참고).

존 레이John Ray(1627-1705)는 17세기 후반 중요한 시기의 가장 영향력 있는 식물학자로 간주된다. 레이의 연구는 식물 해부학과 생리학뿐 아니라 계통분류학을 매우 진보시켰다. 모턴Morton은 레이를 "식물 생리학의 창시자"로 여긴다.[67] 레이의 연구에서는 고대 스콜라철학과 상충하는 메커니즘에 관한 철학적 관념을 감지할 수 있다. 레이는 테오프라스토스의 영향을 많이 받았고, 심지어 나무, 관목, 아관목, 초본에 관한 테오프라스토스의 분류학적 구분을 유지했다. 앞서 융이 인위적인 것으로 여기고 일축했던 내용을 받아들인 것이다.

존 레이의 『식물의 역사*Historia Plantarum*』가 식물 분류학에서 중요한 것과 마찬가지로, 그의 『하느님의 지혜*Wisdom of God*』는 아리스토텔레스의 관점이 미친 지속적인 영향을 이해하는 데 있어 매우 중요하다. 『하느님의 지혜』에서 레이는 처음부터 식물의 지위에 대한 자신의 견해를 상세히 설명한다. 세계 내 식물과 동물의 상대적인 풍부함을 논하면서, 그는 자연이 "그녀의 더 뛰어난 작품을 더 아낀다"라고 말한다.[68] 이는 레이가 플라톤과 아리스토텔레스의 영향을 받아 식물을 동물이나 인간보다 열등하다고 여긴 것을 분명히 보여 준다. 아리스토텔레스의 직접적인 영향은 다음 단락에서 완연히 드러난다.

> 생기가 불어넣어진 몸은 식물처럼 식물성 영혼을 부여받거나 동물, 새, 짐승, 물고기, 곤충의 몸으로 감각적 영혼을 부여받는다. 혹은 인간의 몸으로 이성적 영혼을 부여받는다.[69]

이러한 사고방식이 정립되어 나타난 지 거의 2천 년이 지나고도, 아리스토텔레스의 권위에 힘입어 여전히 자연 세계를 삼분할하는 도그마가 반복되고 있었다. 레이는 식물이 수동적이고 무감각하며 따라서 종속적인 존재라는 "사실"을 의심 없이 받아들인 게 분명하다.

베이컨이나 로크의 경우에 이러한 수동성은 식물의 종속을 나타내는 자연스러운 표지였다. 『하느님의 지혜』는 제목이 말해 주듯이 "지성적인 창조주"이며 자연 세계의 형성자인 하느님을 찬미하는 저작이다.[70] 레이는 이러한 작업 전반에 걸쳐 설계의 목적론을 주장하는데, 식물과 동물은 신이 인간을 위해 창조했음이 틀림없으며, 그렇지 않다면 "신은 결코 의도되지 않은 목적에 쓰이도록 그것들을 그저 남용하는 것일 뿐"이라는 것이다.[71] 식물의 자율성 제거가 식물계를 계속 지배하기 위해 결정적으로 중요하다는 것은 레이의 주장에서 명백히 드러난다.

또한 그보다 앞서 융, 베이컨, 로크, 데카르트가 그랬듯이 레이는 자신이 아리스토텔레스의 용어를 거부한다는 점을 분명히 밝혔지만, 식물계에 대한 아리스토텔레스의 서술에 나타난 배제와 분리의 태도를 거부하지는 못했다.[72] 레이의 설명은 수동성이 일반적으로 받아들여졌다는 사실을 명백히 보여 주지만, 동시에 그는 관찰을 통해 식물에게서 자율적이고, 능동적이고, 지능적이며, 조직적인 원리 또한 인식했다.

> 기계적 원리에 따라 식물의 성장과 크기가 결정되고, 어떤 우월한 대리인

의 지휘와 지도 없이 물질이 움직이는 것에 관해 어떤 설명이 제시될 수 있을까?[73]

이 모든 것이 이루어질 수 있고 이 모든 부분이 서로 적절히 균형을 이루기 위해서는 식물의 모든 이치를 이해하고 조절할 수 있는 어떤 **지능적인 가소적 본성***intelligent plastic nature*이 필요한 것처럼 보인다. 이것은 물질이며 몸과 함께 나누어질 수 있기 때문에 식물성 영혼vegetative soul일 수 없다.[74]

케임브리지의 신플라톤주의자들에게서 영향을 받은 레이는 식물의 능동적인 행동을 설명하기 위해 **지능적인 가소적 본성**•이란 용어를 사용한다.[75] 그렇지만 같은 책에서, 그는 순전히 기계적인 용어로 굴광성 움직임을 설명한다. 레이는 태양에 의해 가열된 후 줄기가 시들기 때문에 움직임이 일어난다고 여기면서 식물을 오토마톤으로 간주하는 인식을 유지한다. 식물을 수동적인 존재로 여기는 관념을 유지하기 위해서, 그는 또한 기계학 용어를 사용해서 감촉에 민감해 주목할 만한 미모사 푸디카*Mimosa pudica*의 움직임을 설명한다.

시원해지거나 손가락에 눌리게 되면, 잎맥에서 수액이 팽창하는 움직임이 방해받는다. 그 때문에 섬유질이 갑자기 짧아지고 잎의 우편羽片이 함께 당겨진다. 이는 추위가 우리 몸의 피부를 수축시켜 접히게 만들고, 반대로 열이 일반적으로 피부를 팽창시키는 것과 같다.[76]

• 위 인용문의 'plastic nature'는 17-18세기 영국 케임브리지학파와 낭만파의 핵심 용어로서 신이 자연에 부여한 생명 형성의 원리이자 근원적인 힘을 의미하며, 국내 학계에서는 '조형적 자연'으로 종종 번역된다. 그렇지만 이 책에서 매튜 홀은 현대 식물학의 성과를 바탕으로 식물이 환경의 변화에 반응해서 외부 형태를 변화시키는 능력, 식물의 환경 인식의 표현, 식물의 적응적 행동 등을 가리키기 위해 'plastic'이란 용어를 주로 사용한다는 점을 고려해서, 'plastic nature'를 '가소적 본성'으로 옮겼다.

식물의 감각작용과 운동 능력이 선험적으로 부정되어 왔기에, 깊이 뿌리박힌 그 수동성의 지위가 이러한 기계론적 설명을 요구한다는 점에 주목해야 한다. 그러므로 비록 식물이 지능적인 가소적 본성을 소유한다고 기술되더라도, 지능적이거나 목적을 가졌다고 인정되지는 않는다.

당대에 널리 퍼진 데카르트의 관념에 대한 레이의 공격은 식물의 배경화가 어느 정도로 심각한지를 보여 준다. 레이가 독자들에게 인간만이 감각 지각과 이성을 지닌다는 데카르트의 주장에 현혹되지 말라고 간청할 때, 그의 반박은 동물에게서 나타나는 감각작용과 지능의 존재를 옹호하는 데 집중되었다. 레이는 식물에게 감각이 없다는 데카르트의 (암묵적) 견해를 공격하지 않는데, 이러한 관념은 대부분의 사람들이 당연하게 받아들인 확고한 배제의 입장을 표현한 것에 불과했기 때문이다. 동물과 달리, 식물은 이미 오래전부터 단지 식용을 위한 것으로만 여겨져 왔다.

그보다 앞선 계몽주의 사상가들과 마찬가지로, 레이가 이러한 배제를 유지한 것은 인간의 이용을 위한 식물계의 종속과 연관된다. 레이는 플리니우스에게 매우 많은 영향을 받았고, 식물이 "동물의 먹이로 설계되었다."라고 여기는 플리니우스, 플라톤, 아리스토텔레스에게 동의했다.[77] 3장에서 보겠지만, 이 목적론은 창세기에 표현된 비슷한 위계에 의해 강화되었다. 이러한 창조 이론에 동의하려면, 식물이 당연히 동물보다 부차적이고 열등하다는 관념이 필요하다. 레이는 동물의 경우와는 달리 "식물이 찢기거나 잘려 나가거나 밟히거나 짓이겨지는 것을 보고 괴로워하는 사람은 없다."라고 주장함으로써 이러한 열등성을 표현한다.[78] 그는 어느 대목에서도 그 이유를 묻지 않는다.

레이뿐 아니라 린네Linnaeus(1707-1778)의 저술에서도 식물의 열등성에 대한 독단적 수용을 찾아볼 수 있다. 린네는 식물 생리학에는 거의 관심이 없었지만, 『자연의 체계*Systema Naturae*』에서 자연 세계를 식물, 동물, 그리고 광물로 나누고, 가치와 능력의 측면에서 이러한 존재론적 범주들에 명시적으로 순위를 매겼다. "동물계는 비교 평가에서 가장 높은 순위를 차지하며, 다음은 식물계, 마지막으로 가장 낮은 것은 광물계다."라는 린네의 선언에서 플라톤과 아리스토텔레스의 위계의 영향이 명백하게 나타난다.[79] 린네가 볼 때, 식물은 감각작용이나 이성 능력이 없기 때문에 열등하다.

> 식물은 표면을 초록빛으로 뒤덮고, 흡수성의 뿌리를 통해 영양분을 빨아들이며, 잎을 떨면서 숨쉬고, 생식 변태genial metamorphosis를 통해 번식하며, 정해진 한도 내에서 씨앗을 퍼뜨림으로써 그들의 종을 이어 간다. 그들은 조직된 신체이며 생명을 갖고 있지만 감각작용은 없다.[80]

이전의 모든 시도와 마찬가지로 린네가 세운 위계의 특징은 식물과 동물의 차이를 강조하는 것이다. 식물은 동물학적 시각에서 평가되며, 동물이 소유한 속성이 **결여**된 것으로만 여겨진다. 린네의 계통분류학에서 면밀히 조사되는 것은 주관적인 생명이 아니라 단지 인간이 더 쉽게 이용할 수 있도록 시스템 안에 정리해야 할 대상일 뿐이다.[81] 이 장 전반에 걸쳐 되풀이된 바와 같이, 이러한 배경화와 배제 과정의 결과는 식물계와 더 넓은 자연 세계에 대한 지배의 정당화다. 배제와 지배 사이의 관련성은 뷔퐁 백작(1707-1788)의 저술에서 명백히 드러나는데, 그는 린네의 맹렬한 비판자였지만, 이 점에서는 이견이 없었다.

> [인간은] 식물 족속의 주인이며, 노력을 통해 임의로 식물 족속을 늘리거나 줄이고, 증식시키거나 파괴할 수 있다. 그는 동물 위에 군림한다. 그는 동물처럼 감정과 운동의 힘을 부여받았을 뿐 아니라 생각할 수 있기 때문이다.[82]

수동성과 종속의 도그마는 식물 행동을 세심하게 관찰함으로써 반박될 수 있지만, 나는 그것이 부분적으로는 인간의 제한 없는 자원 이용을 정당화하기 위해 지속되어 왔다고 주장한다. 자율성과 감응력을 박탈당한 식물은 "단순한 신체로, 그리하여 인간의 필요와 계획을 위한 하인, 노예, 도구, 혹은 기구로" 여겨질 수 있게 되었다.[83] 배경화된 식물의 위치는 잠시 흔들리더라도 다시 또 쉽게 도그마가 되어 버림으로써 대체로 의문시되지 않고 유지되어 왔다. 다음 장에서는 식물계에 대한 배제와 지배가 서구의 가장 유력한 종교 전통에 의해서도 승인되었기 때문에 의심 없이 유지되었음을 사례로 제시할 것이다.

주

1 Leclerc 1753, 109.

2 Linnaeus가 인용한 H. Boerhaave. Morton 1982, 232에서 재인용.

3 이러한 사상가들의 영향에 대한 상세한 연구는 Weiss 1972; Merchant 1982; Mathew 1991; Plumwood 1993 참고.

4 Healy 1999, 387.

5 플리니우스는 흔히 이전 작품들을 상당히 많이 베낀 것으로 비난을 받는다. Morton 1982 참고.

6 *Natural History* (*NH*) 16.72.

7 *NH* 16.58.

8 *NH* 17.21-24.

9 *NH* 17.2.

10 Cicero *Concerning the Nature of the Gods*, Passmore 1980, 14에서 재인용.

11 *NH* 18.1.

12 *NH* 16.24.

13 *NH* 22.7.

14 Leiss 1972; Merchant 1982; Mathews 1991.

15 Plumwood 1993.

16 Morton 1982.

17 이러한 편향은 16세기까지 지속되었다. 피사와 파두아에 세워진 최초의 식물원조차 약용식물을 연구하기 위한 것이었다.

18 Morton(1982)은 중세에는 성 아우구스티누스의 지식 이론이 지배적이었다고 기록한다. 그 이론은 지식과 과학이 인간의 마음속 신적인 것의 반영이라고 주장했다. 플라톤을 상기시키면서, 그것은 지식이 생각을 경험에 적용시키는 데서 나온다는 소요학파의 시각을 거부했다. 그러한 이론의 지배는 사람들이 관찰과 실험에서 떠나서 교회의 권위나 권위적인 문헌을 통한 권위적인 설명에 의존하게끔 만들었다. 식물학의 경우, 이런 식으로 사람들은 자신의 식물 경험을 무시했고(혹은 전혀 보지 않는 쪽을 선호했고), 단지 디오스코리데스와 플리니우스의 업적만을 되풀이한다.

19 사실 디오스코리데스의 경우, 그의 글은 네스토리우스파 학자들의 연구와 번역을 통해 처음에는 페르시아에서 그 다음에는 바그다드에서 아랍 세계에 엄청난 영향을 끼쳤다. 원본 원고의 정확한, 그리고 아름다운 삽화를 넣은 번역을 통해, 디오스코리데스의 저술은 아랍 약전(藥典)의 토대가 되었다. Morton 1982, 87-88 참고.

20 "따라서 식물의 생명은 영양과 발생(generation)에 있다고 이야기된다. 동물의 생명은 감각과 운동에, 인간의 생명은 이성에 따라 이해하고 행동하는 데 있다고 여겨진다." *ST* II-II, Q. 179, A. 1.

21 *Summa Theologica* (*ST*) II-II, Q. 64, A. 1.

22 "말 못하는 동물과 식물에게는 그들을 움직이게 하는 이성의 생명이 결여되어 있다. 그들은 마치 또 다른 것에 의한 것처럼, 일종의 자연적 충동에

의해 움직여지는데, 그것은 그들이 자연적으로 노예가 되었고 다른 이들의 이용에 순응한다는 신호다." *ST* II-II. Q. 179, Repl. Obj. 2.

23 Mayr 1969.

24 Arber 1950, 29.

25 Cesalpino, *De Plantis Libris*, Sachs 1890, 43에서 재인용.

26 Sachs 1890, 43.

27 Sachs 1890, 29-39. Aristotle, *Movements of Animals* 703a.

28 Bacon 1670, 89.

29 Webster 1966.

30 "콘 부들(corn typhy)과 스펠트밀은 밀(wheat)이 되고 밀은 그것들로 바뀌는데, 그것들이 완전히 여물었을 때 채취해서 떼어놓고, 그러고 나서 심으면 가능한 일이다. 첫해와 이듬해에는 증명되지 않겠지만, 테오프라스토스가 보여주듯이, 세 번째 해에 그 증거를 기대할 수 있다. 플리니우스는 소맥(Corn Siligo)이 두 번째 해에 밀(Wheat)로 바뀐다고 쓰고 있다." Della Porta 1658, 62.

31 Della Porta 1658, 8.

32 Ibid.

33 "사물의 숨겨진 비밀스러운 속성으로 인해 모든 종류의 피조물에는 내가 일종의 연민(compassion)이라고 부르는 것이 존재하는데, 그리스인들은 그것을 공감과 반감(Sympathy and Antipathy)이라고 불렀다. 그러나 우리는 그것을 좀 더 친숙하게 조화와 불화라고 부른다. 어떤 것들은 마치 공동의 리그에 있듯이 서로 결합되고, 다른 어떤 것들은 그들 사이에 불일치와 다툼이 있기 때문이다. 혹은 그들 안에는 서로에게 공포와 파괴인 무언가가 있는데, 그것에 대해 어떠한 그럴듯한 이유도 제시될 수 없기 때문이다." Della Porta 1658, 8.

34 Della Porta 1658, 8-9.

35 Della Porta 1658, 27.

36 Webster 1966.

37 Ibid.

38 Mathews 1991, 32.

39 Bacon 1670, 125.

40 Bacon 1670, 126.

41 2장 참고.

42 Bacon 1670, 126.

43 Ibid.

44 Bacon 1670, 496; Webster 1966, 10-11.

45 Webster 1966, 11.

46 Arber 1950, 34.

47 Ibid.

48 *Isagoge Phytoscopica,* Morton 1982, 169에서 재인용.

49 Morton 1982, 169.

50 Arber 1950, 34.

51 Weiss 1972; Merchant 1982; Mathew 1991; Plumwood 1993; Szersynski 2005.

52 Haldane and Ross 1967, 289.

53 Haldane and Ross, 1967, 106.

54 Garber 2002, 191.

55 Letter to Debeaune, Garber 2002, 191에서 재인용.

56 Mathews 1991, 17.

57 Haldabe and Ross 1967, 106.

58 동물에게서 감각작용과 목적을 부정하는 것은 아리스토텔레스의 저작에서 발견되는 동물에 대한 처우와는 대조를 이룬다.

59 많은 논평자들이 분명히 했듯이, 정신과 물질에 관한 데카르트의 관점은 뚜렷이 이원론적이었다. Plumwood 1993 참고.

60 Garber 2002, 200-204.

61 Mathews 1991, 16-18 참고.

62 Morton 1982, 234.

63 Morton 1982, 235.

64 Locke, *Essay Concerning Human*

Understanding 2.27.5.

65 Locke, *Essay Concerning Human Understanding* 2.27.12.

66 Locke, *Second Treatise of Government* 5.36.

67 Morton 1982, 210.

68 Ray 1798, 28.

69 Ray 1798, 59.

70 "하늘과 땅의 이러한 위엄 있는 구조의 모든 부분들과 구성원들의 형성과 구성, 질서와 배치, 목적과 용도에서 드러나는 감탄할 만한 기술과 지혜보다 신의 존재를 더 위대하게, 적어도 더 명백하고 확실하게 논증한 것은 없다." Ray 1798, 32.

71 Ray 1798, 44.

72 식물(vegetable) 영혼이란 주제에 관해서, 레이는 "비록 나는 그것이 철학적 진실성과 정확성에 부합한다고 생각하지 않으며 오히려 원자 가설에 더 마음이 기울지만, 공통의 수용된 견해를 따르기 위해, 그리고 더 쉬운 이해와 기억을 위해 이러한 구분을 이용한다."고 기록했다. Ray 1798, 44.

73 Ray 1798, 93.

74 Ray 1798, 94.

75 커드워스(Cudworth)에게서 유래한 이 용어는 불가사의하게도 표현형 가소성(phenotypic plasticity)이 식물에게서 지능적 행동을 위한 토대라는 인식의 전조가 된다. 7장 참고.

76 Ray *Historia Plantarum,* Webster 1966, 20에서 재인용.

77 Ray 1798, 101.

78 Ray 1798, 56.

79 Linnaeus 1735, 105.

80 Linnaeus 1735, 104.

81 "과학은 비슷한 것을 함께 모으고 비슷하지 않은 것들을 구별하는 것으로 구성되기 때문에, 그리고 이는 속과 종으로의 구분, 즉 분류된 사물의 근본적 본성을 묘사하는 특성에 기초한 분류에 해당하기 때문에, 나는 식물에 대한 나의 일반적인 역사에서 이것을 시도했고, 나의 제한된 재능이 이 분야에서 이루어 낼 수 있었던 진보를 모두의 이익을 위해 제시했다. 이러한 합리적인 진행 방식은 고대인들 가운데 테오프라스토스가 실제로 보여 준 것이다." Cesalpino, Morton 1982, 135에서 재인용.

82 Leclerc 1753, 109.

83 Plumwood 1999, 193.

3장

그리스도교 전통에서의 수동적인 식물

그리고 목숨이 있는 온갖 동물도
암컷과 수컷으로 한 쌍씩 배에 데리고 들어가
너와 함께 살아남도록 하여라.[1]

_창세기 6장

린 화이트 주니어Lynn White Jr.는 영향력 있는 글 「우리의 생태 위기의 역사적 뿌리The Historical Roots of our Ecological Crisis」에서 그리스도교를 현재의 환경 위기의 "근본 원인"으로 지적하고, 그리스도교가 "세상이 목격한 가장 인간중심적 종교"라고 주장했다.[2] 화이트가 볼 때, 성서가 자연 세계의 지배를 용인한다는 사실은 그리스도교가 현재의 환경 위기와 관련해서 "무거운 죄책감"을 가져야 할 이유가 된다. 화이트는 논문에서 성서의 창세기를 해석하면서, 성서는 인간에게 원하는 대로 피조물을 통치하는 독재자로서의 지위를 용인한다고 가정한다.[3] 제임스 바James Barr에 따르면, "하느님은 모든 피조물의 주인이기에, 인간을 자신의 대리인으로 선택해서 하느님의 이름으로 더 낮은 피조물에 대한 주권을 행사할 수 있게 했다."[4]

화이트의 논문은 자연히 이러한 혐의를 중점적으로 다루려는 그리스도교 생태신학의 출현을 촉진했다.[5] 가장 중요하게는 그리스도교 생태신학자들이 창세기 1장에서 사용된 위험한 단어인 **지배**dominion를 "청지기직stewardship"으로 고쳐 쓰게 되었는데, 그것은 인간이 갖는 차이점을 인정하면서도 자연의 무제한적인 이용을 허락하지 않는 개념이다.[6] 청지기직 개념을 통해 주장되는 것은, 비록 인간이 다른 피조물들에 대한 통제권과 책임을 부여받았다는 한 가지 점에서 자연에서 분리되지만, 성서는 "모두가 한 분 창조주의 피조물로서 인간이 동료 피조물과 연결되는 수평적 관계성" 또한 명백히 보여 준다는 것이다.[7] 신학자 위르겐 몰트만은 이러한 관계를 인류가 "신의 영광을 다 같이 찬미하는 하늘과 땅의 다른 모든 존재와 함께" 서 있는, 피조물의 연대의 한 유형으로 표현한다.[8] 신이 창조의 기원이기 때문에 신이 "가치의 중심"이며, 따라서 모든 존재는 신과의 관계 속에서 가치를 갖게 된다고 주장하는 리처드 니부어H. Richard Niebuhr도 비슷한 해석을 한다. 그리하여 창조적인 신의 동등한 작품으로서, "참새와 양과 백합은 도덕적 관계의 네트워크 안에 속한다…."[9]

캘리콧Callicott 역시 다양한 성서 해석을 검토하면서 이러한 입장을 취한다. 창조된 존재들이 "좋다good"고 일컬어지기 때문에, 이것은 이러한 존재들이 독립적 가치와 본질적 중요성을 가진다는 증거로 여겨진다.[10] 이를 기반으로, 캘리콧은 인간-자연 관계에 대한 청지기직 해석을 옹호했다.[11] 이를 지지하면서, 톰 헤이든Tom Hayden은 "경험적 증거가 빈약하다거나 논란의 여지가 있는 성서 읽기에 바탕을 둔다는 사실은 크게 중요하지 않을 수도 있다."라고 주장한다.[12] 그러나 비록 청지기직(그리고 그것의 책임과 책무에 관한 관념)이 자연 세계와 맺는 관계 양식으로서 확실히 지배보다 더 선호될 만할지라도, 성서에서 자연 세계에 대한 비지배적인 서술의 증거는 정말로 많지 않다. 식물에 초점을 맞춘 연구는 또한 성서가 동물계에 대한 논의에 국한되어 있다는 것을 보여 준다. 대부분의 경우 그리스도교 내의 지배, 종속, 인간중심성에 대한 반박은 동물 복지를 염두에 둔 성서의 사례들을 통해 이루어져 왔다.

로빈 앳필드Robin Attfield는, "의인은 집짐승의 생명도 돌보아 준다."라는 구약성서의 구절과 신약성서에 나타난 동물에 대한 예수의 일반적인 관심을 근거로, 성서가 "인간중심적 존재론 및 인간중심적 가치론 모두와 양립할 수 없다."라고 제안한다.[13] 마찬가지로, 에릭 카츠Eric Katz는 유대교 전통 안에서 구약성서를 살펴보면서, 창세기 1장 29절이 인간의 식물 이용을 제한한다는 사실을 "자연의 모든 살아 있는 피조물에 대한 지배, 통제, 그리고 소유권!" 관념에 대한 명백한 거부로 간주한다.[14] 유사하게, 몰트만은 창세기가 자연 세계에 대한 지배를 승인한다는 혐의를 인간과 동물의 관계에 기초해서 부인한다.[15] 창세기 1장 26절의 관련 구절을 논의하면서, 그는 "인간중심적 지배" 관념을 일축한다. 이것은 인간이 원래 지구상의 식물만 허락받았고 다른 동물을 먹도록 인가받지 않았다는 사실에 근거를 둔다. 따라서 몰트만은 다음과 같이 말한다.

> 동물에 대한 인간의 통치는 "삶과 죽음에 대한 권력"이 없는 평화의 통치일 뿐이다. 인간이 맡아야 할 역할은 "평화의 재판관justice of the peace" 역할이다.[16]

그렇지만 그리스도교의 자연에 대한 광범위한 태도를 다루는 논의에서 식물계에 대한 태도 및 식물계와 맺는 관계의 성격에 대한 상세한 연구는 유독 비어 있다. 회복적 생태정의를 목표로 삼고 "성서에서 지구와 지구 공동체가 억압받고 침묵을 강요당하는지 아니면 해방되는지"를 확인하려 하는 하벨Habel의 지구성서Earth Bible 시리즈에서도 식물 생명에 대한 심층적인 묘사는 없다.[17] 지구성서 및 그리스도교에서 자연을 어떻게 대하는지에 관한 논의에서 드러나는 식물의 생략은 의미심장한데, 왜냐하면 앞에서 논의했듯이 식물은 눈에 보이는 자연의 대부분을 구성하며 우리 인간이 자연 세계에 의존하는 토대를 형성하기 때문이다. 만약 성서가 식물계에 대한 지배를 승인한다면, 이는 인간 생명을 직접적으로 지탱하는 자연 세계와 생물 대부분에 대한 지배를 승인하는 것이기에 그 의미가 중대하다.

그리스도교 전통에서 식물계를 위한 회복적 생태정의restorative ecojustice

가 성취되려면, 먼저 인간과 식물의 지배적인 관계성을 드러내고 식물이 억압되고 침묵을 강요받은 자리를 보여 주는 것이 중요하다. 그리스도교 자료에서 인간과 식물의 관계성을 자세히 이야기하는 것은 그 자체로서 중요한 프로젝트인데, 왜냐하면 성서 구절들이 동물을 어느 정도 고려하고 인간과 동물 사이의 "수평적 관계성"의 가능성을 내비치는 반면, 그러한 고려가 식물에게도 적용된다는 증거는 거의 없기 때문이다. 실제로 식물과 인간 사이의 수평적 혹은 헤테라키적 관계의 개념을 뒷받침할 수 있는 증거는 극히 드물다. 성서와 신학 자료를 주의 깊게 읽어 보면 정반대의 경우만 분명히 드러난다. 플라톤과 아리스토텔레스의 철학에서처럼, 식물은 배경화와 지배의 과정에 종속된다. 그리스도교 자료에서 식물은 본질적으로 동물중심적인 존재론적 이원론의 아래쪽, 근본적 타자로 구축된다.[18]

창세기의 근본적 분리

창세기에 나오는 창조와 파괴 이야기들은 성서의 식물 묘사에서 필수적인 요소이다.[19] 성서의 첫 번째 책에서 우리는 영적이면서 물질적으로 창조하는 존재인 히브리/그리스도교의 신을 만나게 되는데, 그가 가장 먼저 행한 일은 하늘과 땅을 나타나게 한 것이다. 창세기 1장에 따르면 신은 처음 이틀 동안 빛과 물을 창조하고, 그 주간에 식물과 동물을 창조한 창조주다. 이러한 점에서 모든 식물, 동물, 그리고 인간은 신을 그들의 기원으로서 공유하며, 이것은 식물과 인간 사이의 "수평적" 혹은 헤테라키적 관계가 성립할 수 있는 근거로 인식되어야 한다.

그러한 관계성에 대한 또 다른 증거는 만유재신론적panentheistic 경향의 신학자들에 의해 수집되었다. 이것은 신이 모든 피조물의 근원일 뿐 아니라 그의 모든 피조물 속에 신의 일부가 존재함을 논증하기 위해 사용되었다. 구약성서와 히브리 성서에서 하느님의 창조적 힘은 지구를 휩쓰는 하느님의 영 혹은 숨(루아흐ruach)에서 나온다. 몰트만은 성서 가르침의 "원래 진리로의 귀환"을 명백히 하려고 시도하면서, 이처럼 (만물의) 원인이 되는 하느님의 영의 존재가 자연 세계에 하느님이 내재한다는 증거라고 해석한다.[20] 몰트만이 볼 때, "하느님의 영 **루아흐**의 계속적인 유입으로 세상 만물이 형성된다." 그리고 그는 계속해서 "이 영은 존재하는 만물에 부어지며, 그 영은 그것을 보존하고, 살아 있게 하며, 새롭게 한다."라고 가정한다.[21] 따라서 만유재신론 운동에서, "천지의 창조주 하느님은 그의 우주적 영을 통해서 그의 피조물 각각 **안에**, 그리고 그들의 창조 공동체 **안에** 현존한다."[22]

그렇지만 몰트만의 해석은 창조된 존재들의 공동체에 초점을 맞추면서도, 식물, 인간, 동물의 창조 이야기에서 기술된 뚜렷한 존재론적 차이에 대한 묘사는 설명하지 못한다. 식물은 창세기 1장에서 신이 그의 활동의 셋째 날에 창조한 것으로 묘사된다. 동물은 창조의 다섯째 날에 창조되었다. 창세기에서 자주 인용되는 이 구절들은 다음과 같다.

> 하느님께서 "땅에서 푸른 움이 돋아나라! 땅 위에 낟알을 내는 풀과 씨 있는 온갖 과일 나무가 돋아나라!" 하시자 그대로 되었다. 이리하여 땅에는 푸른 움이 돋아났다. 낟알을 내는 온갖 풀과 씨 있는 온갖 과일 나무가 돋아났다. 하느님께서 보시니 참 좋았다. 이렇게 사흗날도 밤, 낮 하루가 지났다.[23]

> 하느님께서 "바다에는 살아 있는 생물이 생겨 우글거리고 땅 위 하늘 창공 아래에는 새들이 생겨 날아다녀라!" 하시자 그대로 되었다. 이리하여 하느님께서는 큰 물고기와 물속에서 우글거리는 온갖 살아 있는 생물과 날아다니는 온갖 새들을 지어 내셨다….[24]

> 하느님께서 "땅은 온갖 살아 있는 생물을 내어라! 온갖 집짐승과 길짐승과 들짐승을 내어라!" 하시자 그대로 되었다.[25]

창세기 1장에 나오는 식물과 동물 생명의 기원에 대한 이러한 서술은 동물과 식물이 모두 대지에서 유래했기 때문에 일종의 친족 관계를 공유한다는 것을 보여 준다. 힐렐Hillel이 지적하듯이, 이러한 친족 관계는 첫 번째 인간의 이름을 **아다마***adamah*(땅)에서 따와서 지음으로써 인류에게까지 확장된다.[26] 그렇지만 이러한 공유된 기원 관념에 미묘한 연결성이 암시되고 있더라도, 그것은 식물, 동물, 그리고 인간 사이의 존재론적 분열로 인해 상당히 도전받고 있다.

특히 식물의 처우와 관련해서, 동물 생명의 기원을 다룬 대목에서 바다와 육지의 동물들이 "살아 있는 생물"로 묘사된다는 것은 매우 중요하다. 그렇지만 식물의 기원을 다루면서는 식물을 살아 있는 존재로 묘사하지 않는다. 사실 나는 창조에 관한 이 첫 번째 설명에서, 식물이 살아 있지 않은 무생물 존재로서 배경화되어 있다고 주장하려 한다.

식물과 동물 사이의 이러한 존재론적 분리는 노아의 방주라는 잘 알려진 이야기에서 되풀이되고 심화된다. 노아 이야기는 하느님이 인간의 사악함에 대한 벌로 땅의 모든 살아 있는 존재를 멸하기로 결심하는 것으로 시작한다. 파괴를 이루기 위해, 신은 대홍수를 불러일으킨다.

> 내가 이제 땅 위에 폭우를 쏟으리라. 홍수를 내어 하늘 아래 **생명의 숨을 쉬는** 생물은 다 쓸어버리리라. 땅 위에 사는 것은 하나도 살아남지 못할 것이다. 그러나 나는 너와 계약을 세운다. 너는 네 아들들과 네 아내와 며느리들을 데리고 배에 들어가거라. 그리고 **살을 지닌 온갖 생물**도 암컷과 수컷으로 한 쌍씩 배에 데리고 들어가 너와 함께 살아남을 수 있게 하여라.[27]

이 구절은 식물을 살아 있지 않은 존재로 보는 성서적 관념을 확인하고, 심화하며, 또 정당화한다. 이 구절에서 살아 있는 존재의 기본 정의는 **생명의 숨**과 **살**을 모두 가진 존재다. 몰트만이 인정하듯이, 이러한 구분은 활력 혹은 영혼을 가리키는 히브리어 용어(**네페스**nepes 혹은 **네페쉬**nephesh)에 기초해 만들어진다.[28] 살아 있는 혹은 영혼이 불어넣어진 존재를 가리키는 이러한 단어들의 히브리어 어근은 '숨 쉬다'를 의미하며, 따라서 성서에서는 이러한 생명 개념에 근거해서 숨 쉬는 것이 "살아 있는 생물의 결정적 표지"로 간주된다.[29] **네페스**란 용어가 '완전한 사람'을 의미하기에 그것은 또한 사람다움의 정의와도 연결되는데, 이러한 맥락에서 **네페스**는 성서에서 인칭대명사와 재귀대명사의 동의어로 사용된다.[30]

그러한 해석은 대홍수 이야기의 세부사항에서 입증된다. 하느님은 노아에게 일단 홍수가 그치고 나면 지구를 다시 채울 수 있도록 살아 있는 생물의 표본을 모으라고 명한다. 그렇지만 이러한 구조 활동의 맥락에서 식물은 살아 있는 존재로 언명되지 않는다. 따라서 세상의 30만 종의 꽃 피우는 식물 중에서 단 하나의 개체도 방주로 옮겨지지 않았다.[31]

어떤 의미에서 이것은 동물 생명이 홍수에 훨씬 더 취약함을 표현한 것일 수 있다.[32] 그렇지만 고대 이스라엘처럼 농업이 정교하게 발달한 문화권에서 사람들은 많은 식물이 민물이든 짠물이든 홍수의 물에 취약하다는 점을 잘 알고 있었을 것이다.[33] 그보다도 식물이 생명 없는 존재로 그려지기 때문에, 홍수의 물은 식물계와 상관이 없는 것이다. 홍수는 "땅 위에서 살던 모든 생물을 쓸어버렸다."라고 주장된다.[34] 모든 식물이 분명히 짠물 속에 완전히 (150일을) 잠겼다가 살아남았기에, 그 구절은 식물이 해를 입을 수 있는 존재, 살아 있는 존재로 간주되지 않는다는 점을 매우 분명히 밝힌다. 살아 있는 존재를 구조하는 문제에 식물이 포함되는 것은 실제로 하느님이 노아에게 **고퍼***gopher* 나무[35]로 방주를 만들라고 지시했을 때뿐이다. 살아 있지 않은 식물 재료로 만들어져서 살아 있는 동물들로 채워진 이 떠다니는 나무 방주는 식물과 동물 사이의 근본적인 존재론적 구분을 요약한다. 좀 더 적절한 생태학적 탈출 계획이라면 식물도 방주 안에 있었을 것이다.

식물과 동물이 근본적으로 구분된다는 가설은 창세기 2-3장의 창조 이야기의 자료를 통해 뒷받침된다. 이 두 번째 창조 이야기는 유대교 제사장들의 것보다 몇 세기 이전의 것이며, 상당한 차이를 보인다.[36]

> 야훼 하느님께서 진흙으로 사람을 빚어 만드시고 코에 입김을 불어넣으시니, 사람이 되어 숨을 쉬었다. 야훼 하느님께서는 동쪽에 있는 에덴이라는 곳에 동산을 마련하시고 당신께서 빚어 만드신 사람을 그리로 데려다가 살게 하셨다. 야훼 하느님께서는 보기 좋고 맛있는 열매를 맺는 온갖 나무를 그 땅에서 돋아나게 하셨다.[37]

이러한 창조 이야기에서, 인간은 하느님으로부터 생명의 숨(**루아흐**)을 부여받으며, 이러한 숨은 인간을 살아 있는 생물(**네페스**)로 만든다. 그렇지만 신은 식물을 그만큼 호의적으로 대우하지 않으며, 식물을 살아 있게 해주는 요소를 부여하지 않는다. 동물은 살아 있는 생물로 기술되지만, 인간처럼 하느님이 직접 하느님의 숨을 불어넣어서 만든 것은 아니다. 즉 인간은 같은 재료로 만들어졌지만 다르게 창조되고 생기를 부여받았다.[38] 비록 몰트만은 식물이 창조적 영 혹은 하느님의 숨(**루아흐**)으로부터 형성되었다는 점을 제대로 강조하지만, 이 구절은 식물이 이러한 숨의 좀 더 직접적인, 생기를 불어넣고 연결하는 특성을 부여받지 못했음을 명백히 한다.[39]

플라톤과 아리스토텔레스의 경우에 그러했듯이, 창세기에 나오는 식물 생명에 대한 이러한 묘사는 식물을 동물 및 인간과는 근본적으로 다른 것으로 만든다. 식물은 **숨**이나 **살** 같은 특정한 속성이 **결여**되었다는 것을 근거로 타자the Other로 여겨진다. 그렇지만 식물에 대한 이러한 성서적 표현은 거기서 더 나아가 식물을 배경화하는 데 이른다. 성서는 단지 식물의 감각작용과 정신뿐 아니라 생명을 완전히 부정한다.

위의 구절은 **살아 있다**고 간주되기 위해서는 존재가 움직이고 숨 쉬어야 한다고 이야기한다. 또한 존재는 피와 살을 지녀야 한다. 창세기 9장에서 하느님은 노아가 지구상의 동물들을 구출한 것을 치하하여 노아와 그의 후손에게 처음으로 동물의 살을 먹도록 허락했는데, 이때 피와 생명 사이의 이러한 연결이 명시적으로 나타난다.

> 살아 움직이는 모든 짐승이 너희의 양식이 되리라. 내가 전에 풀과 곡식을 양식으로 주었듯이 이제 이 모든 것을 너희에게 준다. 그러나 피가 있는 살을 그대로 먹어서는 안 된다. 피는 곧 그 생명이다.[40]

다시금, 생명의 존재는 숨, 피, 살의 소유와 직접적으로 연결되고, 움직임과 간접적으로 연결된다. 식물은 동물처럼 확실한 호흡이 없고 피와 살을 갖고 있지 않은 고착성 존재이기에, 살아 있지 않은 것으로 간주된다.

이러한 접근법은 탄생, 성장, 질병, 쇠퇴, 죽음 등과 같은 성질과 속성을 근거로 식물에게서 생명뿐 아니라 정신까지도 인정해 온 다른 문화들과 곧바로 대비를 이룬다.[41] 식물에게서 나타나는 이러한 과정을 고대 히브리인들이 알아채지 못했을 가능성은 거의 없다. 식물의 성장과 쇠퇴는 농경 사회에서 사람들의 중요한 관심사이기 마련이다. 이처럼 생명을 숨과 살을 가지고 사는 존재로서 평가하는 것이 단지 의도적으로 식물을 배제하는 기준을 선택한 결과임은 명백하다. 이것은 사물이 존재하는 방식에 대한 원인론적 설명을 제시한다기보다는 일부 인간들이 자연 세계가 나타나기를 원하는 방식을 정치적으로 구성한 것이라고 나는 해석한다. 이렇게 배경화하는 입장은 느리고 점진적인 과정을 거쳐 형성되었을 테지만, 그 편의성 때문에 기본 입장이 되었을 가능성이 높다.

플라톤과 아리스토텔레스의 철학과 마찬가지로, 식물과 대비해서 동물을 (그리고 인간을) 정의하는 것은 동물, 식물, 그리고 인간 사이의 연결성을 제거하려는 의도적인 시도로 보인다. 다시금 이것은 창세기 1장에서 하느님이 식물을 오로지 동물과 인간을 위한 양식으로서 존재하도록 명했을 때도 분명히 드러난다.

> 하느님께서는 그들에게 복을 내려주시며 말씀하셨다. "자식을 낳고 번성하여 온 땅에 퍼져서 땅을 정복하여라. 바다의 물고기와 공중의 새와 땅 위를 돌아다니는 모든 짐승을 부려라!" 하느님께서 다시 말씀하셨다. "이제 내가 너희에게 온 땅 위에서 낟알을 내는 풀과 씨가 든 과일나무를 준다. 너희는 이것을 양식으로 삼아라. 모든 들짐승과 공중의 모든 새와 땅 위를 기어다니는 모든 생물에게도 온갖 푸른 풀을 먹이로 준다."[42]

이 유명한 성서 구절에서는 동물과 식물 사이의 근본적인 존재론적 분리가 되풀이된다. 생명의 숨, 그리고 피와 같은 생명의 다른 기표를 지닌 (인간을 포함한) 동물은 자연스럽게 식물보다 우월한 것으로 간주된다. 몰트만의 해석과는 대조적으로, 이러한 상황이 동물(특히 인간)에게 자연세계의 많은 부분을 정당하게 지배할 힘을 부여한다는 것은 명백하다. 그러므로 식물계에도 자율성과 자기 주도적인 목적을 인정하는 대신, 에제키엘서 47장 12절은 식물에 관해서 단지 "그 열매는 양식이 되고 그 잎은 약이 된다."라고만 말한다.

플라톤과 아리스토텔레스의 철학에서처럼, 이렇듯 식물에게 동물과 인간이 지닌 능력이 없다(이 경우에는 생명이 없다)고 간주하는 것은 세계의 자연적인 가치 위계에 대한 주장과 긴밀히 연결된다는 점을 고려해야 한다. 앤 프리마베시Anne Primavesi가 볼 때, 위계적 가치 질서를 향한 추진력이 "하늘/땅, 성/속, 인간/동물, 남성/여성이라는 그리스도교의 이항 코드"를 뒷받침한다.[43] 이 목록에 우리는 동물/식물의 이원론을, 그리고 특히 인간이 쓴 문서에서는 인간/식물의 이원론을 추가할 수 있을 것이다.

창세기에는 창조된 존재와 창조자와의 상대적 유사성에 근거한 자연 세계의 미묘한 위계가 존재한다. 자연 세계 안에서 인간과 식물은 위계의 서로 다른 끝을 차지한다. 몰트만은 창조에서 인간의 특별한 자리를 인정하지만 인간이 창조의 정점에 있다는 것은 받아들이지 않으면서 이러한 위계를 거부했다. 그 대신에 그는 안식일을 하느님의 창조의 절정에 둔다.[44] 그렇지만 실제 세계에서 존재들 사이의 관계의 맥락에서 볼 때, 인간이 다른 피조물보다 하느님을 좀 더 가깝게 닮은 것은 사실이다. 인간만이 하느님의 형상대로 만들어졌다.

식물은 하느님으로부터 훨씬 더 멀리 떨어져 있고 훨씬 덜 비슷하다고 여겨진다. 이러한 전제 위에서, 식물은 자연 가치에 대한 현저하게 인간중심적인 표현의 밑바닥에 놓이게 된다.[45] 프리마베시에 따르면, 하느님으로부터 더 멀리 떨어진 식물은 창조된 다른 어떤 존재보다 암묵적으로 가치가 훨씬 덜한 존재로 여겨진다. 이와 관련해서 중요한 통찰은 일단 이러한 위계가 수립되면, 하느님은 위계의 밑바닥에 있는 존재들에 관해 "그들의 종속과 그에 따른 착취를 정당화"하는 역할을 한다는 점이다.[46] 다시 말하지만, 이 경직되고 억압적인 위계의 존재가 정치적인 성서 해석을 낳는다.

상징적 유사성

이러한 주장에 맞서서, 식물을 살아 있는 존재들과 동등하게 다루고, 식물이 행위주체성, 자율성, 그리고 자유의지를 가지고 있음을 시사하는 수많은 구절이 있다. 식물의 배경화는 차이보다 유사성을 더 강조하는 것처럼 보이는 구절들에 의해 균형을 이룰 수 있다. 실제로 식물과 사람을 직접적으로 연관 짓는 여러 성서 구절에서 식물은 생명 및 활력과 강력하게 연결된 것으로 나타난다.

인류를 묘사하기 위해 식물이 사용될 때 공통의 연관성이 드러난다. 아모스서에서, 아모리인의 몸은 식물 은유를 사용해서 묘사된다. 성서는 말한다. "나는 그 열매를 가지째 땄고 뿌리를 송두리째 뽑아버렸다."[47] 솔로몬의 아가서에서는 신부가 남편을 비슷하게 시적으로 묘사한다.

> 사내들 가운데 서 계시는 그대, 나의 임은 잡목 속에 솟은 능금나무, 그 그늘 아래 뒹굴며 다디단 열매 맛보고 싶어라.[48]

이사야 역시 인생의 덧없음을 묘사하기 위해 비슷한 인간-식물 유비를 사용한다. 그는 "모든 인생은 한낱 풀포기, 그 영화는 들에 핀 꽃과 같다."라고 선언한다.[49] 작은 초본 식물은 덧없음뿐 아니라 활력을 나타내는 이미지로도 사용된다. 엘리바즈는 욥에게 충고한다. "자녀들이 마구 불어나 후손들이 푸성귀처럼 번지는 것을 보게 될 것이다."[50] 시편 역시 인간의 활력과 덧없음 모두를 나타내기 위해 왕성한 풀의 이미지를 사용한다. "악한 자들이 잡초처럼 우거지고 못된 자들이 꽃처럼 피어나지만 그들은 영원히 망하고 말 것입니다."[51] 식물계의 덧없음에 대한 이러한 메시지는 인간이 "꽃처럼 피어났다가는 스러지고 그림자처럼 덧없이 지나갑니다."[52]라고 지적한 욥기에서도 메아리친다. 욥은 또한 자기 자신을 나무로 묘사함으로써 식물과 인간 사이의 연결을 심화시킨다.[53] 이러한 정서는, 의인은 심긴 나무와 같아서 개울가로 뿌리를 뻗어 가며 따가운 볕을 두려워하지 않는다고 여긴 예레미야에게서 되풀이된다.[54]

식물은 단지 살아 있는 것을 넘어, 의식이 있고 소통하며 지각하는 자율적 존재로 나타난다. 판관기 9장의 나무 비유는 특히 흥미로운 구절인데, 왜냐하면 그것은 나무에게 주체적인 본성을 부여하며, 소통하고 선택하는 나무의 능력을 조명하기 때문이다. 이 구절에서 그 땅의 나무들은 왕을 찾다가 그들 중에서 통치할 왕을 선택하기로 결정한다. 그 비유는 나무들이 그들의 선택을 논의하고, 여러 나무들에게 왕이 되도록 설득하다가,

마침내 **가시갯대추나무***Ziziphus spina-christi* (L.) Desf.로 결정하게 된 방식을 상세히 설명한다. 성서는 또한 식물의 생활에 대해 좀 더 시적인 해석을 제공한다.

> 메마른 땅과 사막아, 기뻐하여라. 황무지야, 내 기쁨을 꽃피워라. 크로커스처럼 활짝 피워라. 기뻐 뛰며 환성을 올려라.[55]

식물이 신에게 감사를 표현할 수 있다는 이러한 관념은 시편에서도 나타난다.[56] 즈가리야는 나무의 표현적 본성을 묘사한 것처럼 보인다.

> 전나무야, 통곡하여라. 송백이 넘어지고 큰 나무들이 찍혀 쓰러졌다. 바산의 참나무야, 통곡하여라. 빽빽이 들어섰던 숲이 찍혀 넘어갔다.[57]

그렇지만 식물과 살아 있는 자율적 존재들 사이의 그 모든 연관성에도 불구하고, 식물에게 이러한 자질을 부여한 것은 그 의미가 존재론적 구분을 가로질러 전달된다는 점에서 전적으로 알레고리라는 것이 분명하다. 사물의 일반적 질서에서 나무는 통곡하지 않는다는 사실이 이 시에 힘을 부여한다. 식물이 지각과 감각작용 같은 자질을 부여받는 경우에 분명한 것은, 이 은유들이 확고하게 그러한 속성을 무엇보다도 인간에게 귀속시킨다는 점이다. 이사야서에서 발견된 것과 같은 수많은 나무 은유들은 독자에게 인간과 자연 세계 사이의 관계성을 설명하기 위한 것이 아니라 오히려 신학적 관점을 독자에게 전달하기 위한 것이다.[58] 식물 은유들은 성서 안에서 종종 나타나지만, 식물과 살아 있는 존재를 연관 지을 때 식물은 생명의 **상징**으로 사용되며, 실제로 그리고 명시적으로 살아 있는 존재로 인정되지 않는다.

농업의 도구

힐렐은 우리가 성서로 알고 있는 문서의 환경적, 텍스트적 이질성을 강조했지만, 다양한 범위의 성서 자료들과 생태계 전반에 걸쳐 인간과 식물의 관계성은 일관되게 도구적 관계를 특징으로 갖는다.[59] 이러한 실용적 관계성의 선호가 창세기 2-3장의 창조 이야기에서 명백히 드러난다. 에덴에서 하느님이 동산 안에 둔 식물들은 어떤 의미에서든 모두 인간에게 유용하다. 구약성서 전반에 걸쳐서 초점은 음식과 주거를 위해 재배되는 식물에 맞춰진다. 식물은 쓸모없거나 제멋대로 자랐거나 지저분한 초목이 서식하는 야생 또는 자연 환경을 형성하도록 초대되지 않는다. 에덴에서는 유용한 식물만이 발견되는 반면, 다른 식물들은 경계 바깥에 남겨진다.

마찬가지 원칙이 성서의 다른 부분에도 적용된다. 중동의 식물학자 마이클 조하리Michael Zohary는 성서를 "모든 경전이나 의례적 역사서 중에서 자연이 가장 구석구석 스며들어 있는 책"으로 묘사하지만,[60] 식물은 압도적으로 인간의 이용을 위한 도구로서 그려진다. 식물에 대한 언급의 대다수는 원예 혹은 농경의 맥락에서 나타난다. 처음에는 이것이 이상하게 보이지 않을 수 있다. 이스라엘인들이 살았던 중동 땅은 농업이 처음 번성하기 시작한 곳이다. 내가 말하고 싶은 요점은 농업에 대한 비판이 아니다. 단지 식물의 자율성이 훼손되면서, **재배되거나 종속된** 식물에 대한 농업적 선호에 균형을 잡아 주는 것이 없다는 사실이다. 자유롭게 살아가는 자율적 식물에 대한 칭송은 없다. 잘 가꾸어진 작물을 선호하는 예레미야의 인식[61]은 애리조나 남부의 오담족처럼 좀 더 애니미즘적인 부족들에게서도 찾아볼 수 있지만, 재배종에 대한 이러한 선호에는 대조점이 없다.[62] 오담족은 야생이 건강, 온전함, 원기와 연결된다는 것을 인식하지만, 성서에서 식물계를 다룰 때는 그러한 인식이 나타나지 않는다.[63]

현대 이스라엘/팔레스타인에는 대략 2,700종의 식물이 존재하지만, 성서에 등장하는 식물은 110종뿐이다. 이들 중 상당수는 한 번만 기술되며, 언급되는 110종의 대다수는 농작물이다.[64] 인간의 생존은 식물의 소비와 이용에 달려 있으며, 농작물이 가져다 주는 생명은 마땅히 칭송받아야 한다. 사실 이스라엘인들이 처한 상황과 생태계의 많은 부분은 열악해서, 효과적인 농업을 위해 엄청난 집중이 요구되었다.[65] 그렇지만 중요한 것은, 그와 같은 농업에 대한 강조는 식물에게 생명, 자율성, 그리고 행위 주체성이 없다는 신성한 판결에 기초한다는 점이다. 그것은 창세기에 적혀 있는 확립된 가치 위계에 기초한다. 그러므로 그것은 식물 생명이 다른 어떤 목적도 갖지 않도록 설정된 농업 환경에 관한 서술이다. 단 하나 중요한 것은 인간의 필요를 만족시키는 것이다. 그러한 관점은 구약성서에 나오는 약속된 땅에 관한 묘사에서 찾아볼 수 있다.

가나안 땅에 대한 이 명확한 서술에서는 수백 종의 식물이 단지 일곱 종의 농작물 목록으로 대표된다.

> 너희 하느님 야훼께서는 이제 너희를 기름지고 넓은 땅, 골짜기와 산에서 지하수가 솟아 샘이 되고 냇물이 흐르는 땅으로 이끌어 들이려고 하신다. **그곳은 밀과 보리가 자라고 포도와 무화과와 석류가 여는 땅이요, 올리브나무 기름과 꿀이 나는 땅이다**….[66]

이 일곱 종의 식물은 인간의 농업적 관점에서는 가장 중요한 식물이며, 이 구절에서 당연히 귀히 여겨진다. 그러나 이 구절에서는 참나무나 백향목 숲과 같은 좀 더 지배적인 자연스러운 식물 군집 대신에 이러한 작물들이 사실상 그 땅과 식물군을 **정의한다**는 점이 눈에 띈다.

성서 구절들은 신과 인간 모두가 생명 중에서 가장 존중하는 것이 농작물이라는 점을 명백히 보여 준다. 하느님은 농작물에게 인간을 위해 많은 소출을 내도록 지시했고, 땅에게 "이스라엘 산악들아, 내 백성 이스라엘이 곧 돌아오리라. 너희는 다시 가지를 뻗어 열매를 맺어라."[67]라고 명했다. 성서에 나오는 인간은 먹어야 한다는 필요를 다른 존재의 목적과 욕구에 대한 존중과 결합하기보다는 오로지 식물 자원의 극대화를 지향한다. 인간의 활동이란 단지 농작물을 풍족히 얻기 위함이다.

> 추수가 끝나면 곧 땅을 갈아야 하고 포도 짜기가 끝나면 곧 씨 뿌리는 계절이 오리라. 야훼의 말씀이시다. 산에서는 햇포도주가 흘러내리고 언덕마다 무르익은 곡식이 물결치리라.[68]

인간에게 유용하지 않은 자연 세계의 식물은 가치와 중요성의 위계에서 맨 밑에 단단히 자리 잡고 있다. 이것은 구약성서 신명기의 법전에서, 특히 이스라엘인들에게 전쟁 규칙을 설명하는 장에서 명백히 드러난다. 이 구절은 다음과 같이 충고한다.

> 한 성을 함락시키려고 포위 공격하는 데 오랜 세월이 걸리더라도, 거기에 있는 나무를 도끼로 마구 찍어 내지는 마라. 나무에 열리는 것을 따 먹어야 할 터인데 찍어 내면 되겠느냐? 들에 서 있는 나무가 사람처럼 너희를 피하여 성 안으로 들어갈 리 없지 않느냐? 너희는 어떤 나무가 과일을 맺지 않는 나무인지 알 것이다. 그런 나무는 찍어 버려도 된다. 너희는 그런 나무로 성을 공략하는 기구를 만들고 너희에게 항거하는 성읍을 기어이 함락시켜야 한다.[69]

농사에 유용한 나무들은 도끼를 피하지만, 어떤 의미에서든 그 나무들이 생명과 자율성을 가지고 있기 때문이 아니라, 전적으로 그 나무들이 공격군의 병사들을 지원하는 용도로 사용될 수 있기 때문에 그러하다. 전략적으로 용도가 그다지 분명하지 않은 나무들은 어떤 종류의 보호도 받을 만한 가치가 없다고 간주되기에, 함부로 베어 내도 벌을 받지 않는다. 식물에 대한 이러한 취급은 신약성서에서도 발견된다. 예수가 포도원에 무화과나무를 심은 한 남자의 행동을 묘사한, 열매 맺지 못하는 무화과나무의 비유는 좋은 사례다. 여름이 끝날 무렵, 그 사람은 무화과나무에 열매가 없는 것을 발견했고, 일꾼들 중 한 사람에게 다음과 같이 말했다.

> 내가 이 무화과나무에서 열매를 따볼까 하고 벌써 삼 년째 여기 왔으나 열매가 달린 것은 한 번도 본 적이 없으니 아예 잘라 버려라. 쓸데없이 땅만 썩힐 필요가 어디 있겠느냐?[70]

이 구절에서 그는 인간의 요구를 충족시키지 못하는 나무가 존재해야 할 이유를 전혀 모르는 것이 분명하다. 뒤의 구절에서 그의 일꾼은 나무를 방어하려고 시도하지만, 이조차도 그 나무가 미래에는 분명히 도구적 가치를 갖게 될 것이라는 근거에 바탕한다.

식물에 대한 그러한 도구적 견해는 신약성서에서 예수의 행동으로까지 확장된다. 마르코의 복음서 한 구절에서, 예수는 유월절 기간 동안 배가 고팠고, 이른 봄은 분명히 무화과의 계절이 아니었지만, 열매를 찾아 무화과나무로 다가갔다. 예수는 나무에 잎사귀만 뒤덮인 것을 보고, "이제부터 너는 영원히 열매를 맺지 못하여 아무도 너에게서 열매를 따먹지 못할 것이다."[71]라고 무화과나무를 저주했다. 다음날 제자들이 지나갈 때, 그들은 저주받은 나무가 시들어 죽은 것을 발견했다. 심지어 예수에게도 열매가 없는 나무는 거의 가치가 없다. 생명과 자율성을 상실한 나무의 가치는 단지 인간에게 무엇을 제공할 수 있느냐에 달려 있다. 식물과의 이러한 도구적 관계에 매여 있던 예수는 그 나무를 시들게 했을 때 어떤 식으로도 비도덕적으로 행동하지 않았다. 사실 그는, 하느님 자신이 백성의 복종을 얻기 위해 이스라엘의 식물을 병들게 하곤 했듯이, 신성한 선례를 따르고 있었다.[72]

살아 있지 않다고 간주되는 식물은 인간과의 돌봄에 기초한 대화적 관계에 부적합한 것으로 여겨진다. 가령 성서에서 식물이 연민의 대상이 된 유일한 구절도 식물계를 향한 부적절한 행동의 사례가 된다. 요나서에서는 어느 무더운 날 요나가 작열하는 태양 아래 바깥에 앉아 있을 때 하느님이 그늘을 마련해 주기 위해서 어떤 식물을, 아마도 피마자*Ricinus communis* L.를 보내 주었다고 말한다. 요나는 태양을 잠시 피할 수 있어서 행복했지만, 다음날 신은 벌레를 보내어 그 식물을 갉아 먹게 했고, 요나는 그늘을 잃어서 화가 났다. 흥미롭게도, 요나는 그늘이 없어져서 화가 났을 뿐 아니라, 그 식물 자체에 해를 끼친 데 대해서도 화가 났다. 식물 생명에 대한 이러한 연민은 성서에서 유일무이하지만, 식물에 대한 이러한 관심이 허락되지 않는다는 것은 분명하다. 하느님은 요나가 식물의 죽음을 동정한 것을 꾸짖고, 그 대신 도성의 인간과 동물에 대해 연민을 느끼도록 명한다.[73]

그리스도교 신학과 성 아우구스티누스

그리스도교 신학에서 가장 영향력 있는 사상가 두 명의 저술을 살펴보면, 식물을 근본적으로 인간보다 열등한 존재로 만들려는 지속적인 충동을 발견할 수 있다. 그것은 식물과 인간 사이의 은유적 연결보다 창조 이야기에서 발견되는 자연적 위계의 상대적 중요성을 보여 준다. 그리스도교 신학에서 창조의 위계에 대한 초점은 의심할 여지 없이 플라톤과 아리스토텔레스의 권위 있는 철학의 만연한 영향력에 의해 증폭되고 강화된다.

자연 세계의 성서적 위계와 그리스식 위계를 결합한 표현은 그리스도교 신학자 성 아우구스티누스(354-430)의 저작에서 두드러진다. 아우구스티누스의 신학 저술은 역사적으로 매우 중요한데, 그의 저술은 교회사의 가장 초기 저작들에 속하지만, 그것은 이후 종교개혁기에 이르러 개신교도의 지지와 가톨릭교도의 배척을 받게 되기 전까지, 천 년 이상 확고한 위상을 지켰다.[74] 비록 최근의 연구가 아우구스티누스 신학의 관계적 측면을 보여 주고 있지만, 아우구스티누스가 중요한 이유는 그의 저술에서

식물이 인간과의 윤리적 관계에서 명시적으로 배제되기 때문이다.[75]

아우구스티누스는 그의 가장 중요한 저작들에서 고대 그리스 사상과 그리스도교 경전을 조화시키려고 시도한다. 아우구스티누스의 영혼 이해는 성서, 플라톤, 그리고 아리스토텔레스의 영향이 혼합된 것처럼 보인다.[76] 『신의 도성*City of God*』에서 발췌한 내용은 영혼의 능력에 관한 아리스토텔레스의 견해를 반영하며, 식물을 살아 있는 존재로 분명히 인식한다.

> 그분은 인간을 영혼과 몸으로 구성된 합리적인 동물로 만드셨다…. 그분은 나무와 마찬가지로 스스로 번식할 수 있는 생명을 주셨다. 그리고 짐승과 마찬가지로 감응적인 생명을 주셨다. 또한 오로지 천사들과 마찬가지로 지성적인 생명을 주셨다.[77]

식물이 살아 있지 않다는 성서적 주장을 깨뜨리면서, 아우구스티누스는 아리스토텔레스가 영혼의 능력을 세 부분으로 나눈 것을 따른다. 지연 세계에 대한 이 이론에서, 식물은 번식과 성장만 할 수 있는 것으로 여겨진다. 감응력은 식물에게는 부정되지만 동물에게는 부여된다. 인간은 지성의 능력faculty of intellect이 있다고 여겨지는 지상의 유일한 존재다. 그렇지만 아리스토텔레스에 근거해서 이러한 능력들을 소개한 후, 아우구스티누스는 두 가지 유형의 영혼, 곧 비이성적 영혼과 이성적 영혼에 관해 이야기하면서 플라톤을 따른다.[78]

> 비이성적인 영혼에게 그분은 기억, 감각작용, 그리고 식욕을 주셨다. 이성적인 영혼에게, 그분은 정신, 지능, 그리고 의지를 주셨다.[79]

앞의 구절을 보면, 이성적인 영혼에 관해 이야기할 때 그러한 영혼을 소유한 것은 단지 인간뿐이라는 점이 명백하다. 인간만이 지능적 행동을 할 수 있는 것으로 간주된다.[80] 분리를 향한 이러한 충동과 인간을 자연 세계의 정점에 두는 것은 창조에 관한 성서의 서술과 그리스 철학의 서술 모두에 나타나는 특징이다. 따라서 성 아우구스티누스는 식물이 심지어 비이성적인 영혼을 소유한다는 것조차 부정함으로써 식물의 배경화와 종속을 성취했다.

비록 영혼을 세 부분으로 나눈 아리스토텔레스의 이론에 영향을 받았지만, 아우구스티누스는 창세기의 창조 이야기에 힘입어 식물에게 영혼이 없다고 주장한다. 아우구스티누스는 숨의 소유를 생명의 존재가 아니라 영혼의 소유와 명확히 연관시킨다. 창세기 1-3장의 내용을 들어, 그는 신이 인간과 동물을 만들 때 그들에게 숨을 부여했고, "하느님이 호흡함으로써 만들어낸 하느님의 숨은 (…) 그 자체로 영혼이다."라고 말한다.[81] 비록 식물은 살아 있다고 인정되지만, 하느님의 숨을 부여받지 못했기 때문에 식물에게는 영혼이 담겨 있지 않다. 숨과 영혼을 동일시하면서, 아우구스티누스는 식물의 근본적 차이와 열등성을 어떻게 해서든 유지한다.[82]

아우구스티누스는 그보다 앞선 아리스토텔레스와 마찬가지로, 살아 있는 존재들에 대한 자신의 도식에서 연결점들을 얼버무리고 지나감으로써 식물 생명을 이와 같이 묘사한다. 『신의 도성』의 중요한 두 구절에서, 아우구스티누스는 식물이 "땅속에 더욱 더 깊이 뿌리내림으로써 고유한 방식으로 자신의 존재를 보존하려고 한다."라는 것, 그리고 식물의 "영양과 발생은 감각적인 생명과 어느 정도 유사한 점이 있다."라는 것을 인정한다.[83] 그러나 이러한 연결성은 살아 있는 존재들 사이의 관계성의 토대로서 발전되지 않는다. 성서와 아리스토텔레스의 사유에서 그러하듯이, 자연 세계의 위계적 가치질서가 우세하다.

배경화, 열등화, 그리고 자연 세계를 자원으로 여기고 지배하려는 충동 사이의 연결이 『신의 도성』 한 구절에 나타난다. '죽이지 말라'는 계명이 동물과 식물에까지 확대되는 것을 반대하는 입장에서, 아우구스티누스는 다음과 같이 주장한다.

죽이지 말라고 말할 때, 우리는 이를 식물과 연관지어서 이해하지 않는데, 왜냐하면 식물에게는 감각작용이 없기 때문이다. 또한 날거나 헤엄치거나 걷거나 혹은 기어다니는 비이성적인 동물과 연관 지어서 이해하지도 않는데, 왜냐하면 동물은 이성의 결핍으로 인해 우리와 분리되었으며, 따라서 동물은 창조주의 정당한 약속에 따라 우리에게 종속되어 우리 자신의 쓰임을 위해 죽임을 당하거나 살려지기 때문이다. 그렇다면 우리는 계명이 단지 인간에 관한 것임을 이해하게 된다.[84]

아우구스티누스는 식물과 동물이 인간을 위해 존재한다는 성서의 주장을 정당화하기 위해서, 식물과 동물을 근본적 타자로 여기는 아리스토텔레스의 해석에 의존한다. 인류의 우월성과 우월한 지위에 대한 주장은 다른 존재들로부터 인간이 근본적으로 분리되고 단절되어 있다는 주장에 의존한다. 아우구스티누스에 따르면, 하느님은 근본적으로 서로 다른 존재들을 창조해서 자연적 위계 안에 배치하였다. 따라서,

이성적인 영혼은 자연의 질서 안에서 자신보다 더 아래에 위치한 것들을 신으로 숭배해서는 안 되며, 참된 신이 그들보다 자신을 높여 주었는데 그들을 신으로 찬양해서도 안 된다.[85]

인간은 나머지 자연보다 위로 높여지는데, 왜냐하면 지상의 존재들 중에서 인간만이 이성적인 영혼을 소유한다고 여겨지기 때문이다. 비이성적인 영혼을 가진 존재들, 곧 감응력을 가진 동물은 아우구스티누스가 생각하는 자연의 질서에서 그다음에 온다. 이성도 감응력도 숨도 없고 따라서 이러한 종교적 위계에서 영혼이라고는 없는 식물은 다시금 밑바닥에 자리 잡게 된다.

성 토마스와 철학자

아리스토텔레스와 성서의 자연에 대한 관념은 또한 그리스도교 전통의 가장 위대한 사상가로 여겨지는 토마스 아퀴나스Thomas Aquinas(1225-1274)의 철학에서 수렴된다.[86] 그의 가장 영향력 있는 작품은 물론 『신학대전 *Summa Theologica*』과 『대이교도대전*Summa Contra Gentiles*』인데, 둘 다 그리스도교 교리의 많은 영역에 상당한 영향을 미쳤다. 토마스 아퀴나스는 그리스 철학자들의 상대적 장점을 놓고 아우구스티누스와 충돌했지만, 식물을 다룰 때는 그의 선임자와 의견을 같이했다.

아퀴나스는 고대 그리스 학자들 및 알베르투스 마그누스Albertus Magnus와 같은 당대의 식물학자들과 의견을 같이하여 식물에게서 생명의 존재를 인정했고, 그 점에서 성서의 관점을 벗어났다. 아우구스티누스가 그보다 거의 천 년 앞서 그러했듯이, 그는 생명을 세 가지로 구분한 아리스토텔레스의 설명을 수용해서 의도적으로 식물과 인간 사이의 단절을 유지했다.[87]

> 따라서 식물의 생명은 영양과 발생에 있고, 동물의 생명은 감각작용과 운동에, 인간의 생명은 이성에 따라 이해하고 행동하는 데 있다고 이야기된다.[88]

아퀴나스는 감각작용과 지성의 부족에 대한 인식에 기반해 관념상 이미 구축되어 있던 식물의 열등함을 영적인 문제까지 확장시켜 확고히 한다. 그는 아리스토텔레스의 권위 있는 저술에 기대어 지성 혹은 이성의 소유를 인간에게만 한정한다. 그는 이를 '알고 이해할 수 있는 능력'으로 규정했는데, 아퀴나스는 인간의 그러한 능력은 제한이 없다고 여겼다. 지성은 비물리적인 모든 유형의 상황을 알 수 있기에, 아퀴나스는 지성이 본질적으로 공기와 같다ethereal고 간주했다. 모든 것을 알기 때문에, 그것은 우월하다고 간주된다.[89] 이 공기 같은 지성이 인간의 영혼이고, 온몸에 존재하지만, 그 무형의 본성에 어울리게 불멸이라는 생각이다. 따라서, 그는『신학대전』에서 다음과 같이 잘 알려진 주장을 펼친다.

> 인간의 영혼인 지성적 활동의 원리는 무형의 실존하는 원리다. 인간이 지성 덕분에 만물의 본성을 알 수 있다는 것이 분명하기 때문이다. (…) 따라서 정신 혹은 지성이라고 불리는 지성적 원리는 신체와 별개로 고유한 활동을 한다.[90]

오직 지성적 능력만 무형의 것이기에, 인간의 영혼만이 진정한 불멸의 영혼을 위한 기준에 적합하다. 이러한 토마스주의적 입장은 그리스도교 역사에서 매우 중요한데, 이를 기점으로 아리스토텔레스의 유형有形의 영혼 이해에서 벗어나서 오늘날 흔히 주장되는 불멸의 그리스도교의 영혼이라는 관념이 채택되었기 때문이다.

『대이교도대전』에서 아퀴나스는 인간 영혼을 이렇게 드높이기 위해서 동물 영혼의 불멸성을 직접적으로 반박한다. 그의 주장은 성서가 동물의 생명과 피를 동일시한다는 사실에 부분적으로 근거한다. 따라서 인간의 지성적인 생명과 달리 동물의 영혼은 아마도 신체의 영속성을 필요로 하는 것이다.[91] 아퀴나스의 주장의 또 다른 갈래는 지성적인 영혼만이 부패하지 않는다는,『영혼에 관하여』에 실린 아리스토텔레스의 주장을 근거로 삼는다. 만약 영혼이 부패할 수 있다면 감각적인 영혼은 변화와 죽음을 겪을 수 있어야 하고, 따라서 아퀴나스는 인간과 동물은 불멸의 영혼을 공유하지 않는다고 결론짓는다.[92] 그리하여 아퀴나스가 볼 때, "이는 광포한 동물의 영혼조차 불멸한다는 플라톤의 이론을 제거한다."[93]

그러나 눈에 띄는 것은, 아퀴나스가 식물 영혼의 불멸성을 반박하는 주장은 펼치지 않았다는 점이다. 아리스토텔레스의 식물 영혼은 기본적으로 성장과 번식이기에, 식물에게는 논리적으로 죽음 이후에 살아남을 수 있는 것이 아무것도 없다. 아우구스티누스에 이어서 아퀴나스는 식물에게는 필멸이든 불멸이든 어떤 유형의 영혼도 없다고 간주했다.[94] 식물 영혼을 반박하는 이러한 주장은 오늘날까지 이어지고 있다. 식물이 죽으면 천국에 간다고 생각하는 사람은 거의 없다!

비록 식물에게 생명이 허락되었지만, 아퀴나스가 볼 때 식물의 영적인 열등함은 인간의 적법한 식물 착취를 정당화하는 데 기여한다. 아우구스티누스의 뒤를 이어 아퀴나스는 식물 이용이 죽임의 문제와 무관하다고 여겼다. 어떠한 유형의 영혼도 갖지 않는 식물은 어떤 식으로도 죽임 당하거나 해를 입을 수 없기에, 인간의 도덕적 고려의 영역에 포함되지 않는다.[95] 이렇게 구축된 식물의 영적 열등함은 인간의 자연적 우월성을 입증하는 데 기여하며, 식물이 인간을 위해 존재한다는 성서적-아리스토텔레스적 입장을 정당화한다. 아리스토텔레스와 맥을 같이하면서, 아퀴나스는 다음과 같이 말한다.

> 발생 과정에서 자연이 불완전함에서 완전함으로 나아가는 것과 마찬가지로, 불완전한 것들이 완전한 것들을 위해 존재하는 것이 사물의 질서다. 따라서 인간의 발생에서 처음에 살아 있는 것이 있고 다음에 동물이 있고 마지막으로 인간이 있는 것과 마찬가지로, 식물처럼 단지 생명만 지닌 것들은 모두 동물을 위해 존재하며, 모든 동물은 인간을 위해 존재한다.[96]

그는 그러한 주장에서 더 나아가, "창조주의 가장 공정한 법령에 의해, 그들의 삶과 죽음은 모두 우리의 이용 대상이다."라고 말한 아우구스티누스를 인용한다.[97] 식물은 인간의 이용 대상인데, 아리스토텔레스가 식물에게는 이성과 감각작용, 그리고 충동이 결여되어 있다고 선언했기 때문이다. 아퀴나스가 볼 때, 이것은 식물이 "자연적으로 노예가 되어 다른 이들이 이용하도록 순응했다."라는 것을 알려 주는, 하느님에게서 온

징표였다.[98]

그리스도교 저술에서 이렇게 식물을 배경화하는 것은 도덕적 결과를 피하면서 자연 세계에 대한 인간의 권리주장을 확대하려는 의도적인 움직임으로 읽힐 수 있다. 식물을 수동적이며 근본적으로 다른 존재로 간주하는 것은 자연적인 생리학적 편향에서 생겨난 것이라기보다는, 오히려 의도적인 배제의 과정이다.[99] 이것은 서구 사상의 주요 흐름에서 확인할 수 있는 과정이며, 또한 오늘날 우리가 식물계의 구성 요소들을 바라볼 때 사용하는 문화적 필터의 일부를 구성하는 과정이다. 비록 내시Nash는 그리스도교의 "문화적 권위"의 범위를 의문시했지만, 역사적으로 볼 때 명백한 것은, 성서에서 식물을 도덕적 고려와 존중의 관계에서 배제한 것이 식물 생명을 대하는 서구 세계의 문화적 태도의 일부를 형성했다는 점이다.[100] 이러한 배제의 시각과는 대조적으로, 다음 장에서는 식물을 인간의 도덕적 고려 안에 포함시키는 방향으로 접근하는 비서구의 자료들을 살펴볼 것이다.

주

1 창세기 6장 17-19절. [이하 모든 성서 인용문은 공동번역 성서 개정판을 따랐으며, 매튜 홀의 강조점에 따라 문장을 일부 수정했다. - 옮긴이]

2 White 1967.

3 자연에 대한 성서적 태도의 다양한 해석을 개관한 글로는 Callicott 1997 참고.

4 Barr 1972, Callicott 1997, 15에서 재인용.

5 생태신학자들은 일반적으로 그리스도교가 자연을 무시해 왔음을 인정하지만, 화이트를 비판하는 이들은 그리스도교의 "문화적 권위"의 범위를 의문시하며, 서구 세계의 태도가 생태학적으로 파괴적인 다른 이유들을 소환한다. Nash 1991; Nash 1989, 87-112; Berry 2006 참고.

6 Page 1992, 35.

7 Bauckham 2006, 33.

8 Moltmann 1985, 31.

9 Niebuhr 2006, 87.

10 Callicott 1997.

11 Ibid.

12 Hayden, in Callicott 1992, Foreword xxii.

13 Attfield 2003, 98.

14 Katz 1994, 56.

15 Moltmann 1985.

16 Moltmann 1985, 29.

17 Habel 2000, 37.

18 샐리 올스포드(Sally Alsford)가 매우 친절하게 제시한 반대 주장은 창세기의 내용이 **이데올로기적**이라기보다는 오히려 **원인론적**(etiological)—즉 존재론적 차이와 지배의 위계를 수립하기보다는 인간이 식량을 위해 자연 세계에 의존하는 것의 원인을 설명하려고만 한다—이라는 관념에 기초한다. 이러한 주장의 일환으로, 위계는 창세기 본문 속으로 "되읽히는" 것이며 위계의 수립이 창세기가 작성될 당시에 의식적으로 말해진 것은 아니었다고 주장할 수 있을 것이다. 인정할 만한 주장이며, 부분적으로는 정말로 사실일 것이다. 식물이 동물 이전에 창조되었다는 사실은, Callicott(1997)이 주장하듯이, 현대 진화론적 이해와 대략 유사한, 이러한 관계의 있음직한 표현이다. 그러나 원인론적 설명이 식물을 수동적이고 살아 있지 않은 존재로 명백히 배경화하는 것을 설명하지 못한다는 점도 분명하다. 그러한 묘사는 그리스 철학에서처럼 식물을 자연 자원으로 여기는 인간의 주장과 결합해서 존재한다. 식물은 해를 입을 수 없는, 살아 있지 않고 무감각한 존재로 환원되지 않고서도 원인론적으로 인간의 음식으로 지정될 수 있었을 것이다. 실제로 창세기는 순전히 원인론적인 것이 될 수 없는데, 왜냐하면 그러한 해석은 인간을 가치의 근원인 하느님에게 가장 가깝게 만드는 요소인 하느님의 숨이 결여된 존재로 식물을 묘사하는 것을 설명할 수 없기 때문이다. 원인론적이라기보다는 이러한 가치와 권력 수준의 배치는 자연 세계를 다루는 창세기 구절을 정치적인 영역에

위치시킨다는 점이 명백하다.

19 창조에 관한 이러한 묘사는 기원전 587년 예루살렘 멸망 이후 탈출했던 유대교 사제들에 의해 정리되었으며, 성서에서 제사장 문서로 알려진 부분을 형성한다.

20 Moltmann 1985, 14.

21 Moltmann 1985, 9-10.

22 Moltmann 1985, 14.

23 창세기 1장 11-13절.

24 창세기 1장 20-21절.

25 창세기 1장 24절.

26 Hillel 2006. 고대 이교도 전통에서 이에 상응하는 내용에 관해서는 6장 참고.

27 창세기 6장 17-19절.

28 Moltmann 1985, 187.

29 Friedrich and Kittel 1985, 1344.

30 Ibid. 창세기 1장 25-27절. 예레미야서 3장 11절.

31 Hallé(2002)는 노아의 방주에 이처럼 식물이 없다는 사실도 지적한다.

32 이러한 요점에 대해서 나는 전적으로 샐리 올스포드에게 빚졌다.

33 홍수에 대한 식물의 취약성을 현대적 관점에서 다룬 글로는, Kozlowski 1997과 Jackson and Colmer 2005 참고.

34 창세기 7장 22-23절.

35 어떤 성서 판본에서는 사이프러스 나무로 번역한다.

36 Page 1992, 26; Hillel 2006.

37 창세기 2장 5-9절.

38 Spero 1983, 75.

39 Moltmann 1985, 187.

40 창세기 9장 3-4절.

41 4장과 5장, 그리고 6장 참고.

42 창세기 1장 28-30절.

43 Primavesi 2001, 129.

44 Moltmann 1985, 31.

45 이러한 위계는 신약성서에서도 표현된다. 예수는 꽃피는 식물의 아름다움을 인정했지만, 제자들에게 하느님은 식물의 생명보다 인간의 생명을 훨씬 더 많이 고려하신다고 조언한다. "저 꽃들이 어떻게 자라는가 생각해 보아라. 그것들은 수고도 아니하고 길쌈도 하지 않는다. 그러나 온갖 영화를 누린 솔로몬도 결코 이 꽃 한 송이만큼 화려하게 차려 입지는 못하였다. 너희는 왜 그렇게도 믿음이 적으냐? 오늘 피었다가 내일이면 아궁이에 던져질 들꽃도 하느님께서 이처럼 입히시거든 하물며 너희에게야 얼마나 더 잘 입혀 주시겠느냐?" 루가의 복음서 12장 27-28절.

46 Primavesi 2001, 129.

47 아모스서 2장 9절.

48 아가서 2장 3절.

49 이사야서 40장 6-7절.

50 욥기 5장 25절.

51 잠언 92장 7절.

52 욥기 14장 2절.

53 욥기 29장 19절. "나의 뿌리는 물기를 따라 뻗고 밤새 이슬에 젖은 내 잎사귀는 싱싱하기만 하구나."

54 예레미야서 17장 8절.

55 이사야서 35장 1-2절

56 시편 96장 11-13절.

57 즈가리야서 11장 2절.

58 Nielsen 1989, 71.

59 Hillel 2006.

60 Zohary 1982, 28.

61 예레미야서 2장 21절. "너는 품질이 나쁜 잡종으로 변하였구나."

62 Nabhan 1995, 96.

63 Ibid.

64 Zohary 1982 참조. 대조적으로, 비농작물은 거의 언급되지 않는다. 다음 절에서 살펴보겠지만, 비농작물은 언급되더라도 알레고리, 은유, 비유 등 거의 전적으로 상징적으로 사용된다.

65 Hillel 2006.

66 신명기 8장 7-9절. 식물에 관한 서술에 강조 표시를 했다. 꿀에 대한 언급은 대추야자(*Phoenix dactylifera* L.)에서 나온 꿀을 가리키는 것으로 생각된다.

67 에제키엘서 36장 8절.

68 아모스서 9장 13절.

69 신명기 20장 19-20절.

70 루가의 복음서 13장 7-8절.

71 마르코의 복음서 11장 14절.

72 "이삭은 그 속이 비거나 아니면 깜부기가 되지 않더냐? 너희의 동산과 포도원은 황폐해지고 무화과, 올리브 나무는 메뚜기가 갉아 먹었다. 그래도 너희는 나에게 돌아오지 않았다. 야훼의 말씀이시다." 아모스 4장 9절. 마찬가지로, 출애굽기 10장 15절에서 신은 파라오를 벌하기 위해서 이집트의 모든 식물을 먹어치우도록 메뚜기 떼를 내려 보낸다. "온 땅을 새카맣게 덮은 메뚜기들은 우박의 피해에서 남은 땅의 모든 푸성귀와 나무열매를 먹어 버렸다. 온 이집트 땅에 풀이고 나무고 푸른 것이라고는 하나도 남지 않았다."

73 요나서 4장 10-11절.

74 Russell 1984, 335.

75 아우구스티누스 신학에서 관계성 논의를 위해서는, Jenson 2006을 참조.

76 Augustine, *City of God* 12.28; Kenny 1973, 1.

77 Augustine, *City of God* 5.11.

78 이것은 영혼이 우월한 부분과 열등한 부분으로 구성된다는, 『국가론』에 나오는 플라톤의 관념과 일치하는 듯하다. *Republic* 602cd.

79 Augustine, *City of God* 5.11.

80 12권에서 아우구스티누스는 인간 영혼의 본성과 기원에 관해 또 다른 설명을 제시한다. "하느님은 그때 인간을 자기 자신의 형상으로 만드셨다. 하느님은 그를 위해 영혼을 창조하셔서, 그가 그 영혼에 의해 이러한 종류의 영혼을 갖지 못한 땅과 공중과 바다의 모든 피조물을 이성과 지능에서 뛰어넘을 수 있게 하셨다." *City of God* 12.24.

81 Augustine, *City of God* 12.24.

82 아우구스티누스는 식물이 살아 있고 성장과 번식 능력을 지닌다고 인정하면서, 이러한 능력들을 영혼의 양상이라고 부르지 않고 오히려 생명의 기본 능력이라고 간주함으로써 아리스토텔레스의 용법에서 벗어난다.

83 Augustine, *City of God* 11.27.

84 Augustine, *City of God* 1.20.

85 Augustine, *City of God* 8.5.

86 Russell 1984.

87 『신학대전』에서 살아 있는 세계를 다룰 때 동물은 식물보다 좀 더 "고귀한" 것으로 여겨지는데, 그러한 관념이 수백 년 후 존 레이의 『하느님의 지혜(*Wisdom of God*)』에서도 되풀이되는 것을 볼 수 있다. 동물은 명백히 인간과 신체적으로 훨씬 더 닮았기에 더 고상하며, 영적인 의미에서 동물은 인간과 같은 날에 창조되었다는 사실 덕분에 인간과 더 밀접하게 연결된다. *ST* III, Q. 44, A.4. Obj.1.

88 *Summa Theologica* (*ST*) II-II, Q.179, A.1.

89 *ST* I-II, Q.5, A.1. Obj.1.

90 *ST* Ia. Q.75, A.2.

91 *Summa Contra Gentiles* 2.82.20.

92 *Summa Contra Gentiles* 2.82.9.

93 *Summa Contra Gentiles* 2.82.8.

94 *Summa Theologica*에 따르면 동물이 식물보다 더 "고상하다."

95 Augustine, *City of God* 1. 20. *ST* II-II, Q.64, A.1. Obj 3에서 재인용.

96 *ST* II-II, Q.64, A.1. Obj 3.

97 Augustine, *City of God* 1.20. *ST* II-II, Q.64, A.1. Repl Obj 1에서 재인용.

98 *ST* II-II, Q.64, A. 1. Repl Obj 2 "말 못하는 동물과 식물에게는 그들을 움직이게 하는 이성의 생명이 없다. 그들은 또 다른 것에 의해, 일종의 자연적 충동에 의해 움직여지는데, 그것은 그들이 자연적으로 예속되며 다른 이들이 이용하도록 제공된다는 징표다."

99 서문 참조.

100 Nash 1991, 77. 덧붙여서, 2장에서 주목했듯이, 성서의 목소리는 서구 식물학에 특별한 영향력을 행사해 왔다. 그루(Nehemiah Grew)에서 린네(Carolus Linnaeus)에 이르기까지 서구의 수많은 위대한 식물학자들은 독실한 그리스도교인이었고, 다윈이 자연 선택에 의한 진화론을 발표할 때까지, 성서에 묘사된 창조 이야기에 대한 과학계의 반박은 거의 없었다. 실제로 린네는 에덴동산 이후로 어떠한 종도 새롭게 존재하지 않았다고 가정한 것으로 유명하다.

4장

힌누교, 자이나교, 불교 문헌에서 감응력과 폭력 다루기

모든 존재는 생명을 좋아한다.
쾌락을 좋아하고, 고통을 싫어하며,
파괴를 피하고, 삶을 좋아하고, 살기를 원한다.
모두에게 생명은 소중하다.[1]

_마하비라

힌두교라는 용어는 다양한 종교적 실천과 철학으로 구성되는데, 흔히 함께 묶이기는 하지만 많은 학자들은 하나의 통일된 역사적 전통으로 받아들이지 않는다.[2] 힌두 철학 내에 보통 여섯 개의 분파가 있다고 서술된다.[3] 이러한 다양성에 직면해서, 힌두교를 식물계에 대한 단 하나의 시각과 단 하나의 도덕적 태도를 제공하는 단 하나의 종교 또는 사실상 단 하나의 철학으로 취급하는 것은 불가능하다. 이 장에서 나는 불가능한 일을 시도하기보다는, 단지 (『베다』, 『우파니샤드』, 『바가바드기타』, 『마하바라타』를 포함해서) 수많은 힌두 종교 경전들이 식물에 대한 포용적 태도의 구체적인 사례를 제공한다는 견해를 제안한다.[4] 캘리콧은 "세계를 부정하는" 것으로 규정되어 온 세계관의 효용에 의문을 제기했지만, 힌두교 문헌에는 식물이 도덕적 고려에 포함된다는 증거가 있다.[5]

폭넓게 정의된 인도 철학에서, 식물을 비폭력적으로 대한다는 관념은 (폭넓게 정의된) 힌두교 문헌에 처음 등장한다. 그렇지만 그것은 자이나교의 문헌과 실천에서 가장 강력하게 표현된다. 이 장에서 나는 자이나교 전통의 교학이 비폭력의 윤리 안에 식물계를 어떻게 포함하는지 설명하기 위해서 다수의 자이나교 경전을 살펴볼 것이다.[6] 캘리콧은 자이나교가 인간의 영적 문제에 주로 관심을 가지며 세계를 포기하는 경향을 나타내기 때문에 과연 환경 윤리에 어울리는지 의문을 제기하지만, 자이나교의 (교학뿐 아니라) 영적인 실천이 식물을 도덕적 관계성 안에 강력하게 통합하기 때문에 식물과 관련해서 자이나교는 중요한 사례이다.[7]

자이나교 전통이 무엇을 지향하든, 자이나교 경전들이 식물을 감응적이고 자율적인 존재로 인식하는 관점을 드러내는 훌륭한 자료라는 점은 분명하다. 더욱이 자이나교는 논리적 연속성이나 개별 존재의 인식 측면에서뿐 아니라 타자에 끼치는 해를 줄이는 것을 목표로 소소한 도덕적 실천에 초점을 맞추기 때문에 흥미로운 사례이다.

힌두교와 자이나교의 교학 모두에서 포용의 입장을 확인할 수 있지만, 이 장의 목적은 이전에 광의의 환경윤리에서 시도되었던 방식대로 동서양의 구분에 따라 식물 존중 대 식물 경시의 태도를 묘사하는 것이 아니다.[8] 식물을 수동적이고 반쯤만 살아 있는 실체로 보는 시각이 서구의 철학과 종교의 입장을 특징짓는 듯 보이기는 하지만, 식물에 대한 이러한 취급을 순전히 서구적 현상으로 기술하는 것은 부정확할 것이다. 그러한 식물 성격의 묘사는 몇몇 주요 불교 학파에서도 마찬가지로 나타난다.

이 장은 불교의 초기 발달에서 식물이 인간의 도덕적 고려의 맥락에서 경계선상의 존재로 모호하게 남겨졌다고 주장한 불교학자 람베르트 슈미트하우젠의 연구를 활용할 것이다. 이후 식물이 감응력과 마음의 영역으로부터 독단적으로 배제되고 그에 따라 인간과 식물의 관계가 단절된 것은 서구 사상에서 유사하게 나타난 배제 과정과 비교해 볼 수 있다. 이 장에서는 슈미트하우젠의 연구를 발판 삼아, 불교의 도덕적 고려에 식물이 포함되는 불편을 피하기 위해 수많은 불교 문헌에서 식물이 의도적으로 배제되었다는 가설을 세우려 한다.

공유된 실체와 식물 본성

인도에는 인간과 식물에 관한 연구가 이미 많지만, 이 사례 연구는 인간과 식물의 연결, 식물 존재론, 그리고 식물의 관점에서 도덕적 고려의 문제에 초점을 맞춘다는 점에서 차이가 있다.[9] 인간과 식물의 관계를 다룬 기존 연구의 대부분은 인도의 민족식물학적 상호작용에서 특징적인 성스러운 식물이라는 주제에 집중된다. 식물은 흔히 신 혹은 신성한 존재와의 강력한 관계성으로 말미암아 성스럽다고 여겨진다.

몇 가지 사례를 들면, 대나무*Bambusa spp.*는 크리슈나 신이 플루트로 사용했기 때문에 성스럽게 다루어진다. 성스러운 바질, **툴라시** 또는 **툴시** *Ocimum tenuiflorum* L. 역시 크리슈나와 깊이 연관된다. **툴라시**는 흔히 인도에서 가장 성스러운 식물로 여겨지기 때문에 그러한 연관성은 분명히 강력하다.[10] 다른 사례들에서 성스러움은 신들이 식물 안에 거주할 때 발생한다. 님 나무*Azadirachta indica* A. Juss.는 쉬탈라(천연두의 여신)의 집으로 여겨지며, 락슈미 여신은 인도보리수나무*Ficus religiosa* L 가지에 거주한다고 묘사된다.[11] 덧붙여, 나무 신들—**데바타**(남성) 또는 **데비**(여성)—은 개별 나무나 나무군群 모두에 거주할 수 있다.[12]

성스러운 식물에 관한 연구는 인도에 많지만, 그러한 연구들은 보통 식물과 인간 사이의 실질적인 연결을 강조하지 않는다. 그렇지만 고대 인도 문헌의 사례 다수에서 식물은 신들과 단순히 결부되지 않는다. 많은 경우에, 식물은 신의 신체의 일부에서 형성된 것으로 묘사된다. 『바마나 푸라나』는 특정한 신이 각각의 종을 소중히 여긴다고 기록하고 있으며, 신의 몸 일부에서 창조된 스무 개 이상의 종이 열거된다. **툴라시**는 스리 라다의 변신한 친구로 여겨진다.[13] **파드마** 또는 성스러운 연꽃*Nelumbo nucifera* Gaertn.은 프라자파티의 배꼽에서 나왔다고 기술된다. **흰독말풀***Datura metel* L.은 마헤스바라의 심장에서 만들어졌다.[14] 흔한 농작물 역시 신의 몸에서 생겨났다. 『마치야 푸라나』는 캐러웨이, 쌀, 설탕, 콩은 모두 비슈누에게서 나왔다고 말한다.[15] 성서 구절들에서 식물계와 신의 숨을 구별하고 분리하려는 경향과 대조적으로, 푸라나에서는 식물을 사실상 신과 **동체** *consubstantial*로 여기는 듯하다. 다른 힌두교 문헌들에서 이러한 연관성 및 근본적인 친연성의 관념은 신에게서 식물, 바위, 동물, 그리고 인간에게로 확장된다.

특히 힌두 철학에서 영향력 있는 베단타(**아드바이타***advaita*) 학파의 핵심 문헌들에는 **모든** 존재가 연결되어 있다는 기본적인 느낌을 불러일으키는 구절들이 들어 있다. 이것은 브루스 링컨Bruce Lincoln이 인도유럽 전통의 특징이라고 여기는 공통적인 모티프다.[16] 인도유럽 신화에 대한 분석에서 링컨은 『리그베다』를 인용한다.

> 달은 그의 마음에서 태어났다. 태양은 그의 눈에서 태어났다.
> 그의 입에서는 인드라와 불이, 그의 숨에서는 바람이 태어났다.
> 그의 배꼽으로부터 공기가 나왔고, 그의 머리에서 하늘이 함께 굴러 나왔다.
> 그의 발에서 대지가, 그의 귀에서 기본 방위가 나왔다.[17]

『리그베다』뿐 아니라 『우파니샤드』에도 **모든 것**이 (보편적 실재 전체를 뒷받침하면서도 초월하는, 모든 것을 아는 영원한 신성인) 브라만에게서 현현하고 비롯된다고 명백히 말하는 구절들이 나타난다. 이것은 나중에 『마하바라타』에서 브라만에 대해 이야기할 때 되풀이된다.

> 산은 그의 뼈고 대지는 그의 살이며, 바다는 그의 피, 하늘은 그의 배다.[18]

『찬도기야 우파니샤드』는 "우리가 세상에서 보는 이 모든 것이 브라만이다."[19]라고 말한다. 만물 안에 지고의 존재가 현존한다는 것은 영향력이 상당한 『바가바드기타』의 주요 관념 중 하나이기도 하다. 이러한 연관성의 관념은 간단히 "그는 모든 곳에 거하신다."라고 말하는 크리슈나에 의해 간결하게 요약된다.[20] 이는 브라만에게 바치는 『마하바라타』의 구절에서 브라만에게서 생겨난 세상의 만물을 체계적으로 열거할 때 한층 더 심화되어 표현되는데, 거기에는 가장 변변치 않은 형태의 식물까지 포함된다. 이 구절이 여실히 말해 주듯 말이다 "당신은 가느다란 덩굴식물입니다, 당신은 두꺼운 덩굴식물입니다, 당신은 온갖 종류의 풀입니다, 그리고 당신은 낙엽성 허브입니다."[21]

신, 인간, 동물, 식물, 바위, 강, 구름, 그리고 공기는 모두 브라만에게서 나왔고, 그래서 모두가 근본적으로 연결되어 있다.[22] 아드바이타 베단타 철학에서, 이것은 만물이 그 진정한 본질에 있어서 실제로 브라만의 현현이라는 일원론적 관념으로 나타난다. 브로킹턴Brockington이 인격적인 신 개념과 절대자를 구별한 것을 유념하더라도, 만물이 하느님 안에서 창조적 기원을 공유한다는 그리스도교의 관념과 유사점이 존재한다.[23] 그렇지만 식물 생명을 표현할 때 이러한 철학들 사이에는 중요한 차이가 있다. 성서에서 식물과 인간은 동일한 본성을 공유하지 않는다. 그러나 힌두교 문헌에서 식물과 인간은 기본적으로 비슷한 존재론을 공유하는 것으로 나타난다.

인도의 수많은 영향력 있는 문헌들은 식물, 동물, 그리고 인간을 모두 **지바**(환생을 경험하는 인격적인 자기personal self를 소유한 살아 있는 존재, 다음 절 참조)로 묘사한다. 그중 가장 저명한 문헌에 속하는 『바가바드기타』는 모든 살아 있는 존재가 **지바**를 소유한다고 분명히 말한다.[24] 이 **지바**의 기본 본성은 영혼을 가진 모든 존재에게 동일한 듯 보인다. 살아 있는 어떤 존재든, 감각작용과 의식은 그 본질에 속한다. 이를 결여한 생명이란 없다고도 주장할 수 있다. 실제로 『마하바라타』에서는 "감응력은 생명의 표지다."라고 이야기되는데, 『바가바드기타』에서도 같은 내용이 되풀이된다.[25]

살아 있는 실체는 청각, 촉각, 시각, 미각, 후각, 그리고 마음이라는 여섯

가지 감각 능력을 사용해서 감각의 쾌락을 향유한다.[26]

식물은 체현된 영혼, 즉 **지바**로서, 감응적이고 의지적인, 그리고 의식적인 존재로 인식된다. 『바가바드기타』는 감각과 마음이 영혼과 결합되며, 몸이 죽으면 영혼은 또 다른 몸으로 감각을 가지고 간다고 말한다.[27] 여기서 식물이 살아 있는 존재로 인정되고 있는지 의문스러울 수 있다. 그렇지만 대중적인 인도 서사시 『마하바라타』에서는 **움직임이 자유로운** 존재와 **움직이지 않는** 존재를 **지바**로 아울러 언급함으로써, 식물 안에 이 자율적인 자기가 있다고 여기는 것이 분명하다.[28] 실제로, 다음이 분명히 명시된다. "그들이 쌀이라고 부르는 곡물의 씨앗들과 그와 유사한 것들은 모두 살아 있다…."[29]

『마하바라타』의 관련 구절은 이러한 식물 영혼이 인간의 영혼과 근본적으로 다르고 열등하다고 기술하는 아리스토텔레스와 노선을 달리한다는 점에 주목할 필요가 있다. 식물과 인간을 과도하게 분리시키는 대신, 주의 깊게 관찰하면 식물이 본성상 인간과 매우 유사한 존재라는 점이 명백해진다. 확실히 식물은 감각작용과 인식을 갖는다.

> 그들[식물]은 병들고 말라붙는다. 이는 그들이 감촉을 인식한다는 것을 보여준다. 바람과 불과 천둥으로 식물의 열매와 꽃이 떨어진다. 소리는 귀를 통해 감지된다. 따라서 나무는 귀를 가지고 있으며 들을 수 있다. 덩굴식물은 나무를 휘감고 사방으로 뻗어 간다. 눈먼 사물은 길을 찾을 수 없다. 이러한 이유에서 나무에 시각이 있다는 것은 명백하다. 또한 나무는 다양한 종류의 **두파***dhupas*에서 성스러운 향의 좋거나 나쁜 냄새를 통해 활기를 회복하고 꽃을 피운다. 나무에 후각이 있다는 것은 분명하다. 그들은 뿌리로 물을 마신다. 그들은 다양한 종류의 질병에 걸린다. 그러한 질병들은 다시 각각 다른 작용에 의해 치료된다. 이로부터 나무가 미각을 갖고 있다는 것이 분명하다. 우리가 구부러진 연蓮 줄기로 물을 빨아올

릴 수 있듯이, 나무 역시 바람의 도움을 받아서 뿌리로 물을 마신다. 그들은 쾌락과 고통을 느끼며, 자르거나 가지를 쳐내도 자라난다. 이 모든 것에서 나는 나무에 생명이 있음을 본다. 그들은 무생물이 아니다.[30]

『마하바라타』에서 식물 생명에 대한 이러한 서술은 공통의 기원과 공유된 실체에 대한 이해를 기반으로 하며, 분리보다는 오히려 연결을 향한 경향을 바탕에 깔고 있다. 그것은 또한 식물과 동물과 인간의 생활사에 나타나는 유사성에 대한 예리한 인식(그리고 강조)에 의존한다. 적절하게도 이 공통의 능력들은 동물학적 시각에서 평가되지 않으며, 이러한 인간과 식물의 연결성을 수용하면, 식물이 살아 있는, 자율적 실체라는 자연스러운 결론이 도출된다. 나아가 매우 영향력 있는 베단타 문헌인 『요가바시슈타*Yogavāsistha*』는 살아 있는 식물을 단지 감응적일 뿐 아니라 자기 의식적인 존재로 그린다. 다음의 구절이 주목할 만하다.

나무가 자기 안의 잎과 열매, 그리고 꽃의 성장을 자기 몸으로부터 감지하듯이, 나는 이 모든 것이 내 안에서 생겨나는 것을 보았다.[31]

그렇지만 힌두교 문헌들은 일률적이지 않으며, 영향력 있는 『바가바드기타』의 이러한 식물 인식은 흥미롭게도 『비슈누 푸라나』의 구절과 직접적으로 모순된다. 이 후대의 푸라나는 식물이 지각한다는 관념을 반박하며, 성서적 식물 이해와 마찬가지로 식물계를 비감응적인 것으로 간략히 묘사한다. 식물의 신성한 기원을, 그리고 브라마 신체의 머리카락에서 나온 식물의 발생을 기술하면서도, 전체적인 식물계는 다음과 같이 그린다.

지성도 반응도 없고, 지각도 감각작용도 없으며, 느낄 수 없고, 움직임이 없는, 다섯 겹 (부동의 세계).[3]

식물이 살아 있고 (그리하여 **지바**이며) 신성한 본질을 지닌다고 인식하면서도 『비슈누 푸라나』는 식물의 어떠한 감각적 혹은 정신적 자질도 부정한다. 이러한 능력 없이 살아 있는 존재라고 하는 그와 같은 해석은 『바가바드기타』에서 제시된, 체현된 영혼의 본성과 모순되는 것처럼 보인다. 그럼에도 그것은 좀 더 포용적인 관점 내에도 동물중심주의가 존재한다는 것을 보여 준다. 그 점은 자이나교를 다룬 절에서 계속 살펴볼 것이다.

헤테라키적 연결

식물을 영혼이 깃든 존재로 대우하는 것은 의미심장한데, 왜냐하면 이는 식물과 인간 세계 사이의 강력한 연결점을 제공하기 때문이다. 그것은 식물, 인간, 그리고 동물의 세계가 죽을 때 카르마karma와 환생을 통해 상호 침투한다고 인식하는 『마하바라타』의 구절들에 의해 보완된다.[33] 환생의 순환에서 식물의 위치는 보통 불분명하지만(식물은 종종 힌두교의 환생에 관한 여러 해석에서 제외된다), 『마하바라타』는 "무지의 결과로 무감각해진 **모든** 생물은 선함과 열정과 어둠의 속성에 의해 바퀴처럼 끊임없이 돌고 있다."고 말한다.[34] 『마하바라타』에서는 **모든** 생물이 (**윤회**로 알려진) 이러한 순환에 참여한다는 점이 명백하다. **지바**의 속성이 그러하듯이, 움직이는 존재와 움직이지 않는 존재 사이, 동물과 식물 사이에는 어떠한 차별도 존재하지 않는다. 영혼이 불어넣어진 모든 존재는 상호 침투한다. 이번 생에서는 인간이 깨달음을 얻을 더 큰 가능성을 가지고 있을지라도, 식물과 동물, 그리고 인간 영역 안에서 우리의 현재 위치와 현재의 삶은 죽을 때 서로 뒤바뀔 수 있다.

윤회하는 존재에 관한 이러한 해석은 『마하바라타』에 국한되지 않는다. 그것은 카르마와 환생의 원칙을 처음 언급하는 『우파니샤드』의 구절에서 처음 발견된다. 카르마에 대한 최초의 언급은 『브리하다란야까 우파니샤드』에서 현자 야즈나발캬에게 바르타브하가라는 학자가 사람이 죽고 나면 어떻게 되는지 질문했을 때 나타난다.[35] 두 가지 길, 곧 최후의 존재에 이르는 길과 환생으로 인도하는 길을 선택할 수 있다고 이야기된다. 또 다른 탄생으로 인도하는 두 번째 길은 매우 생태학적인 용어로 기술되며, 식물 또한 이 과정에 포함된다.[36] 각각의 순환은 죽음, 그리고 죽은 자가 장례식 장작더미 위에서 화장되어 연기로 변형되는 것에서 시작된다. 신들의 영역에 짧게 머문 이후에 연기는 하늘의 일부가 된다. 그것은 구름과 합쳐져서 대지에 빗물로 다시 떨어진다. 여기서 개체는 식물로 다시 태어나게 되고, 그러고 나서 차례로 다른 유형의 살아 있는 존재로 변형되면서 순환을 영속화한다.

식물로 다시 태어날 가능성은 『찬도기야 우파니샤드』의 한 구절에서도 나타난다. 다시금 매우 물리적인 과정이 묘사되며, 죽은 사람은 다시 한번 장례식 화염에 의해 연기로 변형된다. 그 연기는 다시 하늘에서 비구름과 합쳐진다.

> 구름이 되고는, 비구름이 된다. 비구름이 되어서는 비로 내린다. 여기서 쌀과 보리, 허브와 나무, 참깨와 검정콩으로 태어나게 된다. 이로부터 벗어나기란 매우 어렵다. 그러나 누군가 그 음식을 먹고 씨앗을 배출할 때마다, [그것은] 다시 존재하게 된다.[37]

비록 『찬도기야 우파니샤드』가 식물 생명을 빠져나오기 어려운 불운한 탄생의 영역으로 묘사하지만, 식물은 인간과 동물의 영역으로부터 근본적으로 분리되어 있지 않다. 그들은 삶과 죽음의 그물망으로 연결되어 있다. 죽은 뒤에 인간의 영혼이 식물계에서, 즉 약초와 나무, 심지어 재배작물로 환생하는 것도 『우파니샤드』에서는 분명히 가능하다. 식물에게 영혼이 완전히 깃들기 때문에, 그들은 또한 인간으로 태어나서 해탈할 가능성을 가지고 있다. 영혼이 모든 유형의 존재로 현현할 수 있기에, 『우파니샤드』는 식물이 영적으로나 물리적으로나 자연 세계의 나머지와 상호의존적이라고 본다.

흥미롭게도, 잘 알려진 『마누법전』에서 식물이 감응력을 갖는다는 점은 고통받을 수 있는 능력과 명시적으로 연결된다. 나무, 덩굴, 풀, 약초를 포함한 모든 식물은 "내적인 의식을 가지고 쾌락과 고통을 경험한다."라고 이야기된다.[38] 논리적으로, 식물은 **윤회**의 존재로서 고통을 겪을 수 있어야 하는데, 이는 고통이 **윤회**의 세계에 스며들어 있기 때문이다. 영혼이 깃든 감응적인 존재로서 인간과 마찬가지로 식물은 **윤회**의 고통에서 벗어나려고 애쓴다.

이러한 연결의 근거는 "동물, 인간, 나무, 풀은 모두 하늘에 도달하기를 원한다."[39]라고 진술한 『마하바라타』의 발췌문에서도 나타난다. 고통의 순환에 참여하는 자로서, 식물과의 관계는 이상적으로는 "카르마적 이기심"과 타자에 대한 존중으로부터 나오는 정중하고 자비로운 행동에 기초해야 한다. 이상적으로 이는 비폭력(**아힘사***ahimsa*)에 기초해야 하는데, 왜냐하면 "비폭력은 최고의 법"이기 때문이다.[40] 『마하바라타』 전반에 걸쳐서 모든 생물에 대한 친절이 강조된다. 덕 있는 사람들은 "**모든** 생물에 항상 연민을 가지며 비폭력에 헌신한다."[41]

데바라자Devaraja 역시 『파탄잘리의 요가 수트라』에 나타나는 **아힘사**에 대한 매우 중요한 언급에 주의를 기울인다.[42] 우리 멸종의 시대에 특별히 공감을 불러일으키는 비폭력의 실천은 다른 생명체의 존속을 위해 필요한 핵심으로 여겨진다. 여기서 경전은 다음과 같이 말한다.

> 위대한 연민의 강 제방을 따라 풀, 싹, (식물) 등에 비길 만한 여러 교리들이 놓여 있다. 만약 그 (연민의) 강이 마르면, 이런 것들이 얼마나 오래 번성할 수 있겠는가?[43]

이 구절에서는 그들에게 물이 필요한 것과 같은 방식으로, 서로 다른 종류의 식물이 번성하기 위해서는 우리의 연민이 필요한 것처럼 보인다. 살아 있는 존재에 대한 그 어떤 행실에서든 **아힘사**를 실천하는 것이 이상적이지만, 인간이 생존하기 위해서 식물에게 폭력을 행할 수밖에 없는 것은 자명하다. 일반적으로 **아힘사**의 이상은 동물에게 미치는 해를 피하는(그 결과 채식주의를 실천하게 된다) 쪽을 향하지만, 어떤 형태의 음식 섭취든 식물을 해치고 식물의 생명을 빼앗는 일을 수반한다는 인식이 존재한다.[44]

랜스 넬슨Lance Nelson은 **아힘사**가 생태학적 덕목이라는 주장의 유효성에 의문을 제기하면서, 『바가바드기타』에서 **아힘사**에 대한 언급이 "대부분 [인간] 행위자의 사적인 카르마적 안녕에 대한 관심에서 진술되며, 타자에 대한 연민은 중요한 요소이지만 부차적"이라고 지적한다.[45] 이와 관련해서 넬슨은 물리적 현실을 "비-실재non-real" 혹은 덧없음이라고 철학적으로 표현하는 것은 "다른 존재들의 경험적 실존을 포함해서 물리적인 것이 중요하지 않다."라는 것을 의미한다고 주장한다.[46] 이러한 의심은 유의미하지만, 이에 대응하여 몇 가지 중요한 점들을 제시할 수 있다.

첫째로, 다른 존재들의 물리적 실존이 중요하지 않다는 주장을 맥락화할 필요가 있다. 『바가바드기타』에서 세계의 덧없음에 대한 언급은 자아와 집착에서 벗어났을 때에만 인식 가능한 절대적인 존재 상태를 설명하는 영적인 가르침이다.[47] 그러한 형이상학적 개념들이 인간의 도덕적 행위에 틀을 만들어 주기 위한 것이 아님을 지적하는 것은 중요하다. 실제로 그 문헌은 이 체현된 생명 안에서 도덕적 행위는 매우 중요하다고 강조하며, 육체적 실존이 "중요하다"는 주장에 무게를 싣는다. 흔히 도덕적 행위에 대한 권고는 존재들의 생명의 연결과 유사성에 대한 인식에서 생겨난다.[48] 이러한 근거에서, 비록 비폭력의 주요 동기가 **자기***self*와 관련이 있더라도, 다른 존재들이 해를 입지 않는 것이 중요하다는 인식 때문에 해를 끼치지 않는 행동은 **타자**와도 관련된다고 주장할 수 있다. 이것은 일종의 비폭력 **대화**이며, 자기와 타자 사이의 관계의 일부다.

자이나교와 살아 있는 식물

식물의 감응력과 비폭력이라는 관념이 이러한 문헌들 속에 포함되어 있다고 하더라도, 그것이 광범위한 힌두교 전통에서 종교적 관습의 전면에 일반적으로 나타난다고 주장하는 것은 잘못일 것이다. 비폭력과 식물 감응력에 관한 가르침을 일상의 실천 속에 명백하고 확실하게 포함시키는 전통을 논하려면, 기원전 6세기에 고대 인도의 철학적 유산으로부터 생겨난 자이나교를 살펴볼 필요가 있다.

자이나교는 식물과 사람들 사이의 관계성 연구와 관련해서 힌두교의 관념과 비슷한 생각을 담고 있다.[49] 그러나 자이나교는 여러 문헌들을 가로질러 식물 존재론과 윤리에 관한 이질적이고 빈약한 언급들을 제시하기보다 식물의 본성과 인간-식물 윤리에 관한 일관되고 뚜렷한 입장을 가진 분명한 전통으로서 주목할 만하다. 더욱이 식물의 자율성과 감응력에 관한 자이나교의 가르침이 철학적 수준에 머무르지 않고 자이나교 수행의 전면에 위치하기 때문에 인상적이다. 자이나교에서는 가능한 한 식물의 삶을 덜 파괴하는 생활 방식을 받아들이는 것이 매우 중요하다.

힌두교라는 느슨한 우산 아래 수집한 문헌들의 구절과 마찬가지로, 자이나교는 분리와 거리보다는 존재들 사이의 연결과 유사성을 강조한다. 다시 한번 인간과 식물은 공유된 존재론을 가지고 있는 것으로 인식된다. 자이나교에서 세계는 살아 있는 것과 살아 있지 않은 것이라는 두 개의 넓은 범주로 나누어진다. 자이나교의 살아 있는 세계는 셀 수 없이 많은 생명의 영혼(**지바**)을 포함하며, 식물은 **지바티카얄***jivatthikayal*(살아 있는 혹은 영혼이 깃든 몸)로 여겨진다. 성서와 대조적으로, 가장 이른 시기의 자이나교 경전은 번성하는 능력을 근거로 식물을 살아 있는 존재로 인식한다. 『아카랑가 수트라』 속 티르탄카라 마하비라의 유명한 진술이 이러한 추론을 요약한다.

이것(즉 인간)의 본성이 태어나고 늙는 것이듯이, 저것(즉 식물)의 본성도 태어나고 늙는 것이다. 이것이 이성을 갖고 있듯이, 저것도 이성을 지닌다.[50] 이것이 베어지면 병에 걸리듯이, 저것도 베어지면 병에 걸린다. 이것이 음식을 필요로 하듯이, 저것도 음식을 필요로 한다. 이것이 장차 썩게 되듯이, 저것도 장차 썩게 된다. 이것이 영원하지 않듯이, 저것도 영원하지 않다. 이것이 증가하듯이, 저것도 증가한다. 이것이 변화하듯이, 저것도 변화한다.[51]

마하비라가 볼 때, 인간의 생명과 식물 존재 사이에는 분명한 연관성이 있다. 철학자 차크라바르티 람-프라사드Chakravarthi Ram-Prasad의 용어를 빌리자면, 마하비라는 분명하고 명백한 타자성alterity에 직면해서 다른 존재들과의 **친연성**_affinity_을 추구하고 있다.[52] 앞으로의 논의에서 살펴보겠지만, 이러한 친연성의 모색은 자이나교의 기본적인 **아힘사** 윤리의 강력한 구성 요소다.[53] 위의 『아카랑가 수트라』 인용문에서, 존재론적 친연성의 인식이 존재한다는 것은 분명하다. 이러한 인식은 단지 비폭력을 향한 모호한 소망에 기초한 것이 아니라 논리적 일관성에 근거를 둔다. 식물이 인간과 비슷한 방식으로 (음식을 찾고 온전함을 유지하면서) 번성하려고 애쓰고 또한 죽음을 경험하기 때문에, 식물에게 생명이 인정된다. 『아카랑가 수트라』의 다음 구절은 활력에 대한 이러한 인식이 어떻게 생겨나는지를 보여 준다.

땅의 신체들과 물의 신체들과 불의 신체들과 바람의 신체들, 지의류, 씨앗들과 싹들을 속속들이 알고 있었기에, 그는 **면밀히 살펴봤을 때** 그들에게 생명이 깃들어 있다는 것을 충분히 이해했다.[54]

식물이 인간 및 동물과 형태와 과정이 매우 다르기에, 식물에게서 생명의 가능성을 검토할 때 예민한 마음챙김mindfulness이 필요하다. 마하비라는 지상의 생물들에 대한 철저하고 세심한 살핌을 통해서만 인간이 그들의 살아 있는 본성을 깨닫게 될 것이라고 시사한다. 그러한 좀 더 느리고 좀 더 미묘한 작용에 대한 면밀한 관찰은 또한 씨앗, 싹, 지의류 역시 살아 있는 존재들이라는 앎을 낳는다. 이들은 모두 **지바**다.

호흡과 같은 중요한 과정은 직접적으로 관찰되지 않겠지만, 전체적인 형태와 습성상 좀 더 알아채기 쉬운 변화로부터 그러한 과정의 발생이 추론된다. 식물의 호흡을 관찰할 수 없는 것은 사실이지만, 마하비라는 "이 한 가지 감각을 지닌 살아 있는 존재들도 숨을 들이쉬고 내쉬며, 들숨 날숨이 모두 있다."라고 추측한다.[55] 식물 호흡에 관한 오늘날의 지식에 비추어 볼 때, 또한 식물에게 생명의 호흡은 없다는 성서의 주장과 대조해 볼 때, 그러한 인식은 주목할 만하다.

친연성과 타자성

체현된 **지바**로서 식물의 기본적인 존재론은 인간과 같다. 자이나교 문헌들은 영혼의 본성이 모든 존재에게서 동일하다는 것 또한 분명히 한다. **지바**의 본성은 의식이다. 『타트바르타 수트라*Tattvarta Sutra*』에서는 "감응력은 영혼을 정의하는 특징이다."라고 말한다.[56] 식물, 동물, 그리고 인간이 모두 이러한 감응적 영혼을 소유한다는 사실은 연결성의 관념을 강화한다.[57] 또한 체현된 영혼으로서, 식물과 동물, 그리고 인간의 영역은 사후에 상호 침투한다. 다음 생에서 인간은 동물이나 식물로 나타날 수 있고, 그 반대도 가능하다. 마하비라는 몸소 어떻게 나무가 인간으로 태어날 수 있는지 그리고 어떻게 나무가 인간처럼 깨달음을 얻을 잠재력을 가지는지를 설명한다.[58] 그러므로 코르트Cort의 말을 빌리면, 자이나교는 지구상의 각양각색의 생명 형태들을 가로지르는 "실존의 상호의존적 연속성"을 가정한다.[59] 이것은 **다양성**과 **친연성**의 실존이다.[60]

식물 또한 그들이 생명 안에 소유한 여러 능력을 통해서 친연성을 공유한다. 식물의 생활사를 면밀히 관찰한 결과, 식물은 감각작용뿐 아니라 번성하는 존재로서의 속성, 곧 양분과 번식을 향한 욕망, 미래를 향한 의식과 지향, 물리적 상해에 대한 반감을 갖는 것으로 간주된다.[61] 게다가 자이나교 문헌에서 식물은 열정, 화, 자존심, 사기, 탐욕 등 카르마에서 비롯된 다양한 감정의 지배를 받는 것으로 인식된다.[62]

식물과 인간은 본질적으로 동일한 본성을 갖고 있지만 생명의 능력에는 차이가 있다. 자이나교는 자연 세계의 일부를 절대적 가치를 지닌 인간중심적 위계 안에 두지 않고, 다른 살아 있는 존재들의 자율성을 부정하지도 않는다. 오히려 자이나교는 살아 있는 존재 각각의 감응력에 대한 영혼의 잠재력이 발달한 정도에 기초해서 자연 세계 속 **상대적인** 비폭력의 위계를 설명한다.

자이나교는 먼저 살아 있는 존재들을 운동성에 따라 분류한다.[63] 식물은 땅이나 물과 함께 움직이지 않는 존재로 분류된다.[64] 움직이지 않는 존재들은 한 가지 감각(촉각)만을 지녔다고 간주되며, 자이나교 문헌 전반에 걸쳐서 흔히 한 가지 감각을 가진 존재로 언급된다.[65] 동물과 인간처럼 움직이는 존재들은 (두 개에서 다섯 개의) 다양한 감각을 지녔다고 간주되며, 별도의 범주로 오감에다 합리성까지 갖춘 존재가 있다. 물고기, 새, 사지를 가진 동물, 그리고 인간처럼 좀 더 큰 동물들은 정신을 위한 물리적 토대를 가졌다고 이야기되며, 그리하여 기억과 이성적 사고가 가능한 지능적인 존재로 여겨진다.[66] 인간은 세계의 다른 생명체와 구별되는데, 영혼이 인간의 형태 안에 있을 때에만 해방될 수 있기 때문이다. 중요한 것은, 인간 삶의 영역을 규정하는 측면은 지배적인 우월성이 아니라 도덕적으로 행동하고 **아힘사**를 실천하는 능력 안에서 구축된다는 점이다.[67]

따라서 자이나교의 자연 세계 분류에서 양분 획득과 같은 식물의 활동은 "구체적인 탐구의 결과로 일어나는 대상과 상황의 판단"과 관련된 지능적이고 합리적인 행위라기보다는 오히려 생존 본능으로 간주된다.[68]

자이나교는 이처럼 식물의 지능과 추론을 부정한다는 점에서 식물계의 감응력과 자율성을 인정하는 다른 전통들과 뚜렷하게 다르다. 특히 이러한 입장은 『요가바시슈타』와 『마하바라타』 같은 문헌에서 제시된 생각하는 식물에 대한 묘사와는 차이가 있다.

『타트바르타 수트라』에 제시된 설명에서, 이러한 부정은 부분적으로 아리스토텔레스에게서 나타나는 것과 유사한 동물중심적인 추론에 근거하고 있을 것이다. 식물은 분명 동물과 같은 의미의 두뇌를 갖고 있지 않기에, 그 경전은 식물이 마음을 위한 물리적 토대를 갖고 있지 않다고 말한다. 그러나 식물이 추론을 위한 고유한 해부학적 구조를 가질 수 있다는 점은 고려하지 못한다.[69]

비록 식물의 능력이 과소평가되고 있음에도 불구하고, 식물은 인간과 관련해서 근본적 타자, 열등한 타자로 구축되지 않는다. 비록 약간의 동물중심주의는 감지되지만, 자이나교는 인간이 자연 세계를 지배하기 위한 전제가 될 배경화 과정에 관여하지 않는다. 자이나교가 주로 지향하는 것은 다양한 형태와 삶의 방식을 가진 살아 있는 존재들을 연결하는 친연성을 기반으로 도덕적 고려의 범주를 수립하는 것이다. 람-프라사드가 제안하듯이, 자이나교의 윤리는 명확히 식별할 수 있고 확인할 수 있는 타자성에 직면하여 친연성을 모색하는 것에 기초한다.[70] 자이나교가 몰두하는 비폭력은 존재의 서로 다른 양식들을 연결하는 친연성에 대한 고려 위에 수립된다.[71]

식물에 대한 비폭력

지바를 가진 존재로서 식물은 의식, 자율성, 의지를 지니는데, 이는 다른 모든 살아 있는 존재들이 공통으로 지닌 능력이다. 이처럼 번성할 수 있는 자연에 대한 관점이 식물계를 향한 자이나교의 태도를 결정한다. 『아카랑가 수트라』의 유명한 구절에서, 마하비라는 말한다.

> 모든 존재는 생명을 좋아한다. 쾌락을 좋아하고, 고통을 싫어하며, 파괴를 피하고, 삶을 좋아하고, 살기를 원한다. 모두에게 생명은 소중하다.[72]

모든 살아 있는 존재가 명백히 자신의 생명을 가치 있게 여기고, 그 온전함을 보존하려 하며, 꽃을 피우고 번식하려고 애쓴다는 사실은 자이나교 전통에서 지극히 중요하다. 이러한 자율성을 침해하고 살아 있는 존재들에게 해를 끼치는 것은 카르마의 축적으로 귀결되는 부정적인 행위다.[73] 그러므로 자이나교인에게 세계가 감응적이고 자의식적이며 스스로를 소중히 여기는 수많은 생명체들로 가득 차 있다는 인식은 철저한 비폭력의 실천을 채택하도록 요구한다. 여기서 비폭력이 카르마의 축적을 줄이려는 인간의 이기적인 전략이라고 부정적으로만 이해할 필요는 없다. 그것은 또한 인간의 해악과 폭력을 멈춤으로써 "타자가 번성할 수 있는 공간을 창조"하는 것으로 긍정적으로 판단될 수 있다.[74]

그렇지만 전통적으로 자이나교 전통에서 **힘사**는 "하나 또는 그 이상의 영혼의 활력을 부주의하게 박탈하는 것"으로 정의된다.[75] 자이나교 경전은 타자에게 해를 끼치는 행동을 피해야 한다고 크게 강조한다. 『아카랑가 수트라』는 말한다.

> 모든 종류의 살아 있는 존재는 살해되어서도, 폭력적으로 다루어져서도, 학대받아서도, 고문을 당해서도, 내쳐져서도 안 된다.[76]

이미 살펴본 서구 전통과 달리, 도덕적 고려가 인간에게만 해당되는 것은 아니다. 해를 입을 수 있는 모든 존재는 도덕의 영역 안에 포함된다. 생명, 자율성, 온전성, 그리고 의지의 소유는 도덕적 경계를 표시한다고 할 수 있을 것이다.[77] 식물은 살아 있는 존재로서 도덕적으로 고려할 만하며, 인간의 행위가 식물의 복지에 미치는 영향은 진지하게 고려되고 평가되어야 한다. 여기서 논리적 연속성이 결정적으로 발휘된다. 식물이 살아 있다는 사실을 폄하하거나 부정하는 대신, 자이나교 전통은 그 신도들이 이러한 지식을 충분히 가지고 행동하도록 요구한다. 자이나교인들은 식물 생명의 감응적인 본성을 인식해야 하며, 이상적으로는 식물이 살아갈 수 있도록 식물이 입을 피해를 최소화하기 위해 애써야 한다.

남녀 수도승들에게 식물과 관련된 윤리적 실천은 첫 번째 위대한 서약에서 요약되는데, 이에 따르면 그들은 모든 살아 있는 존재의 살해를 완전히 포기해야 한다. 내가 해서도 안 되고 남을 통해서도 안 된다. 『아카랑가 수트라』에 따르면, 금욕을 실천하는 사람과 지혜를 가진 사람은 식물이 감응적 생명을 소유한다는 앎을 드러내야 하며 따라서 식물을 해치는 일을 피해야 한다.[78] 이러한 입장은 다소 가혹한 식이 제한으로 이어진다. 자이나교 수도승들은 채식주의를 실천할 뿐 아니라, 식물을 먹을 때에도 윤리적 제약에 따른다. 『아카랑가 수트라』에서 명시하기를 남녀 수도승은 어떠한 날것의 식물도 먹어서는 안 되는데, 그것의 섭취가 직접적인 살해를 수반하기 때문이다. 경전은 생강과 같은 뿌리, 생과일이나 베리, 생순, 생나물, 생사탕수수, 생마늘과 같은 구근, 그리고 생곡물까지, 식물을 날것으로 섭취하는 것을 금지한다.[79]

평신도의 경우 규정이 그만큼 엄격하지는 않다. 평신도는 폭력 행위를 완전히 피하기보다는 불필요한 생명 박탈을 피하려고 애써야 한다.[80] 이것은 종이나 식물성 식품의 낭비를 피하는 것만큼 간단할 수 있다. 수도승에게도, 어떠한 존재에게도 해를 끼치지 않는다는 이상은 그야말로 도달할 수 없는 것인데, 왜냐하면 어떠한 삶이든 누군가에 의한 식물 살해를 수반하기 때문이다. 요점은 식물의 이용이 살해를 수반하는 것으로 인식되며, 이것이 가능한 한 최소화된다는 점이다. 살아 있는 존재에게 미치는 모든 해를 피하는 것은 도달하기 위해 애써야 할 이상이다.[81] 캘리콧이 일반적인 윤리에 관해 말했듯이, 그것은 "집단적인 사회 규모에서는 결코 완전히 실현될 수 없으며 개인적 수준에서 매우 드물게 실현된다."[82]

자이나교의 일반적인 합의에 대한 하나의 해석은, 식물과 동물과 인간은 종종 상충하는 욕구를 가지고 있다는 것이다. 비폭력의 이상에도 불구하고, 다른 생명체들이 살아남기 위해 식물은 먹혀야 한다. 와일리Wiley는 그러한 경우에 감각의 수와 의식 수준에 근거하여 고통의 정도가 차등적이라는 관념을 제시했다. 따라서 식물에게 해를 끼치는 카르마의 결과는 동물이나 인간을 대상으로 할 때보다 적다.[83] 그렇지만 『아카랑가 수트라』에서 현자는 모든 살아 있는 존재의 평등을 인식한다고 분명히 강조한다.[84] 그리고 심지어 "모든 종류의 살아 있는 존재는 같은 고통과 고뇌를 느낀다."라고 말한다.[85] 그러므로 존재의 유형에 관계 없이 가능한 한 폭력을 최소화하는 것이 필수적이다.[86]

독실한 자이나교 신자는 폭력을 줄이려는 조치를 취해야 한다. 이것은 (디감바라 전통에서 다른 존재들을 위한 도덕적 방어 행위로서 행하는) 단식에서부터 인간의 식량을 모을 때 마음챙김과 신중함을 난순히 석용하는 데 이르기까지 다양할 수 있다. 다음은 실라피Shilapi가 여섯 명의 굶주린 친구들에 관해 기록한 것이다.

> 그들이 나무를 향해 달려갔을 때 첫 번째 남자가 말했다. "나무를 베어 넘겨서 열매를 얻자." 두 번째 남자가 말했다. "나무 전체를 베어 넘기지는 말고, 그 대신 가지 하나를 잘라내자." 세 번째 친구가 말했다. "우리에게 왜 큰 가지가 필요하지?" 네 번째 친구가 말했다. "우리는 가지를 잘라낼 필요가 없으니, 그저 나무에 올라가서 열매 다발을 얻도록 하자." 다섯 번째 친구가 말했다. "뭣 때문에 그렇게 많은 열매를 따서 그것을 낭비하지? 그저 우리가 먹을 만큼만 열매를 따자." 여섯 번째 친구가 조용히 말했다. "땅에 좋은 열매가 많이 떨어져 있으니, 먼저 그것들을 먹도록 하자."[87]

자이나교 전통은 인간이 타자와의 갈등을 완화하기 위해 많은 일을 할 수 있다는 것을 보여 준다. 이것은 우리의 진짜 욕구가 무엇인가에 대한 단순하고 정직한 판단을 통해 이루어질 수 있다. 식물은 자율적 존재이기 때문에, 식물과 맺는 관계가 전적으로 도구적인 것이 되지 않게 해야 한다. 갈등을 줄이려면 인간의 권리주장을 줄여야 한다.[88] 그리하여 마하비라는 말한다.

> 남녀 수도승은 공원이나 언덕이나 숲에서 큰 나무를 볼 때, 그들에 대해 이런 식으로 이야기해서는 안 된다. "이것들[나무들]은 궁전, 문, 집, 의자, 빗장, 배, 양동이, 의자, 쟁반, 쟁기를 만들기에 적합하구나…." [오히려] 그것들에 대해 이런 식으로 말해야 한다. "이 나무들은 고귀하고, 높고 둥글구나. 가지가 많구나, 가지가 뻗어 나갔구나, 이 나무들은 매우 훌륭하구나…."[89]

오로지 식물의 도구적 가치에만 집중하는 것은 동등하게 유효한 존재로서 인간과의 친연성을 부정하는 것이다. 이러한 배제는 자이나교의 비폭력의 윤리에 위배될 것이다.[90]

불교와 배경화된 존재들

도널드 스웨어러Donald Swearer는 최근 불교 생태철학을 검토하면서 불교와 환경에 관련된 학문에서 부분적으로 겹쳐지는 다섯 가지 범주들을 특징짓고, 각 범주의 지지자들을 "생태변증론자, 생태비평가, 생태구성주의자, 생태윤리학자, 그리고 생태맥락주의자"로 부른다.[91] 인간과 식물의 관계성에 관해 앞으로 이어질 논의의 지형도를 파악하려면 불교 환경 담론 내 대조적인 입장을 그려 보이는 것이 도움이 된다.

불교 생태변증론자들은 불교의 세계관인 **파티카 사무파다***paticca*

samuppada; 緣起, 아나타anatta; 無我, 그리고 수나타*sunnata*; 空를 바탕으로 한 불교 환경 윤리를 되풀이해서 주장한다.[92] 그러한 논의를 식물의 맥락에 적용해 보면, 불교는 인간과 식물의 상호의존성을 토대로 식물계와의 윤리적 관계를 유지한다고 주장할 수 있다. 생태변증론자들에 따르면, 불교는 또한 식물과 인간 사이에서 분리와 거리보다는 오히려 연결과 친연성을 상조하는 것으로 보인다.

그렇지만 그러한 관념은 불교 덕virtue 윤리학자 쿠퍼와 제임스에 의해 직접적으로 비판을 받았는데, 그들은 파티카 사무파다, 아나타, 수나타에 대한 불교의 가르침이 생물권과 인간의 상호작용에 잘 적용된다는 흔히 통용되는 관념을 거부했다. 그들은 다음과 같이 주장한다.

> 완전히 일반적인 형식의 조건부 발생의 교리, 곧 "이것이 일어나면 저것이 일어나고 (…) 이것이 멈추면, 저것이 멈춘다."(M115)를 그 저자들[생태변증론자들]은 모든 사건과 과정이 인과적으로 연결되어 있다는 주상으로 다룬다. (…) 인과적 연결이 구체적으로 설명될 때에만 흥미로워지는데, 이는 오직 인간 심리에서만 가능하다.[93]

처음부터 의도되지는 않았다 해도 그러한 상호의존성의 관념으로 여전히 비인간 타자들과의 존중하는 관계를 지향할 수 있다고 지적함으로써 반론을 제기할 수 있다. 존중을 위한 토대를 찾으려는 어떤 시도든 갈채를 받을 만하지만, 오로지 그러한 상호의존성의 관념에 의존하는 것이 도더적 영역에서 항상 적전하지는 않다. 독립적 개념으로서 상호의존성은 우리를 도덕적 영역의 충분히 깊은 곳까지 안내하지 않는다. 그것은 열대우림 그리고/또는 핵 폐기장에 대한 도덕적 관심을 분별할 수 있는 틀을 제공하지 않는다. 생태비평가 이안 해리스Ian Harris가 밝히듯이, 그것은 우리가 생태학적 타락의 시대에 어떠한 실체를 도덕적 주체로 고려해야 하는지를 명백히 하지 않는다.[94] 실제로 이러한 까닭에 쿠퍼와 제임스는 상호의존성이 제공하는 것은 "인간과 나머지 살아 있는 세계 사이의 경험적 관계를 실질적으로 설명하기에는 취약하기만 한 토대"라고 주장한다.[95]

의미심장하게도, 식물학적 맥락에서 상호의존성 관념은 식물에 대한 도덕적 배제와 공존한다. (팔리어 경전에서 발견된) 근본 불교의 교리는 식물을 감응적인 존재의 영역 속에 포함하지 않음으로써 식물과 인간을 과도하게 분리한다. 그렇게 함으로써 불교 경전은 불교도들이 도덕적 고려의 경계선으로 여기는 (감응력의) 속성을 식물에게서 제거한다.

서구 철학과도 유사한 그러한 식물 배제는 특히 티베트 불교에서 가시화된다. 티베트 불교의 생명의 수레바퀴인 바바차크라Bhavachakra는 끊임없는 **윤회**의 순환 속에 있는 삶, 죽음, 재생의 과정을 나타낸다.[96] 생명의 수레바퀴에서 주목할 만한 특징은 천상의 존재에게는 생명이 인정되는 반면 식물에게는 부정된다는 것이다. 식물이 감응적인 생명의 수레바퀴에서 빠져 있는 것은 눈에 띈다.

바바차크라의 식물 표상은 팔리어 경전을 구성하는 문헌이며 상좌부 불교의 기본 문헌인 『맛지마 니까야*Majjhima Nikāya*』까지 거슬러 올라갈 수 있다. 짧은 구절에서, 붓다는 인간이 사후에 환생할 가능성에 대해 설명한다. 그는 다섯 가지 다른 목적지를 언급하는데, 각각은 "지옥, 동물의 영역, 귀신의 영역, 인간의 영역, 그리고 신의 영역"이다.[97] 『우파니샤드』에서 처음 발견되는 환생에 대한 설명과 대조적으로, 『맛지마 니까야』에서 식물은 다시 태어날 가능성이 있는 목적지로 여겨지지 않는다. 또한 식물은 "알에서 태어나는 발생, 자궁에서 태어나는 발생, 수분에서 태어나는 발생, 자연발생"으로 기록되는 네 가지 유형으로 관찰된 출생 안에 포함되지 않는다.[98] 이처럼 식물을 비감응적이고 수동적인 존재로 간주하는 것은 힌두교 문헌들 및 자이나교 전통과 날카롭게 대비된다.

불교는 일반적으로 살아 있는 경험이 다섯 개의 집합체五蘊(*skandhas*)로 구성된다고 묘사한다. 그중 첫 번째는 물질적 존재 영역을 가리키는 형식色(루파*rupa*)이다. 나머지 네 개는 감각작용受(베다나*vedana*), 지각想(삼즈나*samjna*), 정신적 구성물行(삼즈카라*samskara*), 그리고 의식識(비즈나나*vijnana*)이다.[99] 이러한 이해 속에서 감각작용, 지각, 정신적 구성물, 그리고 의식은 결합해서 감응력 개념을 형성하는데, 감응력은 또한 생명의 표지다. 식물이 비감응적이라고 인식됨으로써 식물의 완전한 생명체로서의 지위 역시 의문시된다.

식물 감응력의 반전

광범위한 불교 전통은 식물 배제의 과정을 연구하기 위한 흥미로운 사례를 제공하는데, 그것은 초기 포용의 입장이 뒤집힌 것으로 보이기 때문이다. 슈미트하우젠의 『초기 불교에서 식물 감응력의 문제*Problem of the Sentience of Plants in Earliest Buddhism*』는 식물 비감응력의 교리가 불교 전통의 맨 처음 입장이었는지를 상세히 분석한다. 그 책은 한때 초기 불교도들이 식물을 감각작용을 할 수 있는 살아 있는 존재로 여겼음을 뒷받침하는 다수의 증거에 주목한다. 이러한 생각의 근본은 상좌부를 위한 수도승 훈련의 기본 규칙인 『파티모카숫타*Patimokkhasutta*』에 다음과 같은 구절로 표현된다.

> 만약 [남자나 여자 수도승이] 식물에게 무자비하게 대한다면, 이것은 속죄해야 할 잘못이다.[100]

비록 팔리어 판본의 이 짧은 규정에는 살아 있는 혹은 감응적인(파나*pana*) 존재에 대한 직접적인 언급이 없지만, 그러한 규정을 설명하는 서문이 있다.[101] 위의 경우에는 식물을 해치지 않아야 하는 이유를 논증하기 위해 두 편의 짧은 이야기가 제시된다.[102] 그중 하나는 불교 수도승이 나무를 베었을 때 나무가 감응적인 존재라고 여긴 지역민들이 이러한 행위를 반대했다는 이야기다.[103] 이것은 수도승들이 동일한 믿음을 공유하지 않았음을 암시하지만, 나무를 베는 것과 동물을 죽이는 것을 연관시킨다.[104] 그러한 관념은 씨앗과 식물을 죽이거나 해치지 않겠다는 약속이 수도승의 도덕적 생활의 일부를 형성하는 『수타 피타카*Sutta Pitaka*』에서도 발견된다.[105]

그러나 슈미트하우젠은 이것이 특별히 분명한 증거는 아니라고 여긴다. 수도승의 도덕 규범 안에 규칙을 포함시킨 것은 도덕성보다는 단지 금욕적인 예절과 관련된 문제일 수 있다.[106] 그는 『수타 피타카』의 더욱 흥미로운 구절에 주목하는데, 그것은 『니카야*Nikāyas*』와 『피타카*pitakas*』보다 더 오래된 문헌으로서 실제로 초기 불교 전통을 더 잘 대표할 수 있다. 『수타 피타카』에서 평신도를 위한 첫 번째 계율은 **움직이는** 생명체와 **고정된** 생명체(자이나교에서처럼 식물을 의미) 모두에 대해 살해와 폭력적 행동을 금하는 것이다.[107] 이 규정은 살해라는 관념을 동물에 국한하지 않음으로써 자이나교의 입장과 맥을 같이한다. 자이나교 전통에서처럼, 평신도에게 이것은 추구해야 할 윤리적 이상으로 공식화된다.[108]

슈미트하우젠은 남녀 수도승을 위한 규정인 『비나야 피타카*Vinaya Pitaka*』의 한 구절에서 그러한 입장에 대한 더 많은 증거를 제시한다. 이 구절에서 붓다는 수도승들이 샌들을 만들기 위해 팔미라야자나무*Borassus flabellifer* L. 잎과 대나무 잎을 잘라낸 것을 꾸짖는데, 이 역시 지역민들이 그 나무들을 **한 가지 감각을 가진** 살아 있는 존재로 여기기 때문이다.[109] 이러한 식물 베기의 금지 또한 지역민의 믿음을 침해하지 않으려는 것일 수도 있다.[110] 어쨌든 그 구절은 잎을 잘라내는 것이 실제로 이들 한 가지 감각을 가진 존재들에게 고통을 야기할 수 있으며, 그들은 시들어가는 것으로 고통을 표현한다고 설명한다.[111]

슈미트하우젠과 비슷한 입장에서, 불교학자 엘리슨 핀들리Ellison Findly는 초기 불교 전통이 식물을 한 가지 감각, 곧 촉각의 능력을 가진 존재로 여겼다고 주장하며, 자신의 주장을 뒷받침하기 위해 팔리어 경전 속 식물에 관한 묘사들에서 증거를 찾는다. 식물은 그들 주위의 환경에 민감한 것으로 관찰된다.[112] 식물은 따뜻한 햇볕 아래 번성하고 겨울의 추위에 반응해서 다시 죽는다. 식물의 복지는 마르고 갈라진 땅보다는 물이 잘 드는 토양에 반응해서 눈에 띄게 향상된다. 게다가 식물이 성장하려면 뿌리와 가지를 뻗어야 하고 바람과 비뿐 아니라 돌과 바위를 잘 극복해야 하는데, 그러한 재주에 분명 감각이 활용될 것이다.[113] 씨앗의 경우에는 씨앗이 발아하고 성장하려면 비옥한 토양과 물과 양분의 계속적인 공급이 필요함을 초기 문헌들이 인식하고 있는 것이 분명하다.[114]

이용의 문제

이러한 초기 자료는 초기 불교가 식물을 어느 정도 감각적 의식을 소유한 살아 있는 존재로 여겼을 수 있다는 것을 보여 준다. 뒷받침하는 자료가 불충분하다는 이유로 의구심이 생길 수 있지만, 확실한 것은 상좌부 불교 수도승들은 식물을 음식으로 이용하는 것에 있어 동시대의 자이나교 수도승들만큼 엄중한 비난을 받지 않았다(그리고 지금도 받지 않는다)는 점이다. 식물을 먹는 문제는 식물이 어떻게 감각작용과 마음이 없는 비감응적 존재로 여겨지게 되었는지를 설명하는 데 도움이 될 수 있다.

음식과 의복, 주거지를 위해 식물을 이용할 필요성과 고통과 비폭력에 관한 불교의 가르침 사이에는 명백한 갈등이 있다. 만약 식물이 감응적인 존재로 간주된다면, 불살생 혹은 타자에게 고통을 야기하지 않고 살아가라는 불교의 첫 번째 계율에 따르려고 시도할 때 엄청난 실제적 어려움이 생겨난다. 한 존재가 다른 존재의 존속을 위해 해를 입고 생명을 내주어야 한다는 것은 몸을 입은 생명에게 기본적인 사실이다. 인간의 생존은 직접적으로든 간접적으로든 식물을 죽이는 데 전적으로 의존한다.[115]

비록 『숫타 니파타*Sutta Nipata*』와 같은 매우 초기 문헌들이 식물을 살아 있다고 간주하더라도, 후대의 작품들은 점점 더 의도적으로 식물의 본성에 관한 명시적인 진술을 피한다. 슈미트하우젠의 주장에 따르면, 자이나교 철학의 가장 극단적인 양상을 피하기 위해서 초기 불교의 공식적 진술은 식물의 감응력에 관한 문제를 의도적으로 모호하게 제시함으로써 먹어야 할 필요를 **아힘사**의 원칙과 조화시키려고 시도했다. 식물은 (스스로 굶어죽는 것과 같은) 극단적 금욕 행위를 피하고 수도승과 평신도의 마음을 정신 수련에 집중시키기 위해서 의도적으로 경계선상에 남겨졌다. 식물의 본성에 관한 명시적인 설명은 "음식 및 기타 기본적인 필요를 위해 식물을 적절히 이용하는 것과 관련해서 평신도에게 꺼리는 마음이 생기는 것을 의도적으로 피하기" 위해서 무시되었다.[116]

이 연구의 맥락에서, 이것은 인간의 이용과 관련하여 미묘하지만 의도적인 식물계의 배경화로 여겨질 수 있다. 식물이 자율적이고 의식적이며 지각적이라고 (그래서 모든 음식 섭취는 살해를 수반한다고) 인정하기보다는, 초기 불교는 식물에게 행해지는 죽임과 폭력을 조용히 축소시켰던 것처럼 보인다. 그에 따라 불교는 식물을 (주로 **아힘사**의 첫 번째 계율과 관련된) 도덕적 고려의 영역 바깥에 두었다. 감응력의 부정은 또한 도덕적인 행위의 적절한 수혜자로 이루어진 집단에서 식물을 배제한다.[117]

동물중심주의의 비감응적 교리

미묘하게, 그러나 의도적으로 식물을 경계선상의 존재로 남겨 둔 초기의 입장에서부터 식물의 비감응성은 마침내 불교 교리에 정식으로 새겨지게 되었다. 슈미트하우젠은 광범위한 전체 전통을 두고 다음과 같이 주장한다.

> 불교는 이론적 입장을 확실하게 정립하려는 열망에 희생당했고, 그리하여 식물은 사실상, 그리고 마침내 적어도 교리적 수준에서는 감응적 존재

의 영역에서 명백히 배제되는 데 이르게 되었다.[118]

자이나교 전통과는 대조적으로, 자연 세계와 관련된 불교 교리에서 식물은 불연속성이 구축되고 강조됨으로써 인간으로부터 근본적으로 분리된다. 다시 서구 철학과 종교 문헌들의 사례에서처럼, 이러한 친연성의 결여는 수많은 불교 문헌에서 매우 강조되며, 식물 생명을 동물중심적 기준에 의거해 평가함으로써 정당화된다.

이러한 단절을 향한 경향에서 감응력을 부정하기 위한 흔한 학문적 전략은 식물의 행동을 비감응적 사물과 비교하고 연관시키는 것이다. 『중론中論, *Madhyamakahrdaya*』(중관파의 중요한 문서)에서, 식물이 동물처럼 자라고 병에 걸리며 자손을 생산한다는 증거를 두고 식물의 감응력이 논의될 때, 그에 대한 대응은 전적으로 식물을 살아 있지 않은 대상과 비교하는 것에서 나온다.[119] 식물이 질병에서 회복되려면 약으로 치료되어야 하기 때문에 식물은 감응적인 것이 틀림없다는 주장에 대응해서, 그 문헌은 "오염된 술이나 더러워진 금"과 같이 살아 있지 않은 사물도 "특정한 성분에 의해 '치료된다'"고 응수한다.[120] 게다가 식물이 다른 살아 있는 생물과 공유하는 성장, 질병, 그리고 번식 과정은 소금, 수정, 보석 등 살아 있지 않은 사물의 팽창 및 수축 과정에 비유된다.[121]

다양한 문헌을 바탕으로, 슈미트하우젠은 티베트 전통에 영향을 미친 수많은 불교 학자들이 식물을 다른 생물과 분리하고 식물의 감응적 지위를 부정하기 위해 채택한 추가적인 근거를 열거한다.[122] 그것을 여덟 가지로 간결히 요약하면 다음과 같다.

1. 식물에게는 자율적 움직임이나 이동 능력이 없다.
2. 식물에게는 체열이 없다.
3. 식물에게는 인간이나 동물처럼 감지할 수 있는 호흡이 없다.
4. 식물에게는 감지할 수 있는 피곤함이 없다.

5. 식물은 눈을 뜨거나 감지 않는다. 즉 잠자는 것과 깨어 있는 것, 그리고 이와 관련된 의식의 변화를 보여 주는 눈꺼풀을 열고 닫는 일을 하지 않는다.
6. 식물은 잘려 나간 가지와 줄기를 다시 자라게 할 수 있지만, 동물은 사지를 다시 자라게 할 수 없다.
7. 식물에게 말을 걸어도 식물은 대답하지 않는다.
8. 식물은 심한 상해를 입었을 때 지각할 수 있을 정도로 움직이지 않으며, 이로부터 식물은 고통이나 쾌락을 느끼지 않는다고 추론된다.

그러한 추론의 철학적 지향은 식물이 비감응적이라는 것이 **확립된** 교리임을 명백히 한다. 이러한 배제의 기본 입장에서 감응력의 기준이 모두 동물중심으로 편향되어 있음은 분명하다. 식물의 감응력에 반대해서 채택된 논거들은 단지 『니카야』에서 수립된 입장을 **정당화**하기 위한 것이다. 초창기 힌두교 문헌들에서와는 달리, 이들 중요한 불교 경전들에서는 인간과 식물 사이의 공유된 기원이나 수많은 연결점들이 전혀 강조되지 않는다. 인간과 동물의 특징은 식물 감응력을 논의하기 위한 기준점으로 남아 있다.

이러한 취급이 아무리 동물중심으로 편향되어 있을지라도, 그러한 주장들은 거의 모든 불교 전통에서 식물을 비감응적 존재로 확립하는 데 기여해 왔다.[123] 이를 바탕으로 식물은 또한 정신적 의식이나 자각이 없다고 간주된다. 그러한 점점 더 커지는 배제의 파리미드는 감응적 존재를 가리키는 티베트 단어 **셈 첸**(마음을 가진 존재)에서 확인할 수 있다.[124] 그러한 배제의 심화는 근대 데카르트가 정신을 다루는 방식과 유사하며, 현대 티베트 불교 사상에까지 계속해서 영향을 미치고 있다. 카규 전통의 라마가 말하듯이, 감응적인 존재는 "우리처럼 자각을 가진 존재 및 행복이나 불행, 고통이나 쾌락을 경험하는 다른 존재들"이다.[125]

힌두교와 자이나교 문헌들에서 식물이 탄생과 죽음의 순환 과정에서 능동적인 역할을 하는 데 비해, 상좌부와 티베트 불교의 형이상학에서 감응력이 없다고 해석되는 식물은 그러한 과정의 바깥에 위치한다. 중요한 것은, 식물은 살아 있지도 않고 감응적이지도 않다고 간주되기 때문에, 전통적으로 고통을 겪을 수 없는 존재로 여겨졌다는 점이다. 불교 학파들 내에서 식물은 "일반적으로 감응적인 존재로 여겨지지 않으며, 따라서 첫 번째 계율", 곧 모든 수행자들에게 죽이는 일(때로는 해치는 일로 해석된다)을 삼가라고 권하는 계율 "아래 보호되지 않는다."[126] 감응력에서, 그리고 첫 번째 계율의 보호에서 식물을 이렇게 배제하는 것은 일반적으로 말해 식물을 도덕적 고려에서도 배제하는 것이라고 주장할 수 있을 것이다. 그러한 입장의 한 사례로, 현대 티베트 불교의 라마는 다음과 같이 추론한다.

> 식물에게는 자각이, 개별적 자각이 없다. 따라서 당신이 풀, 꽃, 식물을 자르더라도, 존재를 죽이는 것은 아니다. 이 점은 명확히 해야 한다. 다만 특별한 경우에, 어떤 큰 나무는 자기 안에 영적 자각이 있다. 그러한 경우에, 한 존재가 나무로 환생한 것이 아니라 집이나 바위, 혹은 그 밖의 무엇과도 연결될 수 있는 영이 나무에 "연결"된 것이다. 식물의 영역은 환생 가능한 영역으로 존재하지 않는다. 따라서 식물을 베는 것은 어떠한 경우에도 살해가 아니다.[127]

따라서 티베트 불교에서 식물이 비감응적이라는 관념은 고대 경전 구절에만 국한되지 않는다. 그것은 일반적으로 가르치는 교리다. 달라이 라마 자신도 아메바에까지 감각적 의식과 자각을 부여할 준비가 되어 있지만, 식물이 감응적인지의 여부는 확신하지 못한다.[128] 대승불교의 가르침에서 이 문제는 매우 중요한데, 왜냐하면 **보살***Bodhisattva*의 자비는 주로 감응적 존재를 향하기 때문이다. 그러나 달라이 라마는 이 문제에 대해 특징적으로 열린 마음을 가지고 있으며, 식물이 감응적일 **수 있다**고 인정한다. 그는 식물의 "생물학적 생명"을 인정하며, 불교의 주장을 뒤집는 과학적 증거에도 개방적이다.[129] 이러한 면에서 식물이 감각적 의식을 지닌다는 풍부한 과학적 증거(7장 참조)는 식물의 감응력을 부정하는 티베트 불교의 입장을 뒤집는 데 기여할 수 있을 것이다.[130]

도덕적 포용이 정말로 중요한가?

쿠퍼와 제임스는 식물이 도덕적 고려의 영역 바깥에 위치한다는 것을 인정하지만, 특정 불교의 덕 윤리는 전통적으로 비감응적이라고 여겨져 온 존재들에까지 확대된다고 주장한다. 그들은 식물이 배려, 자애, 자비와 같은 핵심적인 불교 덕목의 적절한 수혜자로 여겨지지 않는 점을 인정하지만, 식물에 대한 불교의 행동이 필연적으로 폭력적이어야 한다는 해석은 거부한다. 비폭력을 (단순한 윤리 규정이라기보다는) 덕으로 해석하면서, 그들은 다음과 같이 주장한다.

> 비폭력의 덕이 다른 감응적인 존재와의 관계에서만 드러난다고 가정하는 것은 잘못일 것이다. (…) 누군가가 감응적인 존재를 대할 때는 친절하고 사려 깊고 세심하게 그들에게 해를 끼치는 일을 피하면서, 비감응적 존재를 대할 때는 잔인하고 악랄하다고 가정하는 것은 확실히 이상한 일이다.[131]

얼핏 보면 이것은 식물 생명에 관한 그럴듯한 주장처럼 보이지만, 식물을 대하는 적절한 방식을 이끌어 내기 위해 덕 윤리에만 전적으로 의존하기에는 수많은 문제가 있다. 첫째로, 그것은 덕이 사람의 성품에서 완전히 실현되기를 요구한다. 그러므로 현실에서 그것은 가장 상급 수행자들에게만 적용될 수 있으며, 많은 평신도들은 여전히 식물을 폭력적으로 대하기 쉬운 상태로 남겨진다. 둘째로, 쿠퍼와 제임스가 인정하듯이 상급 수행자의 경우에도 그들은 오직 "자연스럽게 그리고 자발적으로 계율에 따라" 덕을 행할 뿐이다.[132] 여기서 나의 요점은, 만약 식물이 첫 번째 계율에 포함되지 않는다면, 덕 있는 비폭력적인 사람도 자신도 모르게 식물에게 의도하지 않은 불필요한 수많은 해를 종종 끼칠 수 있다는 점이다.[133] 따라서 비폭력의 덕이 보장되는 것은 아니다.

게다가 감응적 존재에 초점을 둔 덕 윤리에 의존해 비감응적 식물을 향한 적절한 행위를 이끌어 내면, 적절한 도덕적 고려에서 식물을 계속 배제하는 결과를 낳게 된다. 이러한 덕 윤리에 전적으로 의존하는 것은 광범위한 자연 세계와 사실상 생명에 대한 전체 불교적 견해가 효과적으로 바탕하는 배제를 변화시키는 데 아무런 도움이 되지 않는다. 람-프라사드가 말하듯이, 타자의 배제를 지속하는 것은 "물론 (…) 지적인 폭력 행위다. 그리고 그것은 집단적이고 체계적인 물리적 폭력을 유발하는 태도다."[134] 따라서 불교 전체가 식물에 대해 합당히 비폭력적이기 위해서는, 식물을 감응적인 존재로 인정하고 포용하는 것을 목표로 삼아야 한다. 뿌리 깊이 자리 잡은 배제의 특성 때문에, 그 성취에는 성찰적인 덕 윤리 이상이 분명 필요할 것이다. 타자를 인식과 관계에서 배제할 때,

> 타자는 (집단적) 자기에 대한 감각을 유지하기 위해서 분리하고 외따로 두어야 하는 부정적인 필연성이 된다. 자신의 정체성을 유지하려면 분리가 필수적이기에, — 타자에게 — 큰 희생이 되더라도 기꺼이 분리를 유지하려 한다.[135]

식물을 배제에서 해방시키고, 식물을 감응적인 존재로 인정하며, 식물과의 관계로 나아가는 것이야말로 식물계를 진정 비폭력적으로 대하는 길이 될 것이다. 이를 성취하면, 식물은 배려, 자애, 그리고 자비의 수혜자가 될 수 있을 것이다.

대승불교의 배경 뒤집기와 의도

비록 팔리어 경전과 티베트 경전에 이러한 식물의 배경화가 강력히 스며들어 있지만, 이를 식물에 대한 불교의 **최종적인** 전통으로 묘사하는 것은 오해의 소지가 있다. 불교는 매우 다양하고 그런 만큼 정밀하게 검토할 만한 흥미로운 종교다. 불교 사상에서 가장 흥미로운 점 중 하나는 특정 학파들의 경우 식물에 대해 티베트의 바바차크라가 제시하는 것과는 매우 다른 견해를 보인다는 점이다.

불교에서 매우 다른 식물 인식이 출현한 것은 기원후 1세기와 2세기에 걸쳐 대승불교가 동아시아로 전파되면서부터다. 불교가 중국에서 단단히 자리 잡은 뒤, 학자들은 감응적인 존재와 비감응적 존재 사이의 전통적 구별이 자연 세계를 묘사하기에 개념적으로 부적절하다고 여기기 시작했다.[136] 특히 윌리엄 라플레르William LaFleur의 연구는 동아시아 불교도들이 감응적인 (고려할 만한) 존재와 비감응적인 (고려할 만하지 않은) 존재 사이의 존재론적 분열을 인정하는 문제에서 인도 전통을 따르지 않았음을 보여 준다. 오히려 그들은 자연 세계의 각 부분 사이의 연속성과 연결성을 제안하는 가르침을 의도적으로 강조함으로써 식물과 동물 사이의 이러한 경계선을 무너뜨리려고 시도했다.

이러한 점에서 『법화경』은 특히 영향력 있는 문헌이다.[137] 『법화경』의 한 장은 모두 식물에게 바쳐지는데, 그것은 비구름에서 대지로 떨어지는 물의 충만함에 주목하면서 시작한다. 이 물은 하나의 본질을 가진 것으로 주목되며, 물을 적극적으로 소비하는 나무, 관목, 약초, 풀을 자라게 하고 피워내서 열매와 꽃을 맺게 한다. 『법화경』은 비구름과 물을 붓다와 그의 가르침에 비유하는데, 그것은 모든 곳에 스며들고 모든 존재에 골고루 떨어진다. 이러한 비유에서, 모든 존재는 그 외부적 형태에 상관없이 실체를 공유한다는 기본적 의미에서, 그리고 근본적인 존재론에서 연결되어 있다. 비에 흠뻑 젖은 모든 존재는 붓다의 가르침에 똑같이 감응한다.

특히 중국의 불교 학자들은 『법화경』의 가르침을 알게 된 후, 초목이 깨달음을 얻을 수 있는지에 관해 논의할 때 먼저 식물과 인간 사이의 연결을 강조하기 시작했다. 그러한 개념이 처음으로 뚜렷하게 발전한 것은 중국 중관학파中觀學派의 대가인 길장吉藏(549-623)의 저술에서 발견된다. 그는 식물의 행동이 다른 (감응적인) 존재들과 매우 비슷하기 때문에, 이론적으로 "식물과 나무가 불성佛性을 얻는 것"이 가능하다고 보았다.[138] 식물을 다른 살아 있는 존재들로부터 떼어 놓으려 했던 인도-티베트 전통과는 대조적으로, 길장은 식물과 감응적 존재들의 유사성에 집중함으로써 그들이 동일한 본성과 행동의 잠재력을 가지고 있다는 생각을 밀고 나갔다.

고려할 가치가 있는 존재의 영역을 이렇게 열어 놓는 것은 『법화경』을 주요 경전으로 삼는 불교 학파인 중국 천태종의 담연湛然(711-782)에 의해서도 시도되었다.[139] 담연은 또한 "비감응적인 존재들도 붓다의 본성을 소유한다."라고 공언함으로써 감응적인 존재와 비감응적인 존재 사이의 구분을 어느 정도 해소했다.[140] 담연은 감응력과 의식의 귀속에 기초한 서열을 없애 버렸고, 그 대신 깨달은 자 혹은 붓다의 본성이 모든 존재에 스며들고 그들을 연결한다는 『법화경』의 가르침을 직접적으로 자세히 설명했다. 그러므로 이 경우에 모든 존재는 (감응적이든 아니든) 고려할 가치가 있다. 담연은 다음과 같이 주장한다.

> 연꽃Lotus의 위대한 회합에서는 모두가 분열 없이 존재합니다. 풀과 나무, 그들이 자라는 흙, 모두가 같은 종류의 원자를 가지고 있습니다. 일부는 거의 움직이지 않고, 다른 일부는 길을 따라 분주하지만, 모두 때가 되면 귀중한 열반의 땅에 도달할 것입니다.[141]

이러한 주장의 논리적 귀결대로 모든 존재가 붓다를 혹은 깨어난 상태를 자신의 내적 본성으로 가지고 있다면, 모든 존재는 깨달음으로 가는 길 위에 있어야 한다. 비록 인간이 지각하기로는 식물과 바위에 속도와 움직임이 부족해 보일 수 있지만, 담연은 식물이 다른 의지적인 존재들과 같은 방식으로 행동하고, 깨달음을 위해 의도적으로 노력한다는 생각을 내세웠다.

"나무와 바위의 불성"에 관한 가르침은 일본 천태종의 창시자인 사이초最澄(767-822)에 의해서 중국 천태종에서 일본으로 처음 전해졌다.[142] 이러한 변천의 결과 불교의 보편주의를 논리적 최대치까지 밀어붙여서 모든 현상을 불성의 영역 안에 포함시키려는 일반적인 형이상학적 관심이 확장되었다. 일본 불교학자들의 저술에서 불교의 보편주의에 대한 이러한 주장은 자연 세계의 포용에 더욱 정밀하게 초점을 맞추게 되었다.[143] 캘리콧은 여기서 자연 세계 대부분에 신성의 요소를 부여하는 토착 신도 종교의 영향을 본다.[144] 파크스Parkes는 불성이 만물 안에 있다는 관념이 일본의 주요 종파 전반에 수용된 까닭은 신도 철학 때문이라고 여긴다.[145] 확실히 "물질은 영적인 것과의 어떤 관계 없이는 결코 존재하지 않는다."[146]는 관념은 풀, 나무, 바위, 그리고 산과 같은 실체들이 본래 깨달은 상태라는 관념本覺思想과 매우 유사하다.[147]

진언종을 창시한 쿠카이空海(774-835)는 감응적 존재와 비감응적 존재 사이의 경계를 명시적으로 해체하려고 시도했다. 존재하는 만물에는 존재론적 기반으로서 불성이 있어야 한다는 견해를 통해서였다.[148] 따라서 쿠카이에게 초목의 본질은 이러한 깨달음의 잠재력, 혹은 불성이었고, 그는 다음과 같은 말로 이를 분명히 했다.

> 식물과 나무에 불성이 없다면
> 파도에는 물기가 없을 것이다.[149]

동일한 깨달음의 본성이 만물에 스며든다는 명시적인 진술은 감응적 존재와 비감응적 존재 사이의 분리를 해체한다. 라플레르에 따르면, 식물을 놓고 볼 때 쿠카이는 "초목은 오로지 그들이 현상 세계의 다른 모든 것과 마찬가지로 존재론적으로 절대자, 법신法身, dharmakaya과 하나이기 때문에 불성을 지닌다."라는 관점을 취한다.[150]

료겐良源(912-985)의 "초목은 (어떻게) 깨달음을 원하고 자기수양을 하며 성불하는지에 대한 설명"은 『법화경』의 가르침에 직접적으로 의존한다.[151] 료겐은 『법화경』을 바탕으로 식물의 생애 주기가 네 단계를 거치는데, 그것은 깨달음에 이르는 길의 각 단계에 해당한다고 추론한다. 따라서,

> 초목은 싹이 트는 단계, 거주하는 [그리고 성장하는] 단계, 변화하는 [그리고 번식하는] 단계, 죽어 가는 단계 등 네 단계를 이미 가지고 있다. 말하자면, 이것은 식물이 처음에 목표를 열망하고, 수행을 쌓고, 깨달음에 이르고, 소멸로 들어가는 방식이다. 따라서 우리는 이들[식물]을 감응적 존재로 분류해야 한다. 따라서 식물이 열망하고 수행할 때, 감응적 존재들이 그렇게 하고 있는 것이다. 감응적 존재들이 열망하고 금욕할 때, 식물이 열망하고 수행하고 있는 것이다.[152]

료겐은 감응적 존재와 비감응적 존재 사이의 구별을 유지하면서, 식물을 감응적 존재로 인정해야 한다고 주장한다. 그는 『법화경』의 가르침을 명확히 하고, 식물의 생애 주기를 감응적 존재, 특히 인간이 경험하는 깨달음의 과정과 직접 연결한다. 그는 식물의 생애에서 나타나는 친숙한 변화들에서 발생, 지속, 변화, 소멸이라는 불교의 네 단계 과정을 본다.[153]

초기의 논의와는 달리, 료겐은 식물의 고요함을 그들을 무생물로 분류해야 할 이유로 여기지 않았다. 라플레르의 연구는 료겐이 식물의 고요함을 불교 승려에게서 발견되는 명상의 고요함과 마찬가지로 여겼음을 명백히 보여 준다. 그러한 긍정적 특성을 지닌 식물은 어떤 사례들에서는 영적으로 고상한 것으로 여겨졌다. 실제로 료겐은 "정원에 있는 식물과 나무들, 열반을 향해 수행하는 고요하고 조용하며 평온한 존재들보다 더 나은 불교 수행자는 세상에 없다."라고 여겼다.[154] 그러한 고요함, 조용함,

평정의 자질은 초기 팔리어 경전에서도 소중히 여겨진다. 이러한 맥락에서 핀들리Findly는 식물이 일반적으로 움직이지 않기에, 식물은 영적으로 앞서 있는 존재로 여겨질 수 있다고 제안했다. 식물은 붓다와 같은 방식으로 이번 생에서 카르마를 소모하기만 하고 발생시키지 않는다.[155]

천태종 학자인 추진忠尋(1065-1138)은 료겐의 주장을 토대로 삼았지만, 식물의 활동이 인간과 닮았기 때문에 식물이 감응적 존재라는 암묵적 설명을 제거함으로써 한 걸음 더 나아갔다.[156] 오히려, 추진이 볼 때 식물은 생명체로서 존재만으로도 마찬가지로 깨달음으로 향한 길을 나아가고 있다고 할 만하다. 이러한 취지에서, 추진은 저서 『한광유취漢光類聚』에서 다음과 같이 말한다.

> 나무와 식물의 경우, (불성의) 32상相을 갖거나 보여 줄 필요가 없다. 뿌리, 줄기, 가지, 잎을 가지고 있는 현재의 형태에서 각각 나름의 방식으로 불성을 지닌다.[157]

라플레르의 분석에 따르면, 추진은 "식물 세계의 구성원을 인간 경험에 기초한 준거 틀로 강제하는 료겐을 따르지 않으며" 오히려 이들 "자연 세계의 구성원들이 저마다의 방식으로 저마다의 조건에 따라 저마다의 깨달음을 얻도록" 허용한다.[158]

식물의 이러한 본성을 실현하고 연결하기 위해서, "대나무에 대해 배우고 싶으면 대나무 숲으로 가라", 그리고 "너 자신에 대한 주관적 집착에서 벗어나라"고 권고한 선불교 시인 바쇼松尾 芭蕉(1644-1694)를 따를 필요가 있다.[159] 그러한 지혜는 불교에서 식물계와의 친연성을 추구하는 데 적절한 길잡이가 될 수 있다. 만약 당신이 인간의 관점에서 식물계에 다가간다면, "당신은 대상에 자신을 강요하게 되고, 따라서 배우지 못한다."라는 바쇼의 또 다른 경고는 거의 현상학적이며, 보다 철학적인 식물학을 위한 우리의 탐구에 강력히 조응한다.[160]

이 절에서 나는 동아시아 불교도가 식물계에서 감응력과 깨달음의 잠재력을 인정하려고 노력해 왔다는 점을 조명했는데, 이와 별개로 그들의 동기를 묻는 일도 중요하다. 학자들은 식물계에서 감응력을 의도적으로 인정해 왔지만, 다음과 같은 물음은 남아 있다. 식물을 도덕적 고려의 영역에 포함시키기 위해 그렇게 했을까? 즉, 식물이 감응적이기니 심지어 깨달음을 얻었다고 간주되기에 저절로 일종의 본질적 가치를 부여받고, 따라서 보호받을 가치가 있다고 여겼음을 입증할 수 있을까?[161]

유감스럽게도, 증거를 살펴보면 이렇게 주장하기 어렵다. 선불교 전통 안에서 식물은 여전히 도덕적 맥락에서 일반적으로 비감응적인 것으로 여겨진다. 제임스는 다음과 같이 설명한다.

> 선사禪師들은 (…) 세상과 부딪히는 것을 피하기 위해 그런 극단적인 조치를 취하지 않으므로, 식물에 불성이 있다고 주장할 때, 선사들이 그들[식물]을 첫 번째 계율의 범위에 들어오게 하는 방식으로 도덕적 지위를 부여하려던 것은 아닐 것이다.[162]

그러한 해석은 추진의 명확한 입장과 같은 선상에 있는데, 그는 식물에게도 불성이 있다고 강력히 주장했지만, 그것이 궁극적인 진리의 관점에서 그러하다는 점을 분명히 했다. 이러한 관점에서 보면 식물과 동물, 인간 사이에 어떠한 구분도 없지만, "이러한 견지에서는 도덕적 구분도 관련이 없다."[163] 제임스가 주목한 것과 마찬가지로, 슈미트하우젠 역시 식물의 감응력과 불성에 대한 동아시아계의 주장이 도덕적 고려에는 영향을 미치지 않는다는 해석에 동의한다.[164] 동아시아적 환경윤리를 구축하려고 시도한다면 어떤 경우라도 이렇게 지속되어 온 배제의 입장을 언급할 필요가 있다. 더 광범위한 환경 논쟁 안에서, 그것은 동아시아 경관의 많은 부분이 인위적으로 개조되는 데 잠재적으로 중요한 요인이 된다.[165]

그러한 식물 배제의 철학들을 반박하기 위해서, 다음 장에서는 인간의 도덕적 행동에 식물을 포함시킬 수 있는 더 많은 증거를 소개할 것이다. 특히 ("다음" 세계가 아니라 오히려) 이 세계에서 다른 살아 있는 존재들과의 연결을 명시적으로 추구하는 여러 원주민 문화에서 인간과 식물의 상호작용이 지닌 성격을 고려할 것이다. 이 장의 사례 연구가 카르마, 환생, 불성의 개념을 근거로 존재론적 연결성을 가정하는 데 비해, 원주민 문화들은 우리가 함께 살아가는 다른 존재들과 연결되기 위해 한층 더 대지에 근거한 원칙들을 제공한다.

주

1 『아카랑가 수트라(*Acaranga Sutra*)』 1.2.3.4. 자이나교 경전의 인용문들은 Jacobi 2001에서 재인용했다.

2 King 1999. Brockington 1996.

3 King 1999, 45.

4 다시 한번 강조하지만, 나는 힌두교의 최종적인 입장이나 힌두교인의 공통적인 태도를 규정하려고 시도하지 않으며, 단지 식물과 인간의 역동성, 식물과 인간의 관계에 영향을 주는 요점과 과정을 검토할 뿐이다. 여기서 나의 주된 요점은 연결과 도덕적 포용의 사례를 1-3장에서 발견되는 서구적 태도와 대조하는 것이다.

5 Callicott 1997.

6 인간과 식물의 관계성에 있어서는 천의파(디감바라)와 백의파(스베탐바라)의 입장 사이에 어떠한 유의미한 차이도 없기 때문에, 나는 이 장에서 자이나교 전통을 하나로 다룰 것이다.

7 Callicott 1997, 55-57.

8 Rolston 1987.

9 그처럼 힌두교 자료를 사용해서 식물에 관해 다루는 것은 자이나교 및 불교 전통의 역사적 토대보다는 그 두 전통과의 철학적 대조점을 제시하기 위한 것이다.

10 Upadhyaya 1964, 28.

11 Upadhyaya 1964, 18-29.

12 인도에서는 이러한 신들이 종종 그들이 거주하는 나무를 보호하며, 나무에 관한 어떤 파괴적인 행동에 대해서도 그들과 상의할 필요가 있다고 이야기된다. 나무가 우거진 곳에 신 혹은 신들이 거주하는 경우에, 그러한 구역은 보통 성스러운 작은 숲으로 지정된다. Grodzins Gold and Gujar 1989.

13 Upadhyaya 1964, 28.

14 Sensarma 1989, 8-9.

15 Sensarma 1989, 40.

16 Lincoln 1986.

17 Lincoln 1980, 3.

18 『마하바라타』 12. 182. 17.

19 『찬도기야 우파니샤드』 3. 14. 1.

20 Dwivedi 2000, 4.

21 『마하바라타』 12.285. (Ganguli 2000, 323). 12권 2부의 사용 가능한 영어 번역본은 출처의 행 표시가 없기에, 쪽수만 표시했다.

22 『문다카 우파니샤드』 2.17-9.

23 Moltmann 1985; Brockington 1992, 1-3.

24 『바가바드기타』 15.7-8; Rao 1970, 380. 『마하바라타』 안에 포함되어 있지만, 이 글에서는 『바가바드기타』를 별개로 다룬다. 이 인용문의 번역은 기타 학회(Gita Society)를 따랐다. 해석을 위해 Van Buitenen(1981) 또한 참고했다.

25 『마하바라타』 3.203.33.

26 『바가바드기타』 15.8-9.

27 『바가바드기타』 15.7-8.

28 『마하바라타』 12.211.1.

29 『마하바라타』 3.199.20.

30 『마하바라타』 12.184. (Ganguli 2000, 26).

31 『요가바시샤』 62.7.

32 "다섯 겹"의 움직일 수 없는 창조는 식물을 가리키며, 그것의 다섯 가지 질서는 첫째, 나무, 둘째, 관목, 셋째, 기어오르는 식물, 넷째, 덩굴식물, 그리고 다섯째, 풀 등이다. 『비슈누 푸라나』 1.5.

33 이러한 환생 관념에서 기본적인 것은 카르마(業), 곧 "행위를 결과와 묶고, 이생에서 개인의 지위와 내생에서 그 혹은 그녀의 운명 사이의 결정적인 연결을 창조하는 '원칙' 혹은 '법'"이다. 그 용어의 근거는 글자 그대로 "행위"를 의미하는 산스크리트 어원 **카르만**(*karman*)이며, 죽을 때 이생의 행위는 **지바**를 또 다른 탄생으로 몰아넣는다. 카르마의 축적은 피하기 어려우며, 죽음과 환생의 과정은 자주 반복되는 순환이다. 환생의 과정은 무지에 의해 이끌리며, 이러한 **윤회**의 순환은 카르마의 해소에 의해서만 깨어지는데, 이는 탄생과 죽음의 순환으로부터의 해방(**목샤**)으로 귀결된다. Tull 2004, 309.

34 『마하바라타』 12.212. (Ganguli 2000, 95).

35 『브라하다란야까 우파니샤드』 3.12.13.

36 『브라하다란야까 우파니샤드』 6.2.16.

37 『찬도기야 우파니샤드』 10.10.6.

38 『마누법전』 1.49.

39 『마하바라타』 12.268. (Ganguli 2000, 257). 이 생물들의 희생조차 혜택과 관련해서 이야기되는데, 왜냐하면 이것은 그들이 하늘에 도달할 수 있는 유일한 길로 서술되기 때문이다.

40 『마하바라타』 3.198.69.

41 『마하바라타』 3.206.80. 강조 표시는 인용자.

42 『파탄잘리의 요가 수트라』, Devaraja 1976, 439에서 재인용.

43 Ibid.

44 『마하바라타』 3.199.20-25.

45 Nelson 2000, 142.

46 Ibid. Callicott 1997 역시 베단타 철학의 효용에 의문을 제기하면서, 그 철학의 특징을 세계-부정적이라고 묘사한다.

47 『바가바드기타』 18.17.

48 넬슨이 인정하듯이, 우리에게 고통과 쾌락이 중요한 만큼 다른 모든 존재에게도 그렇다는 점이 『바가바드기타』에서 강조된다. 『바가바드기타』 6.32.

49 『베다』 대신, 자이나교는 티르탄카라로 알려진 24명의 영적 스승들의 가르침에 근거를 둔다. 마지막 티르탄카라는 마하비라였는데, 그는 붓다의 시대(기원전 6세기)에 인도 북동 지역에서 살았다. Dundas 1992 참고.

50 영어 번역본에서 마하비라는 또한 식물에게 이성을 부여하는데, 이때 이성은 성장과 번식을 위해 주변 환경을 인식하는 것으로 해석된다. 『아카랑가 수트라』 1.1.5.6.

51 『아카랑가 수트라』 1.1.5.6.

52 Ram-Prasad 2007, 45-50.

53 Ram-Prasad 2007, 4.

54 『아카랑가 수트라』 1.8.1.5-6.

55 『바가바티 수트라(*Bhagavati Sutra*)』, Wiley 2002, 41에서 재인용.

56 『타트바르타 수트라』 2.8. 그러나 각 영혼은 전생에서 누적된 카르마에 이끌린 환생의 순환 속에 놓여 있기에, 이 감응적이고 지성이 있는 영혼은 무지의 덮개 아래 있다. 힌두교에서와 마찬가지로, 카르마의 해체만이 고통의 세계로부터 영혼을 풀려나게 할 것이다. 이러한 해방(**목샤**)은 영혼을 **파라마트만**(*paramatman*, 종종 **신**이란 용어와 동일시되는 신적인 상태)의 상태로 되돌린다. 이러한 의미에서, 자이나교의 영혼 개념은 힌두교와 매우

유사하다. Dundas 1992, 110 참고.

57 자이나교에 따르면, 사후 영혼에게는 네 가지 운명이 있다. 주된 것은 천상의 존재, 인간, 지옥의 존재, 그리고 동물과 식물이다. 영혼이—비록 모든 자연력으로 구현되는 것은 아니지만—대지, 불, 공기, 물의 자연력으로 구현되는 것도 가능하다. 영혼을 담을 수 있는 장소인 만큼, 이 모든 존재는 살아 있는 것으로 여겨진다. Wiley 2002, 39.

58 『바가바티 수트라』, Dundas 1992, 106에서 재인용.

59 Cort 2002, 84.

60 Ram-Prasad 2007.

61 Wiley 2002, 42.

62 Ibid.

63 『우타라디야나(*Uttaradhyayana*)』 36.71-106. 『타트바르타 수트라(*Tattvarta Sutra*)』 2.12.

64 자이나교가 자연력을 살아 있는 존재로 분류한다는 점에 주목할 것.

65 『타트바르타 수트라』 2.23.

66 『다트비르티 수트라』 2.2.4-5. 여기서, 이러한 연결의 철학 안에서도 존재를 분류하는 기준에서 명백한 동물중심주의가 감지된다.

67 자이나교인은 **아힘사**를 실천함으로써 **지바**로부터 카르마를 씻어내는데, 그것은 영적인 해방을 얻도록 인도한다.

68 『타트바르타 수트라』 2.2.5.

69 그러나 이러한 다소 동물중심적인 판단은 플라톤이나 아리스토텔레스의 작품에서 발견되는 것과도 매우 다르다. 그것은 자연 세계를 지배하기 위한 준비의 일환으로서 배경화 과정을 정당화하는 틀 구조 형성에 기여하지 않는다. 식물의 기능과 능력을 과소평가하는 것은 사실이나, 식물을 자율성 및 목적이 없는 존재로 취급하려는 음모는 꾸미지 않는다.

70 Ram-Prasad 2007.

71 Ram-Prasad 2007, 40-45.

72 『아카랑가 수트라』 1.2.3.4

73 축적된 카르마는 **윤회** 세계 안에서 존재들을 결합한다.

74 Ram-Prasad 2007, 4.

75 『곰마타사라 지바칸다(*Gommatasara Jivakanda*)』, Wiley 2002, 57에서 재인용.

76 『아카랑가 수트라』 1.4.2.5.

77 생명에 대한 자이나교의 정의는 보통의 과학적 이해와 동일하지 않다는 점을 기억해야 한다. 왜냐하면 자이나교 문헌에서 물과 같은 자연력은 살아 있으며, 따라서 **아힘사**와 적절한 존중을 받을 만한 존재로 다루어지기 때문이다. Chapple 2002 참고.

78 『아카랑가 수트라』 1.1.5.6-7.

79 『아카랑가 수트라』 2.1.8.3. 또한, 무화과나무 열매는 수많은 작은 곤충들을 포함하기에 금지되며, 석류를 섭취하려면 저마다 자신의 **지바**를 가진 수많은 씨앗의 파괴가 불가피하기 때문에 먹어서는 안 된다. 『아카랑가 수트라』 2.1.8.6; Williams 1963, 53.

80 Dundas 1992, 189.

81 Dundas 1992, 191; Wiley 2002, 52.

82 Callicott 1997.

83 Wiley 2002, 48.

84 『아카랑가 수트라』 1.3.3.1.

85 『수트라크리탕가(*Sutrakritanga*)』 2.1.48.

86 비폭력을 이상으로 삼지만, 걷고 씻는 것과 같은 기본적인 행위조차 수많은 존재의 죽음을 초래한다.

87 Shilapi 2002, 164.

88 인간의 식단에서 많은 부분을 차지하는 식물들(서구에서는 전통적으로 단지 음식으로만 여겨져 온 식물들)조차, 이용에 기초한 틀 구조 밖에서 고려해야 한다. 『아카랑가 수트라』 2.4.2.13-16.

89 『아카랑가 수트라』 2.4.2.12.

90 Ram-Prasad 2007, 9.

91 "첫 번째 입장은 불교 환경주의가 불교의 세계관으로부터 자연스럽게 확장된다고 주장한다. 두 번째 입장은 불교의 세계관은 환경윤리와 조화를 이루지 못한다고 본다. 세 번째 입장은 불교의 세계관과 동일하지 않더라도 불교 문헌과 교리적 신조로부터 불교적 환경윤리를 구성할 수 있다고 주장한다. 네 번째 입장은 불교의 세계관으로부터 추론되기보다는 불교 윤리 면에서 실행가능한 불교 환경윤리를 평가해야 한다고 주장한다. 다섯 번째 입장은 가장 효과적인 불교 환경윤리는 특정한 맥락과 상황 속에서 그 정의를 취한다고 주장한다." Swearer 2006, 124-125.

92 Swearer 2006 참고.

93 Cooper and James 2005, 110. 강조 표시는 인용자.

94 Harris 1991, 104.

95 Cooper and James 2005, 110.

96 바퀴 내부는 여섯 개의 부분으로 나누어지는데, 그 안에는 감응적인 존재들의 범주가 있다. **윤회** 생명의 이러한 여섯 영역은 신, 반신반인, 인간, 동물, 아귀, 그리고 지옥 존재들이다. 처음 세 범주는 "상위"로 여겨지며 후자의 세 범주는 "하위" 출신 성분으로 운명 지어진다. 자이나교와 마찬가지로, 불교는 브라만과 힌두교 신들의 만신전의 권위를 거부하지만, 카르마와 환생의 관념을 보유했다. 따라서 불교 역시 **아힘사**의 실천에 특히 초점을 맞춘다.

97 『맛지마 니까야』 12.35. 불교의 그 다음 학파들에서 또 다른 신들의 영역이 추가되어서 생명의 여섯 개의 영역이 만들어졌다.[여섯 개의 영역은 불교의 육도 윤리를 가리킨다. - 옮긴이]

98 『맛지마 니까야』 12.32-34. 이는 "싹에서 태어난" 존재의 범주를 포함하는 『우파니샤드』의 입장으로부터 두드러진 변화다. 『찬도기야 우파니샤드』 6.3.1, 『아이타레야 우파니샤드』 3.1.3. Findly 2002, 253 참고.

99 불교 대부분의 학파에는 모든 살아 있는 존재 안에 깃든 변하지 않는 신성한 영혼, 힌두교와 자이나교에서처럼 사후에 윤회하는 영혼에 대한 믿음은 없다. 불교적 이해에서는 정신적 구성물과 의식의 역동적인 관계가 연속적인 탄생을 연결한다. 12연기(緣起)의 두 번째와 세 번째 연결처럼, 카르마에 따라 형성된 정신적 구성물과 의식은 연속적인 변화 과정 속에서 한 몸에서 다음 몸으로 건너간다. 이러한 12연기는 바바차크라의 바깥 테에 나타난다. 그러한 기술은 불교의 기본적인 무아(**아나트만***anatman*)의 가르침에 상응하는데, 그것은 오온에서 어떠한 독립적인 존재나 불변의 자기 혹은 영혼도 발견될 수 없다고 주장한다. 모든 현상은 상호관계 속에서, 원인과 조건에 의거해서 생겨나며, 따라서 불가피한 부패와 중지에 종속된다.

100 『파티모카숫타(*Pattimokkhasutta*)』, 파싯티야 *Pacittiya* 11. Schmithausen 1991, 5에서 재인용.

101 *Pana*는 문자적으로 "숨 쉬는 존재"를 의미한다.

102 Schmithausen 1991, 13.

103 특히 촉각이라는 감각 기능을 지닌 살아 있는 존재로서. 슈미트하우젠은 버마와 스리랑카의 대중 불교에서 식물이 한 가지 감각 기능을 가진 살아 있는 존재로 간주된다는 점에 주목한다. Schmithausen 1991, 13.

104 Schmithausen 1991, 11.

105 Schmithausen 1991, 8.

106 Schmithausen 1991, 20.

107 Schmithausen 1991, 76.

108 식물을 향한 그러한 입장은 또 다른 오래된 불교 문헌에 의해 보강되는데, 거기서 식물은 다른 종류의 살아 있는 존재로 여겨진다. Schmithausen 1991, 66.

109 Schmithausen 1991, 23.

110 Schmithausen 1991, 16-17.

111 Findly 2002, 256.

112 Ibid.

113 Ibid.

114 Ibid.

115 이것은 수도승과 평신도 불자에게 동일하게 사실이다. 초기 불교의 사원 건축을 위해서는 숲의 개간이 요구되었을 것이며, 나무는 사찰과 사원의 주요 건축 재료가 되었을 것이다. 사카족의 수도인 카필라바투의 벨루바나, 예타바나, 마하바나 사원 등 불교 승가에 바쳐진 수많은 주요 사원들은 숲속에 위치했다.

116 Schmithausen 1991, 73-74.

117 이것이 덕 윤리에 어떠한 의미를 가지는지는 나중에 논의될 것이다.

118 Schmithausen 1991, 79.

119 중관파는 대승불교의 한 학파이며, 비록 인도에서 기원했지만 현재 주로 티베트 불교의 전통 안에서 유지된다. Snellgrove 1987 참고.

120 Schmithausen 1991, 89.

121 Schmithausen 1991, 91.

122 Schmithausen 1991b, 91-93.

123 Harvey 1990, 202; Harvey 2000, 69 참고.

124 Dalai Lama 1992, 26.

125 Khenpo Karthar Rinpoche. www.kagyu.org/kagyulineage/buddhism/int/intqa.php.

126 Cooper and James 2005, 131.

127 Lama Thubten Shenphen (May 2002). www.dharmaling.org/content/view/30/32/1/1/lang,en/.

128 Dalai Lama 1992, 26.

129 Dalai Lama 2005, 3. "만약 과학적 분석이 불교의 특정한 주장이 잘못된 것임을 결정적으로 입증한다면, 우리는 과학의 발견을 수용하고 그러한 주장을 버려야 합니다."

130 다음 절이 주장하듯이, 그러한 전복은 불교 안에서 선례가 없지 않다. 대승불교 전통의 중국과 일본 학자들은 수 세기에 걸쳐서 식물이 비감응적이라는 관념에 의문을 제기해 왔다.

131 Cooper and James 2005, 103.

132 Cooper and James 2005, 101.

133 물론, 이러한 요점은 평신도의 경우에도 적용된다.

134 Ram-Prasad 2007, 9.

135 Ibid.

136 LaFleur 1989, 184.

137 모든 존재는 결국 붓다처럼 깨달음을 얻게 될 것이라는 보편주의의 가르침은 대승불교 철학의 핵심적인 교리다.

138 LaFleur 1989, 184.

139 Eliot 1993, 172.

140 LaFleur 1989, 185.

141 담연. LaFleur 1990, 135에서 재인용.

142 Eilot 1993, 322-23.

143 Callicott 1997, 93-94.

144 Callicott 1997, 96.

145 Parkes 1997, 113.

146 Kasulis 2004, 8.

147 Swanson 1997, 6.

148 Parkes 1997, 114.

149 Hakeda 1972, 255.

150 LaFleur 1989, 187.

151 LaFleur 1990, 189.

152 Ibid.

153 LaFleur 1989, 190.

154 LaFleur 1990, 139.

155 Findly 2002, 261-263.

156 이에 관한 논의로는 Callicott 1997, 95 참고.

157 Chujin. LaFleur 1989, 192에 번역된 것을 재인용.

158 LaFleur 1989, 195-196.

159 Bashō 1966, 33.

160 Ibid.

161 Donald Swearer는 아마도 그러한 입장을 "생태변증론자"로 분류할 것이다.

162 James 2004, 69.

163 Ibid.

164 Schmithausen 1991a, 24.

165 Callicott 1997 참고.

5장

토착 애니미즘, 식물 사람, 그리고 존중하는 행위

잘 들으세요. 당신은 내 말을 들을 수 있지요.
대지가 당신의 어머니, 아버지 혹은
형제와 같기 때문에 나는 말합니다.
나무도 마찬가지입니다.[1]

- 빌 네이지Bill Neidjie

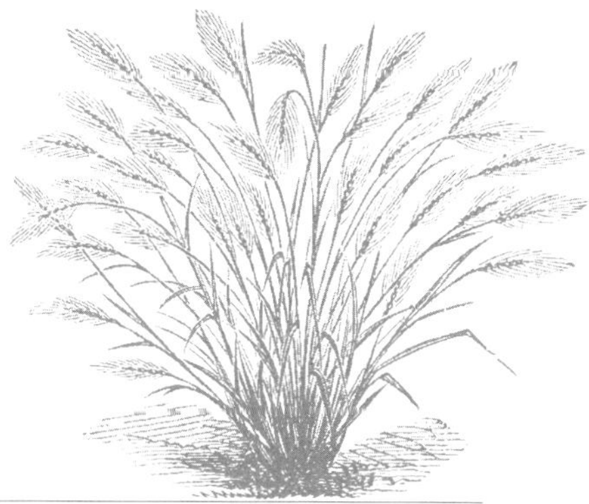

환경 윤리에 관한 광범위한 논의 안에서, 원주민의 철학과 세계관은 자연으로부터 지나치게 분리된 서구 철학과 세계관에 대한 반대 사례로 제시되어 왔다.[2] 원주민 일반의 입장을 요약한 휘트Whitt 등은 "자연 세계에 대한, 그리고 자연 세계를 향한 원주민의 책임감은 인간과 비인간 세계의 연결 혹은 연계에 대한 이해에 기초한다."고 여긴다.[3] 일반적으로 관계에 기반한 이러한 접근은 자연 세계를 근본적으로 다른 열등한 타자로 여기는 서구 사회의 취급과는 대조를 이룬다고 볼 수 있다. 본 연구의 맥락에서 원주민의 생활 방식은 "지배적인 사회가 버릴 것은 버리고 세계를 알아가는 다른 방식들에 눈을 뜨도록 돕는 통찰을 제공할 것이다."[4] 현존하는 다양한 원주민 전통들과 수많은 원주민 문화 관습에 대한 지식을 바탕으로, 이 장은 기존의 주제를 유지하면서 식물에 관련된 특정한 관념과 실천의 발생에 초점을 맞출 것이다. 특히 이 장은 식물이 어떻게 인간의 도덕적 고려 가능성의 영역 안에 통합되는지 밝히는 것을 목표로 한다. 이 장은 인간과 식물 사이의 존중하는 관계가 포식적 관계와 공존할 수 있도록

하는 원칙들에 특별히 관심을 기울일 것이다. 여기서 나는 서구 사회에 가져다 쓰려는 목적으로 원주민의 사유를 보편화하거나 전유할 생각이 없다. 이 장은 "모방이나 직접적인 지침이 아니라 영감과 풍성한 이해를" 목표로 한다.[5]

이 장에서 다루는 범위는 오스트레일리아, 북아메리카, 그리고 아오테아로아/뉴질랜드의 잘 기록된 원주민 문화로 거의 한정될 것이다. 이들 문화는 저마다 독특하지만 "새로운 애니미즘" 학자들에 의해 애니미즘 사회로 인식되면서 한데 엮였다.[6] 최근 애니미즘 원주민 사회에 관한 학문은 몇 가지 관계적 원칙과 기준을 공통적으로 제시하는데, 이 장에서 이를 주제별로 다룰 것이다.

애니미즘적 세계관에서는 기본적으로 식물과 동물, 그리고 인간의 영역이 상호침투하는 것이 일반적 원리다. 매우 다양한 구전 전통에서 거의 모든 경우에 인간과 자연 세계 사이의 친족 관계에 대한 인식이 나타나는데, 그것은 (4장에서처럼) 환생 개념에 기초한 것이 아니라, 공유된 유산과 실체에 근거한다. 그중에서도 이러한 공유된 계보 개념은 오스트레일리아 원주민, 토착 북아메리카인, 마오리족에 전해져 온 놀라운 대지의 조상 이야기들에서 널리 나타난다. 이러한 창조 이야기들 중 다수가 상호침투를 표현하기 위해 변신metamorphosis을 강력한 모티프로 사용한다. 이러한 대지에 기초한 이야기들은 원주민 문화의 핵심적 특징이다. 다른 지역과 마찬가지로 뉴질랜드에서도 "창조 이야기들은 태평양의 마오리족이 우주론적이고 종교적인 철학 및 형이상학을 구축한 토대다."[7] 이러한 이야기들의 중요성으로 인해, 이 장은 그 이야기들의 서사적 현존감narrative presence을 중심으로 구성된다.

이 기본적인 대지와의 연결성earth relatedness 혹은 널리 논의되는 성스러운 경관sacred landscapes 관념보다는 덜 알려진 것이 **사람다움***personhood* 개념인데, 그것은 어빙 핼러웰Irving Hallowell, 누리트 버드-데이비드Nurit Bird-David, 그레이엄 하비Graham Harvey 같은 애니미즘 학자들에 의해 옹호되었다. 인간과 식물의 상호작용에 관한 이 연구는 성스러운 식물 종에 집중하기보다 사람다움 개념에 근거할 것이다.[8] 사람다움은 모든 곳에 스며 있는 핵심적인 개념이다. 왜냐하면 사람으로서 식물은 의지적이고, 지능적이며, 관계적이고, 지각적이며, 소통적인 존재로 인식되기 때문이다. 식물계가 떠받치는 세계에서 살고 있기에, 공산 윤리의 논의에서 식물 사람의 존재는 대단히 중요하다.

이처럼 식물을 사람으로 인정하는 것은 식물을 친족으로 인식하는 데 기초하며, 그러한 인식을 강화한다.[9] 사실 사람다움은 개별 식물과 인간 사이의 특정한 친족 관계 안에서 표현되고 활성화된다. 이러한 특정한 지역적 친족 관계에는 책임감, 연대, 그리고 돌봄의 의무가 수반된다. 따라서 그것은 포용적인 인간-식물 관계성의 가장 중요한 측면들 중 하나다. 그렇지만 중요한 것은 애니미즘 문화들에서 식물의 사람다움 및 특정한 친족 관계에 대한 인식과 수용이 포식 관계와 공존한다는 점이다.

서구 철학과는 달리, 원주민 애니미즘 사회들은 어떤 이들이 살기 위해 다른 사람을 죽여야 한다는 이유로 그 사람의 사람다움을 부정하고 배제하려 하지 않는다. 자이나교의 경우와 달리 애니미즘적 생활 방식은 개별 식물과의 폭력적인 접촉을 피하지 않는다. 이 장에 포함된 애니미즘적 사유와 실천의 사례들은 연결과 포용을 목표로 하지만, 식물계에서 완전히 손을 떼는 접근법으로 인도하지 않는다. [식물] 사람을 죽여야 할 필요성은 생명의 사실로 받아들여진다. 이 장은 친족 관계와 사람다움에 대한 인식이 다른 한편으로 죽임을 포함한 이용 관계와 어떻게 상호작용하고 절충되는지 그 결과를 검토한다.

대지에서 태어난 친족으로서 인간과 식물

캐럴 리 샌체즈Carol Lee Sanchez는 북아메리카 원주민의 일반적 세계관을 설명하면서, "연결됨의 원칙"을 대다수 원주민 사회의 핵심으로 파악한다.[10] 오스트레일리아에서 데버라 로즈Deborah Rose는 "패턴, 혜택, 연결"의 인식에 기초한 원주민의 철학적 생태학을 기술한다.[11] 인간과 지구의 다른 존재들 사이의 친족 관계에 대한 기본적인 감각은 꿈꾸는 존재들, 즉 오스트레일리아의 경관을 지금의 모습으로 만든 창조적 존재들 혹은 "영적 조상들"의 이야기에서 비롯된다.[12] 모든 꿈꾸는 존재들은 대지 안에서 나왔다. 그들은 각자의 길을 걸었고 일련의 관계들을 만들어 냈으며, 오스트레일리아 원주민에게 법으로 알려진 관계의 규칙을 만들었다.[13] 호블스 단야리Hobbles Danyari는 다음과 같이 말했다.

> 언어, 사람, 에뮤, 캥거루, 풀 등 만물이 땅에서 나옵니다. 그것이 법입니다.[14]

여기서 인간과 식물의 상호 침투가 이 생生에서 일어난다. 이것은 즉각적인 지상의 친족 관계다. 꿈꾸는 존재들은 땅에서 나왔고, 땅에서 태어남으로 인해 법에 따라 기본적 친족 관계로 연결된다. 같은 조상으로 이어져 있다는 그러한 인식은 각각의 존재가 이 생에서 자율적이라는 직접적인 인식을 수반한다. 각각의 꿈꾸는 존재는 독립적으로 대지를 걸으며, "땅에서 나온 모든 생명체와 원래의 생명체에서 비롯된 모든 현대적 후손은 계속해서 자율적이다."[15]

비록 많은 꿈 이야기들이 동물 종에 관한 것이지만, 상당수는 식물 역시 포함한다. 오스트레일리아 남부에 위치한 플린더스산맥의 아드냐마다나Adnyamathanha 부족은 **이가** 나무*Capparis mitchelii* Lindl.에 얽힌 변신 이야기를 들려준다. **이가**는 처음에 남자의 모습을 한 꿈꾸는 존재였는데, 그는 퀸즈랜드 남쪽으로 여행하다가 아드냐마다나 부족의 나라(조상의 고향)에서 한 여자를 만났다. 은가른디 뿌리를 캐다가, 그 남자와 여자는 무언가에 겁에 질려서 다음과 같이 말했다.

> 이봐, 우리가 나무로 변하면, 그들은 우리를 알아채지 못할지도 몰라.
> 그래서 그들은 거기서 나무가 되어 갔다.[16]

이가는 처음에는 인간의 모습이었다가 나무의 형태로 변신해서 오늘날까지 계속 존재하고 있다. 이러한 꿈꾸는 존재의 변형은 오늘날까지 지속되는 이가 나무 계통을, 그리고 아드냐마다나 부족의 혈통 또한 창조했다. 붉은 백합이 어떻게 자기네 나라에 존재하게 되었는지에 관한 비슷한 이야기가 오스트레일리아 북부 데일리 강의 은굴루궝가Ngulugwongga 부족에게 전해진다. 꿈꾸는 일리그-모이-인디Yilig-moi-indih 혹은 "붉은 백합 여인"이 다른 나라에서 붉은 백합 뿌리를 가지고 와 땅속에 심었다. 뿌리를 다 심은 뒤, 일리그는 땅에 주저앉았다. 그녀는 다른 모든 백합들과 함께 땅속으로 내려갔고, 오늘날까지 그곳에 있다.[17]

꿈 이야기Dreaming stories 속의 모든 식물이 처음에 인간으로 나타나는 것은 아니지만, 모든 식물은 자율적이며, 꿈꾸는 존재의 행동에서 그 기원을 추적할 수 있다. 은가린만Ngarinman 부족의 창조 이야기에서는 식물이 고유한 법을 갖고 있다는 점이 명백하다. "식물은 그들 자신의 '법', 곧 그들 자신의 형태, 크기, 서식지 요건, 그리고 '행동'에 따라서 자라기 시작했다."[18] 이러한 대지의 존재들은 저마다의 법을 따르지만, 꿈꾸는 존재들의 행위에 따라 나라 전역에 퍼졌다. 야뉴와Yanyuwa 부족은 소철이 그들의 나라에서 자라는 것은 뱀상어가 "소철 견과를 사방으로 먼 곳까지 던졌기" 때문이라고 여긴다.[19] 야뉴와족에게 전통적으로 중요한 이 음식은 영적인 조상의 행위에서 기원한다.

따라서 꿈꾸는 존재들은 인간의 영적 조상일 뿐 아니라, 인간, 동물, 식물의 조상이며, "그들로부터 세상 만물 사이의 친족 관계를 추적하는 것이 가능하며 실제로 필수적이다."[20] 꿈 이야기들은 "원주민 부족들에게 일반적으로 인간에 국한되지 않는" 기본적인 조상의 계보를 제공한다.[21] 그러한 이야기들은 모든 존재가 기원을 공유하는 『리그베다』의 **푸루샤의 노래**와 유사하지만, 오스트레일리아 원주민의 경우에는 좀 더 지역적이다. 이러한 조상과의 연결은 자연 세계의 모든 존재들, 곧 궁극적으로 대지에서 파생된 존재들 사이에서 살아 있는 친족 관계와 연결의 윤리를 이야기할 근거가 된다.[22] 꿈꾸는 존재들은 감응적인 경관을 이루는 모든 구성 요소의 조상이다.[23] 북부 오스트레일리아 카카두 국립공원 안에 고향을 둔 가구주 Gagudju 부족의 원로 빌 네이지에게는 이러한 친족 관계의 경험이 친숙하다.

> 나무, 풀… 모두 우리 아버지 같네.
> 흙, 땅, 나는 이 땅과 함께 잔다.
> 풀… 비로 네 형제처럼.
> 내 핏속에 내 팔 안에 이 풀이.[24]

그러한 기본적이고 동질적인 친족 관계는 원주민 세계관의 특징을 이룬다. 친족 관계는 오스트레일리아에서뿐 아니라 북아메리카 원주민의 창조 이야기에서도 두드러진다. 오글랄라Oglala 족은 우주의 "성스러운 고리"에 관해 이야기하는데, 그 고리 안의 모든 것은 **와칸***wakan*(성스러운 힘)에 의해 결합되어 있다. 프리츠 디트와일러Fritz Detwiler에 따르면, "그 고리의 일부로서, 만물은 창조의 존재론적 동일성을 반영하는 방식으로 연결되어 있다."[25] 오글랄라 라코타 부족의 이야기는 자연 세계의 만물을 연결하는 친족 관계와 혈통의 연결망을 묘사한다. 디트와일러는 (아래와 같이) 월리스 블랙 엘크Wallace Black Elk를 인용한다.

> 우리의 진정한 아버지는 툰카쉴라[창조자]이고, 우리의 진정한 어머니는 대지입니다. 그들은 살아 있는 모든 존재를 탄생시키고 생명을 부여

합니다. 그래서 우리는 우리 모두가 서로 연결되어 있음을 압니다. 우리 모두 아버지와 어머니가 같습니다.[26]

오글랄라 라코타 부족의 관용구 **미타쿠예 오야신***mitakuye oyasin*("내 모든 친척")은 인간을 식물과 동물, 바위, 그리고 물과 연결하는 이러한 친족 관계와 혈통의 감각을 표현한다.[27] 친척에 대한 인식은 의례와 의식으로 확장된다. 케네스 모리슨Kenneth Morrison은 "토착 아메리카인의 기도 행위는 보통 친족 관계에 호소하는데, 진심 어린 청원인 동시에 상호 의존성을 상기시키는 것이다."라고 썼다.[28]

마오리 사람들 역시 계보학적 세통(**와카파파***whakapapa*) 안에서 식물과 인간을 결합하는 창조 이야기를 가지고 있다. 마오리족의 원래 고향 하와이키에서 하늘 아버지 랑기누이와 대지 어머니 파파투아누쿠는 "오랜 세월 포옹으로 결합된 연인"이었고, "그동안 많은 자식들을 낳았다."[29] 이들 두 신의 자식들은 식물, 바위, 바다, 바람, 동물, 그리고 인간을 포함한 전체 자연 세계의 선조들이다. 마오리 철학에서 자연 세계의 모든 존재들은 파파투아누쿠와 랑기누이, 그리고 행위로써 세계를 창조한 타네-마후타Tane-Mahuta로부터 **와카파파**를 공유한다. 에레노라 푸카테푸-헤테트Erenora Pukatepu-Hetet는 아마亞麻(**하라케케**)를 설명하면서, "위대한 신 타네-마후타의 후손입니다. (…) 오늘날의 마오리족은 **하라케케** 및 다른 모든 식물과 연결되어 있으며, 타네가 그들의 공통 조상입니다."라고 말한다.[30] 모든 존재는 기본적인 공통 조상을 공유하며, 존재의 **와카파파**를 아는 것이 마오리족 인식론의 기본이다. 로버츠와 윌리스는 다음과 같이 설명한다.

자신을 "안다"는 것은 자신의 **와카파파**를 안다는 것이다. 나무, 바위, 바람, 또는 바다의 물고기에 대해 "안다"는 것은 그들의 **와카파파**를 안다는 것이다.[31]

모든 존재가 세계 안에 위치할 수 있도록 모두가 공유된 **와카파파**를 갖는 것이 매우 중요하다. 오스트레일리아 원주민들의 경우처럼, "아무 관계도 없다고 간주되는 것들, 무엇과도 전혀 연관되지 않는 것들은 최악의 경우 완전히 무의미할 수 있다."[32] 인간은 자연 세계의 일원으로 살아가는데, 그 이유 중 하나는 그들이 다른 존재들과 조상을 공유한다고 여기는 세계관을 가지고 있기 때문이다. 이러한 세계관은 "마오리 문화의 심장부에 위치하며, 마오리 문화의 모든 면을 건드리고, 상호작용하며, 강렬한 영향을 미친다."[33] 그러므로,

> 마오리 사람들은 스스로를 자연에서 분리된 것으로 여기지 않으며, 인류와 자연 세계는 대지 어머니의 직계 후손이라고 생각한다. 따라서 대지의 자원은 인류에게 속한 것이 아니다. 오히려 인간이 대지에 속한다.[34]

마오리족은 자연의 일부로서 다른 인간뿐 아니라 다른 종을 돌보아야 할 책임이 있다.[35]

오스트레일리아 원주민의 꿈 이야기들에서 암시되었듯이, 혈통과 마찬가지로 반복되는 또 다른 모티프는 공유된 실체에 관한 것이다. 이것은 계보학적 계통의 관념과 밀접히 연결되며, 흔히 변형의 주제를 통해 표현된다. 알래스카의 코유콘족의 경우, 만물은 **카돈치드니***Kk'adonts'idnee*로 알려진 시절에 창조되었으며, 리처드 넬슨Richard Nelson은 이를 아득한 시간Distant Time으로 번역한다.[36] 넬슨은 다음과 같이 썼다.

> 이 시기 동안 "동물은 인간이었다." 즉, 그들은 인간의 형태를 가지고 있었고, 인간 사회에서 살았으며, 인간(코유콘)의 언어를 말했다. 아득한 시간의 어느 시점에 특정한 인간들이 죽어서 오늘날 코유콘의 나라에 서식하는 동물 또는 식물 존재로 변신했다.[37]

혈통이 같다는 점도 있지만, 여기에서는 인간과 식물, 그리고 동물 사이에서 실체의 변형 역시 두드러진다.[38] 아득한 시간이 끝날 무렵 대홍수가 대지를 뒤덮었고 그때 일부 식물과 동물이 살아남았지만, "그들은 더 이상 사람처럼 행동할 수 없었다."[39] 모든 인간이 죽었고, 큰 까마귀는 오늘날과 같은 모습으로 그들을 새롭게 만들어야 했다. 이웃의 틀링깃Tlingit 부족은 큰 까마귀가 나무와 잎사귀로 이 새로운 사람들을 다시 만들었고, 그런 까닭에 지금 인간은 필멸하게 되었다고 말한다.[40] 인간은 큰 까마귀가 그들을 만들기 위해 이용한 나무와 필멸의 운명을 공유한다.

침시안Tsimshian족도 비슷한 식물 기원에 대해 이야기한다. 그들은 늙은 딤불이 인간을 낳았고, 부드러운 피부와 함께 결정적으로 죽을 운명까지 주었다고 말한다.[41] 탄생을 공유할 뿐 아니라 실체를 공유한다는 또 다른 모티프는 공통적으로 피를 갖고 있다는 것인데, 물과 수액이 식물의 피에 해당한다.[42] 빌 네이지가 볼 때, 이것은 인간과 식물을 같은 실체를 공유하는 친족으로 묶어 준다.

그것은 너의 뼈,
너의 피
그것은 이 땅 안에 있다
나무와 마찬가지로.[43]

식물 사람

최근 애니미즘 문화를 재검토한 이들은 타일러 등이 제안한 "낡은 애니미즘", 곧 자연의 영에 대한 순진하고 잘못된 믿음에 기초한, 실패한 인식론으로서의 "낡은 애니미즘"을 거부해 왔다.[44] 그 대신 누리트 버드-데이비드와 그레이엄 하비와 같은 "새로운 애니미즘" 학자들은 인간과 지상 세계의 상호작용을 친족 관계의 연결 및 사람들 사이의 관계성의 측면에서 인식하기 시작했다.[45] 그레이엄 하비는 애니미스트를 "세계가 사람들persons로 가득 차 있으며, 그중 일부만이 인간이고, 삶은 항상 타자들과의 관계 속에서 살아진다고 인식하는 이들"로 묘사한다.[46] 애니미즘은 모든 것이 살아 있다는 착각 속의 믿음이 아니라, 세계 안에서 살아가고 세계를 알아가는 복잡한 방식이다. 그것은 관계적 인식론이며 관계적 존재론이다.[47]

사람다움에 대한 이러한 인식은 "새로운 애니미즘"의 가장 중요한 요소 중 하나이며, 이 연구를 위해서도 매우 중요하다. 그 까닭은 민족 식물학의 맥락에서도 자연 세계를 광범위하게 이용하는 것으로 매우 잘 알려진 여러 애니미즘 사회에서 사람다움의 인식이 나타나기 때문이다. 사람다움의 인식과 식물 이용이 양립불가능하지 않다는 점은 명백하다.

연결됨과 자율성의 결합은 애니미즘의 세계관을 이해하는 토대가 된다. **사람***person*이란 용어를 인간을 넘어서는 존재와 현상에 적용하는 것에서 연결됨과 자율성에 대한 인식이 드러난다. 기본적으로 공유된 존재론은 존재론적 위계의 구축보다는 사람들의 헤테라키적 연속체를 필요로 한다. **사람**이란 용어의 사용은 북아메리카 오지브와족과 함께 한 어빙 핼러웰의 중대한 연구에서 유래한 것이다. 핼러웰은 인간 오지브와족과 신화 및 이야기 속 등장인물들 사이의 관계를 분석하면서, "오지브와족에게 그들은 인간이-아닌other-than-human 다른 부류의 살아 있는 '사람들'"이라는 것을 인지했다.[48] 오지브와족에게는 동물과 식물, 돌, 그리고 하늘의 존재 역시 사람으로 간주된다.[49]

필리프 데스콜라Phillipe Descola는 인간이-아닌 사람에 대해 이야기하는 것이 은유로의 여정이 아니라고 강조한다. 애니미즘 사회는 다른 존재들을 "진정한 사람"으로 대한다.[50] 그레이엄 하비는 핼러웰의 사람다움 개념을 근거로 삼아, 인간이-아닌 사람에 대한 인식을 애니미즘적 세계관의 중요한 토대로 여긴다. 사람이라는 것이 무엇을 의미하는지 정의하면서, 하비는 다음과 같이 설명한다.

> 사람이란 다른 사람들과 다양한 수준의 호혜성으로 상호작용하는 이들이다. 사람은 더불어 이야기를 나눌 수 있다. 대조적으로 물체는 보통 이야기되는 대상이다. 사람은 의지적이고, 관계적이며, 문화적이고 또한 사회적인 존재다. 그들은 다양한 정도의 자율성과 자유를 가지고 행위주체성과 자율성을 보여 준다.[51]

식물의 사람다움에 대한 이러한 인식이 의인화된 것이 아니라는 점이 중요하다.[52] 인간이-아닌-것을 사람으로 언급하는 세계관은 인간과 유사한 속성이 존재하지 않는 곳에 그러한 속성을 투사하는 것과 무관하다. "사람과 물체를 혼동"하는 것도 아니다.[53] 하비가 말하듯이, "사람이 된다는 것은 계속 살아가기를 원한다는 것"이다.[54] 사람으로서 식물이 인간의 능력을 지닌다는 순진한 발상은 여기에 없다. 식물은 고유한 관점과 고유한 방식으로 소통하는 능력을 가진 살아 있는 존재로 이해된다. 따라서 사람다움은 관계에 초점을 맞추고 자연적 존재의 공유된 의지와 의도를 인식하는 데서 나온다. 이와 같이 사람다움의 인식은 조상의 지식과 지혜의 전수에 의해 뒷받침되지만, 유전적으로 결정되지는 않는다. 그것은 학습되어야 한다.[55] 사람다움의 (그리고 중요하게는 사람을 대하는 태도에 관한) 인식은 "어떻게 해야 할 것인지를 아직 배울 필요가 있는 아이들보다, 그것에 대해 생각해 온 원로들 사이에서 좀 더 쉽게 발견된다."[56] 이런 식으로, 그것은 세계를 알고 마주하는 개인적이고 역동적인 방법이다.[57]

사람이란 용어의 용례는 오지브와족에게서 가져온 것이지만, 사람다움의 인식은 다른 문화권에서도 찾아볼 수 있다. 오글랄라족의 경우, "성스러운 고리" 안에 있는 존재는 모두 "힘의 중심이며, 자신의 특정한 성격에 따라 행동하는 의도적인 힘의 현현"이다.[58] 즉, 디트와일러가 강조하듯이, 오글랄라족의 세계관에서 모든 존재는 사람으로 간주된다.

> 오글랄라족은 모든 존재와 영이 그 용어의 가장 완전한 의미에서 사람이

며, 내재적 가치, 온전함, 감응력, 양심, 힘, 의지, 목소리, 그리고 특히 관계 맺는 능력을 공유한다고 이해한다. 인간, 혹은 "두 다리"는 단지 사람의 한 유형일 뿐이다. 인간은 그들의 세계를 특히 인간 사람, 돌 사람, 네 다리 사람, 날개 달린 사람, 기는 사람, 서 있는 사람(식물과 나무), 물고기 사람 등 와칸 및 비인간 사람들과 공유한다. 사람의 범주는 존재가 있고 따라서 관계 맺을 수 있는 모든 것에 적용된다.[59]

태평양 북서 해안의 많은 토착 아메리카 부족들은 공유된 존재론적 기반 위에서 사람에 중심을 두는 이러한 세계관을 공통적으로 지니고 있다.[60]

오스트레일리아 원주민 부족들의 경우, 사람은 지역 경관, 즉 그 자체가 주체인 "양분을 주는 지형" 안에 확고하게 자리한다.[61] 오스트레일리아에서 토지land, 또는 좀 더 일반적으로 "지역country"은 "자체적인 의지와 생명력을 가진 것으로 여겨지며 (…) 개인을 알 수도 있고 개인에 대해 무지할 수도" 있다.[62] 데버라 로즈는 지역을 "생명을 주고받는" 장소로 묘사하며, 지역이 자신의 의지와 자각을 가진 살아 있는 실체라는 데 주목한다.[63] 이러한 감응적 경관 안에서 사람다움은 지역의 모든 구성 요소와 참여자에게 두루 존재한다. 로즈는 다음과 같이 설명한다.

> 자각, 행위주체성, 도덕성, 그리고 법의 형태로 나타나는 주관성은 생명의 모든 형태와 장소의 일부이며, 비인간 종인 식물과 동물의, 무지개 뱀처럼 강력한 존재들의, 그리고 나무와 언덕, 물웅덩이를 포함한 창조의 터전의 일부다.[64]

이러한 인식에서 지역은 그 자체로 하나의 사람이면서, 고유한 수많은 개별적 사람으로 구성된 것으로 이해될 수 있다. 따라서 오스트레일리아 원주민에게 지역은 위계가 아니라 연결된 존재들의 헤테라키다. 원주민의 이해에 따르면 이 지역 안의 모든 사람은 감응력이 충만한데, 이는 모든 사람이 꿈꾸는 조상의 행위에서 자신의 기원을 찾을 수 있기 때문이다. 이러한 맥락에서 로즈는 다음과 같이 말한다.

> 많은 원주민들에게 동물, 나무, 비, 태양, 달, 일부 바위와 언덕 등 세상의 모든 것은 살아 있으며, 모든 사람에게는 의식이 있다. (…) 모두는 존재할 권리가 있고, 저마다 소속된 장소가 있으며, 모두 저마다의 법과 문화를 가진다.[65]

사람다움은 친족 관계와 공유된 혈통에 기인하며, 이는 궁극적으로 꿈꾸는 자에게서 비롯한다. 단지 과거의 한때가 아니라 "언제나" 항상 현재에 그러하다.[66] 따라서 모든 곳에 내재하는 꿈꾸는 자의 현존은 모든 존재에게 자율성을 부여한다. 중앙 오스트레일리아 출신의 원로 밥 랜달Bob Randall은 "자연 환경은 식량 지원일 뿐 아니라 **드주구르파***tjukurrpa*, 곧 꿈꾸는 자의 표현이기도 하다."라고 말한다.[67] 꿈꾸는 자들이 각 종의 계통을 확립함에 따라, 각각의 자연 존재는 고유한 법과 문화에 따라 작동하는 것으로 인식된다.

어떤 식물 계통의 경우, 꿈 이야기는 그 식물이 처음의 인간의 모습에서 이후 오늘날 그들이 지역 안에서 존재하는 모습으로 변신했다는 서사를 들려 준다. 이러한 변형 과정은 친족 관계뿐 아니라 사람다움의 존재를 표현한다. 식물 종이 처음에 인간의 모습이었다고 말하는 것은 의인화가 아니라 오히려 "내면성" 혹은 주관성을 표상하는 중요한 방식이다.[68] 이것은 우리 자신의 인간성의 "원시적" 투사가 아니라, 오히려 "세계와 마주하기 위한" 복잡한 시스템이다.[69]

예를 들면, 군윙구Gunwinggu족의 꿈 이야기는 가족과 다툰 뒤에 야영지를 떠난 나말비와 그의 아내 은갈마드비 부부가 변신해서 판다누스 나무가 되었다고 말한다.[70] 또 다른 군윙구족 이야기에서, 남부 골번 섬에서 온 노인 마난다는 그리 멀리까지 걸을 수 없었다. 어느 날 그는 아들들에게 그들이 떠나 있을 동안 한 지점에 남아 있겠다고 말했고, "그는 그곳에 너무 오랫동안 앉아 있다가 긴 얌yam이 되었다."[71]

변신과 변형 이야기들은 식물(그리고 다른 존재들)을 의지적이고 소통적인 주체로 간주한다. 이러한 인식은 결국 식물 사람과 다른 사람들 사이의 대화적 관계가 성립하는 근거가 된다.[72] 식물이 처음에 인간의 모습이었다는 것이 분명히 드러나지 않는 이야기들에서도 식물을 사람으로 제시하는 경우가 있다. 아드냐마다냐Adnyamathanha 지역의 이가*Igas* 이야기에서 한때 인간이었다고 묘사된 것은 이가뿐이지만, 다른 나무들도 인간다움의 여러 속성들을 보여 준다. 그 이야기에서 멀가 나무와 쿨리바 나무는 이가를 공격함으로써 자신의 사람다움을 (그리고 영토권을) 보여 준다.[73]

사람다움은 변형에서뿐 아니라 관계의 필수 요소 중 하나인 소통에서도 분명히 드러난다. 이러한 맥락에서, 원주민 원로 빌 네이지는 가구주 지역의 식물 사람의 의식과 소통 능력을 다음과 같이 간결하게 묘사한다.

나무….
그는 당신을 보고 있습니다.
당신이 나무를 바라보면,
그는 당신의 말을 듣습니다.
그에게는 손가락이 없고,
그는 말할 수 없습니다.
그러나 그 잎….
그는 펴 올리고 성장합니다.
밤에 성장합니다.[74]

식물 소통에 대한 네이지의 묘사에서 나무가 인간을 의식한다는 점, 그리고 성장을 통해 자신의 "목소리"를 낸다는 점이 명백하다. 이러한 대화적인 번성은 식물에 대한 인간의 도덕적 고려의 모델로서 마지막 장에서 다루게 될 주제다.

북아메리카 북서부의 벨라쿨라 사람들에게는 인간과 나무가 서로 대화할 수 있었던 시대의 이야기가 전해 내려온다. 비록 공통 언어는 사라졌지만, 나무는 아직도 인간의 말을 이해할 수 있다고 한다. 즉 나무에게 말을 걸고 기도할 수 있다는 뜻이다.[75] 식물은 인간의 언어로 말할 수 없지만, 의식을 지니며 고유한 소통 방법을 갖는다.

오스트레일리아로 되돌아와서, 야뉴와 지역에서 인간은 인간의 언어를 통해 식물과 직접 소통한다. 야뉴와 사람들은 나무가 건강을 유지하도록, 그리고 열매를 생산하도록 부탁하는 의미에서 소철에게 직접 노래를 불러 준다.[76] 실제로 식물과 인간 사이 소통의 가장 좋은 사례는 종종 오스트레일리아에서 발견된다. 대륙 도처의 원주민 지역에서 말이 건네진다. 원주민들은 지역 전역에서 "개인과 집단과 종 사이"의 소통이 이루어진다고 인식한다.[77] 패디 로Paddy Roe와 프란스 후글렌드Frans Hoogland는 서부 오스트레일리아의 킴벌리 지역에서 그 구성 요소들, 즉 동물, 바위, 그리고 나무 사이의 소통을 지각하기 위해서는 지역에 대한 느낌을 키워야 한다고 강조한다.[78] 빌 네이지 역시 지역을 의식하고 지역에 열린 태도를 취함으로써 나무의 소통 가능성을 인식할 수 있다는 점을 분명히 한다.

> 느낌은 당신을 만들지요,
> 저기 바깥 열린 공간에서.
> 그는 당신 몸을 통해서 오고 있습니다.
> 그가 바람에 흔들리는 동안, 보세요, 그리고 당신의 몸으로 느껴 보세요….
> 왜냐하면 나무는 당신의 형제나 아버지와 다름없기 때문입니다….
> 그리고 당신을 보고 있습니다.[79]

식물의 호혜적 소통은 다양한 방식으로 나타날 수 있다. 네이지가 지적하듯이, 그것은 모두 식물의 활력 및 성장과 관련된다. 원주민들은 종종 지역에서 일어나는 다른 일을 식물이 알려 주기도 하는 것을 알고 있다. 윅-뭉칸Wik-Mungkan 지역에서 **탄찰** 나무*Alstonia actinophylla* (A. Cunn.) K. Schum.에 꽃이 피면, 굴이 먹기 좋게 통통해졌다는 뜻이다.[80] 배서스트와 멜빌 섬의 티위족에게 수수*Sorghum plumosum*, (R. Br.) P. Beauv와 같은 키 큰 우기 풀의 개화는 우기의 끝을 알린다. 또한 검은얼굴할미새사촌black-faced cuckoo shrike과 같은 철새의 도착을 알려 준다.[81] 다구라구Daguragu에서 **장갈라** 나무*Sesbania formosa* (F. Muell.) N. Burb.에 꽃이 피는 것은 악어들이 알을 낳는 시기임을 알려 준다.[82] 이 모든 사례는 해당 식물로부터 인간, 그리고 그 너머 그들의 관심을 받는 종에게로 향하는 생태학적 소통의 흐름이다.[83] 이러한 식물 종의 소통 능력을 알아차리려면 지역과 식물에 대한 열린 마음, 관심, 그리고 지식이 필요하다.

동일성과 차이의 관계성

내가 간략히 다룬 원주민 문화들에서 식물은 사람이지만, 순진하게 인간과 동일한 존재로 간주되는 것은 아니다. 식물과 동물, 그리고 인간은 서로 다른 속성을 가진 것으로 인정된다. 일부 토착 아메리카 원주민의 전통은 다양한 힘의 크기라는 측면에서 인간과 식물, 동물 사이의 차이를 구분할 수 있다. 어빙 핼러웰은 오지브와족의 세계관에 대해 다음과 같이 말했다.

> 나 자신과 관련해서, 다른 "사람"의 힘은 다양하다. 그들 중 다수는 내가 가진 것보다 더 많은 힘을 갖고 있지만, 일부는 더 적은 힘을 가지고 있다.[84]

특정한 서구적 사고방식과는 달리, 서로 다른 힘에 대한 이러한 인식은 인간을 우월한 존재로, 다른 존재들은 열등한 존재로 표현하려는 가치의 위계 질서가 아니다. 서로 다른 언어 집단들에게, 식물은 표현된 힘의 연속체에서 다양한 위치를 차지한다. 리처드 넬슨에 따르면, 코유콘족에게 (전부는 아니지만) 일부 식물은 "영spirit"이라는 "모호하게 개념화된 본질"을 가지고 있는데, 그것은 "그의 물질적 짝의 복지를 보호"해 준다.[85] 식물의 영은 일반적으로 동물의 영보다 덜 강력하며, 낭비적이고 불손한 행동에 대해 복수하지 않는다. 인간은 다음과 같은 점에서 그와 뚜렷이 다르다.

> 인간만이 영혼을 가지고 있다. (…) 사람들은 그것이 동물의 영과는 다르다고 말한다. 나는 인간의 영혼은 복수심이 덜해 보이고 죽은 뒤에 특별한 장소에서 홀로 불멸을 누린다는 것 외에는, 결코 그 차이점을 이해하지 못했다.[86]

사람다움의 관점에서 애니미즘 문화를 다시 조명하려 할 때 **영**과 **영혼**이라는 용어를 사용하는 것은 아마 부적절할 것이다. 실제로 리처드 넬슨은 영과 물질적 존재가 하나의 동일한 것임을 인정했다.[87] 그리고 흥미롭게도, 오글랄라족은 이러한 사람다움의 도식을 뒤집는 것으로 나타난다. 비록 모든 존재가 공통의 존재론을 가지고 있지만, 다양한 힘의 정도에 기초해서 세 가지 범주의 사람이 존재한다. 첫 번째 범주는 대지, 태양, 하늘과 같이 가장 큰 힘을 소유한 존재들이 포함된 **와칸**이다.[88] 두 번째 범주는 식물과 동물을 포함한 비인간nonhuman이다. 식물과 동물은 인간보다 더 강력한 것으로 간주된다. 디트와일러는 비인간 사람과 인간 사람이 어떻게 다른지에 대해 다음과 같이 기술한다.

> 이들 비인간 사람은 인간보다 더 큰 감응력, 의지, 목소리를 가지고 있다.

> 그리고 인간과 달리 비인간 사람은 성스러운 고리 안에서 다른 사람과의 조화로운 친족 관계에 좀 더 쉽게 참여한다. 그런데 그러한 조화가 방해를 받으면, 비인간 사람은 그들을 존중과 선행으로 대하지 않은 자에게 똑같이 대응한다. 존중의 대우를 받았을 때, 그들은 관대하게 반응한다. 그들의 행동은 인간의 필요와 윤리 의식에 따라 유익하거나 해롭게 비칠 수 있다. 비인간 사람은 일반적으로 꿈과 비전을 통해 인간과 소통한다. 그들은 종종 인간과 친족 관계를 맺으려는 의지를 드러낸다. 그러한 관계에는 비인간 사람의 소통 양식인 노래를 배우는 것이 포함된다. 노래는 인간이 비인간 사람에게 접근할 수 있게 하며, 성스러운 고리를 구성하는 관계적 윤리에 대해 더 잘 인식할 수 있게 한다.[89]

코유콘족과 달리, 오글랄라족은 동물 사람과 식물 사람이 주변 세계와 더 잘 연결되기 때문에 더 강한 힘을 가지고 있다고 여긴다. 여기서 관계성에 대한 강조 및 그 중요성이 드러난다. 노래와 예식을 통해 이들 비인간과 소통할 수 있는 인간은 그들의 더 강력한 힘을 활용할 수도 있다.[90] 그러한 필요성을 무시하는 인간은 "자신의 의지를 인간이-아닌 사람들과 조화시키지 못한 결과"로, 가장 파괴적인 유형의 사람으로 간주된다.[91] 오글랄라족의 존재론은 또한 인간을 힘의 서열에서 최하위에 두는데, 인간이 우리의 실존을 위해 인간이-아닌 사람들에게 (전적으로) 의존하기 때문이다. 이러한 인식은 인간의 겸손과 도덕적 감수성을 증진하며, 따라서 인간과 인간이-아닌 사람 사이의 상호 관계를 위한 요건을 강화한다. 현대 서구 사회에는 각 유형 사람들의 요구를 조화시키지 못한다거나 겸손이 부족한 경우가 만연하며, 이것은 오늘날 인간에 의한 환경 위기와 관련된다.[92]

이는 명백한 타자성을 마주한 인간이 적절히 취해야 할 반응과 분명히 연관된다. 1~3장에서 다룬 서구 사상의 흐름에서 차이는 근본적인 것으로 여겨지며 분리와 배제를 향한 충동의 근거가 된다. 여기 언급된 애니미즘 사회에서 차이에 대한 반응은 관계적 틀 안에서 일어나며, 따라서 참여와 포용의 반응, 로즈가 언급한 "연결의 윤리ethic of connection"가 나타난다.[93] 사실 다른 사람들과의 적절한 관계를 위해서는 유사성과 차이 모두를 인식하는 것이 매우 중요하다.[94] 애니미즘의 세계관 안에서, 달리 살아가는 사람들은 비록 다른 점이 있더라도, 삶 속에서 맡은 역할과 세계에 관해 그들이 가진 지식으로 인해 가치 있게 여겨진다.[95] 바흐친의 용어로 말하자면, 애니미즘의 세계관은 비인간의 "목소리"를 들리게 하고, 그로써 그들로부터 배울 수 있는 가능성을 열어 준다고 말할 수 있을 것이다.[96]

식물 해치기

비록 식물이 사람으로 간주되더라도, 인간이 살기 위해 식물의 온전함을 침해하고 번성을 억제하며 공격적으로 그들에게 해를 끼쳐야 하는 것은 명백하다. 때때로 인간 사람은 살아서 번식하려고 적극적으로 애쓰는 약초, 관목, 나무의 이익에 반하는 행동을 해야 한다. 애니미즘 문화에서 "사람의 살아 있음 혹은 사람다움은 먹히거나 해코지당할 일이 없음을 보장하지 않는다.[97] 이것은 자이나교와 힌두교 문헌에서 나타나는 감응적인 존재들에 대한 **아힘사**의 이상과는 뚜렷한 대조를 이룬다.

타자성에 직면해서, 원주민 애니미즘 문화들은 연결을 추구하고 사람다움을 인식한다. 그들은 또한 포식 관계에 참여하는데, 그것은 결국 차이를 표시하는 역할을 한다. 살기 위해 다른 사람에게 해를 끼치고 그 생명을 취할 필요는 생명의 골치 아픈 사실로서 받아들여진다. 실제로 많은 애니미즘 문화에서 포식 관계는 인간이-아닌 사람과 관계 맺기의 일부이며, 인간의 실존을 떠받치는 그들의 역할을 인정하는 방법이다.[98] 원주민 문화의 핵심은 개별 식물에게 가해지는 상해가 무시되거나 배경화되지 않는다는 점이다. 중요한 것은, 인간이 다른 존재들의 온전함을 해치지 않고서도 삶을 영위할 수 있다는 듯 가장하느라 친족 관계의 연결을 내버리고 식물의 자질을 깎아내리려고 하지 않는다는 점이다.

애니미즘 사회들은 다른 사람의 온전함과 자율성에 대한 침해를 예민하게 의식한다. 마오리족은 손님에게 음식과 쉴 곳을 제공하기 위해 부족과 연결된 숲을 베어내고 그들의 친족인 고구마 덩이뿌리를 파내야 한다.[99] 일부 애니미즘 사회에서 인간은 명백히 고통받을 수 있는 (따라서 상해를 입을) 능력을 지녔다고 인정받는 식물을 이용해야 한다. 남부 아라비아의 목동 부족 사이에서는 인간이 생존하기 위해 필수적으로 이용해야 하는 우산아카시아 나무*Acacia tortilis* (Forssk.) Hayne의 고통을 묘사한 이야기들이 전해진다.[100] 이 아카시아는 (베이면 피를 흘리는 능력을 포함해서) 사람다움의 특징을 가졌다고 인정되지만, 그 지역 부족 다수의 생계 또한 지탱하고 있다. 북아메리카의 침시안족과 틀링깃족은 나무를 느끼고 고통받을 수 있는 존재로 인정하지만, 그러면서도 생활필수품으로 사용한다.[101]

인간과 식물은 친족이며 둘 다 사람이지만, 그럼에도 식물의 자율성을 침해하고 그들에게 해를 입힐 필요성이 인정되고 수용되는 것이다. 타우하이T. P. Tawhai는 이러한 인식이 "허가를 구하고 위무하는" 인간의 종교 활동의 원동력이 된다고 이해한다.[102] 그것은 회개를 추구하지 않는데, 왜냐하면 생명을 취하는 것은 세계의 필요 불가결한 부분이며 삶의 불가피한 부분이기 때문이다.[103]

생명을 취하는 것은 불가피한 일로 용인되지만, 그렇다고 해서 무분별한 살해를 허용하는 것은 아니다. 인간이 식물을 무제한으로 이용하는 것은 정당화되지 않는다. 중요한 것은, 살해와 피해는 구조적이고 균형 잡힌 호혜적 관계성 안에서 일어난다는 점이다. 원주민들은 생태학적 생명이 인간의 폭력적인 행동을 요구하는 흐름의 시스템 속에서 연결되어 있다는 점을 예리하게 인식한다. 원주민 생태학에 대한 데버라 로즈의 통찰력 있는 분석은 그러한 연결이 인간, 식물, 동물을 상호 책임의 네트워크 안에 위치시킨다는 것을 보여 준다. 여기서 생명은 "자신을 위한 것일 뿐 아니라 타자를 위한 것"이다.[104] 오스트레일리아 원주민들이 볼 때, 지역은 사용**되어야만 한다**. 지역이 건강을 유지하려면 식물과 동물이 살해되어야 한다.[105] 왜냐하면 지역의 건강은 그곳에 서식하는 살아 있는 존재들의 번성에 달려 있고, 살아 있는 존재들은 영양의 교환 없이는 살 수 없기 때문이다.

식물 사람을 존중하는 행동

균형 잡힌 호혜적 관계에서 다른 존재의 온진함을 손상시키고 그들의 번성을 제한하는 일은 불가피한 경우에 한정되어야 한다. 이것은 다른 사람을 존중하는 행동의 기본이다. 식물(개체와 종 모두)에게 입히는 피해는 몸의 일부에서 다시 자라나는 능력을 비롯한 식물의 특정한 자질에 대한 지식을 활용함으로써 줄일 수 있다. 예를 들어, 원주민들은 얌을 파낼 때 얌이 다시 자라나도록 으레 땅속에 얌의 일부를 남겨 두고 잘 덮어 둔다. 얌을 덮어 두지 않고 떠나면, 죽게 될 얌과 그 전체 종, 그리고 식량 없이 남겨질 인간에게도 불필요한 피해를 야기하게 된다. 빌 네이지는 다음과 같이 간결하게 말했다.

> 당신이 구멍을 그대로 두면
> 당신은 얌을 죽이게 된다.
> 당신은 당신 자신을 죽이게 된다….[106]

식물, 동물, 그리고 인간은 서로 의지하는 친족 관계를 공유할 뿐 아니라, 서로의 몸 역시 상호침투한다는 점이 명백하다. 이것은 불가피한 경우에만 식물에게 해를 끼쳐야 하는 또 다른 강력한 이유다. 풀을 태우는 것은 풀에게 치명적인 해를 야기하지 않으며, 따라서 풀에게 무례한 것이 아니다. 비가 오면, 그 풀은 되돌아온다. 그러나 약초, 풀, 그리고 나무를 이용하다 죽이게 되면, 자기 지역에 대한 감정을 느끼는 원주민들은 개별적 친척이 입은 피해를 느낄 수 있다. 이는 "육체"를 공유하는 토템 관계에서 가장 자주 표현되지만, 좀 더 일반적인 친족에 대한 해로운 행동 역시 느낄 수 있다.

> 당신이 아픔을 느낀다면…
> 두통, 몸살,
> 누군가가 나무나 풀을 죽인다는 뜻입니다.
> 그 나무나 대지 안에 당신의 몸이 있기 때문에 느끼는 것입니다.
> 누구도 당신에게 말해 줄 수 없어요.
> 당신 스스로 느껴야 합니다.[107]

흥미롭게도, 이러한 감정이 단지 원주민 문화에서만 발견되는 것은 아니다. 식물과 인간의 상호 침투는 영어권에서 가장 호소력 있는 시인들 중 한 사람인 앤드류 마블Andrew Marvell(1621-1678)의 작품 『풀 베는 사람의 노래*The Mower's Song*』에서 간단히 표현된다.

> 내가 풀에게 하는 행동은 내 생각과 나 자신에게 하는 행동이다.[108]

어쩌면 인간이 살기 위해 희생시킨 생명에 감사하기 위해서는 이러한 아픔을 느껴야 할 필요가 있을지도 모른다. 인간과 식물의 몸이 상호 침투한다는 인식은, 우리 친족을 과도하게 착취해서 생명의 기반이 되는 연결을 끊는 가장 나쁜 유형의 살해를 막는 데 도움이 될 수 있다.[109] 모호크족의 식물 채집 방법에 대한 다음의 설명은 다른 종의 자율성을 존중하고 그들 사이의 연결을 유지할 필요가 있다는 강한 인식을 나타낸다.

> 내가 배운 것은 식물을 볼 때 맨 처음 본 식물에게는 감사를 바쳐야 한다는 것이다. 그 식물은 여전히 여기에 우리와 함께 있으면서 여전히 자기 의무를 수행할 것이고, 당신은 그 식물이 존속하기를 바란다. 당신은 그것을 지나쳐서 찾은 다른 식물을 꺾을 수 있다. 당신이 첫 번째 식물을 취한다면, 누가 알겠는가, 어쩌면 그것이 세상에 존재하는 마지막 식물일지도 모르기 때문이다.[110]

종에 대해서뿐 아니라 개별 식물에 대해서도 존중은 필수적이다. 북아메리카 북서 해안에서 전통적인 자원 활용은 식물과의 관계를 존중하는 방향으로 이루어졌다. 특히 사람들은 나무를 베어내지 않고 널빤지를 취함으로써 나무가 입게 되는 피해를 줄이려고 노력했고, 수액의 순환을 방해해서 그 나무를 죽게 하는 일이 없도록 나무껍질을 과도하게 벗기지 않으려 했다.[111] 콰키우틀족과 틀링깃족은 필요에 따라 나무를 베어야 할 경우 나무를 베기 전에 종종 기도하고 나무에게 선물을 바치며, 또한 나무에게 허락을 구했다.[112] 인근의 식물들도 존중을 받았고, 틀링깃족은 나무가 쓰러질 때 추가적인 피해를 막기 위해 땅위에 내려온 독수리들을 쫓아버리곤 했다.[113]

인간이 식물에게 끼치는 해악을 다루는 이러한 과정에서 종착점에 주목할 필요가 있다. 많은 애니미즘 문화에서 죽음은 흔히 종료가 아니라 오히려 생명의 한 국면에서 또 다른 국면으로의 변형으로 인식된다. 그것은 애니미즘적 삶의 방식에서 두드러진 특징이다.

> 살아 있는 사람이 나무에서 "공예품artefacts"으로 변형되는 것은 생명과 사람다움의 파괴나 그에 따른 인공물artificiality로의 변형으로 경험되지 않는다. 인간의 공예품은 사람들 사이의 만남을 풍부하게 할 뿐 아니라, 흔히 그 자체로 자율적인 행위주체로서 경험된다.[114]

식물의 죽음은 그것이 다른 사람들 사이의 더 큰 연결을 가능하게 한다면 특히 더 강력한 변화를 만들어 낼 수 있다. 토착 아메리카인들에게 담배는 여러 중요한 예식적 용도를 가지고 있는데, 이때 그 식물은 성스럽다고 여겨질 뿐 아니라 또한 사람다움의 속성을 가진 살아 있는 사람으로 간주된다.[115] 키카푸 부족Kickapoo nation에게 담배는 강력한 사람으로 나타나며, 의례를 통해 다른 사람들에게 제공된다.[116] 담배를 나누고 그 연기를 공유하면 사람들 사이의 관계가 심화되고 소통이 확장된다.[117] 이러한 능력은 사람다움이 지속되고 있음을 나타낸다.

그렇지만 생명을 취함으로써 변화를 만들 수 있다는 사실이 과도한 소비, 낭비, 혹은 태만을 용인해 주는 것은 아니다. 취해진 생명은 선물이며, "선물이 아닌 것을 이용하는 것은 부도덕하고, 배은망덕하며, 탐욕적이고, 모욕적인 행동이다."[118] 북아메리카의 콰키우틀족에게 삼나무로 만들어진 모든 물건은 사람다움의 속성을 보유하는데, 그것이 살아 있는 사람으로 만들어졌기 때문이다.[119] 마오리족 예술가들이 자신과 연결된 아마로 천을 짤 때, 자기 친족의 생명을 존중하는 것은 매우 중요하다. 푸케타푸-헤테트Puketapu-Hetet가 말했듯이,

> 베를 짜는 사람인 내게는, 내가 작업하는 재료의 **마우리***mauri*(생명력)를 존중하는 것이 중요하다. 일단 내가 [아마를] 그것이 속한 자리에서 가져왔다면, 반드시 그 생명력에 또 다른 차원을 부여해서 그것이 계속해서 아름다움을 유지하게 해야 한다.[120]

특정한 친척과 돌봄

인간과 식물 사이에는 한편으로는 차이도 있고 불가피한 상해도 있을 수 있지만, 다른 한편으로는 감사와 포용이 있다. 혈통을 공유한다는 인식은

자연 세계의 다른 생물들과의 특정한 호혜적 책임 관계를 위한 토대가 된다. 우리가 간략히 살펴본 원주민 문화에는, 조상의 영역에서 발견되는 인간이-아닌 종들과의 특정한 친족 관계 연결이 흔히 존재한다.

어떤 문화에서는 실제로 인간의 주요 식량 또는 건축 자재인 식물과 친밀한 친족관계가 형성된다. 이러한 식물의 중요성은 그들이 단지 배경을 이루기보다는 인간 생명을 유지하기 위해 **능동적** 역할을 담당한다는 강렬한 이해에서 드러난다. 빌 네이지는 다음과 같이 강력하게 말했다.

> 나는 나무를 사랑하네, 으●도 나를 사랑하기 때문에.
> 으는 당신과 마찬가지로 나를 보고 있네
> 나무는 당신의 몸, 나의 몸과 함께 일하네,
> 으는 우리와 함께 일한다네.[121]

마오리족에게 고구마(**쿠미리** *Ipomoea batatas* (L.) Lam.)는 전통적인 주식이며, 또한 친밀한 친족으로 간주된다. 부분적으로 이것은 **쿠마라**가 마오리족의 카누를 타고 그들과 함께 아오테아로아로 이주했기 때문이며, 마오리족이 식물과 인간 모두가 생존을 위해 서로를 필요로 한다고 인식하기 때문이다.[122]

마찬가지로, 북아메리카 북서 해안의 사람들은 삼나무가 인간의 생명을 유지하는 데 핵심적인 역할을 한다고 인식한다. 그 나무는 흔히 장수하게 해주는 자, 생명을 주는 자, 치유하는 여성, 혹은 친구이자 초자연적 존재 등과 같이 애정 어린 호칭이나 친족 관계의 용어로 언급된다.[123] 아마조니아에서 아추아 부족 여성은 그들이 경작하는 식물을 "식물 자녀"라

● 빌 네이지는 남성과 여성, 식물과 동물, 자연현상과 조상 등이 동등한 주체임을 강조하고 그들 사이의 호혜적인 상호관계를 표현하기 위해 대명사 'e'를 의도적으로 사용한다. 'e'를 '으'로 옮겼다.

고 말한다.[124] 이러한 혈족관계는 공통 조상에게서 비롯된 것으로 이해되지 않기 때문에 매우 흥미롭다. 오히려 그것은 식물과 인간이 같은 생활공간을 공유한다는 데 기초한다.[125]

다시 한번, 오스트레일리아 원주민들은 인간과 식물 사이 특정한 친족 관계 연결의 몇 가지 가장 두드러진 사례들을 보여 준다. 뉴사우스웨일스의 토테미즘 현상을 살핀 탁월한 연구에서 로즈 등은 다음과 같은 사회성의 양식이 토테미즘의 한 가지 측면을 이룬다고 설명한다.

> [그것은] 자연 세계와의 친족 관계 체계를 명확히 나타낸다. (…) [그리고] 친족 관계가 모든 생명의 주요 토대이며 자연 세계와 인간이 생명 과정에 참여하는 세계관을 표현한다.[126]

토템*totem*이란 단어는 글자 그대로 "자궁 친족"을 의미하는 오지브와 단어 **오토테만***ototeman*에서 유래되었다.[127] 토템 관계는 무엇보다도 다른 종과의 친족 관계로 정의되는 특정한 관계다. 토템 관계는 "상호 돌봄의 관계"로서, "살아 있는 몸들을 동일성과 차이의 구조화된 관계로 연결하는 주요 시스템을 구성한다."[128] 친족 관계를 인식할 때 친족이 서로 어떻게 다른지에 대한 인식이 포함되지만, 종들 사이의 이러한 뚜렷한 경계는 배타적이지 않다. 그것은 상호 돌봄의 호혜적 책임과 동질성, 연결성, 그리고 상호 주관성을 강조하면서 극복된다. 모든 생명의 생태학적 상호 의존성에 대한 인식은 서로 다른 생명체들 사이의 신체적 상호 침투에 대한 인식으로 이어진다. 한편 토템 관계의 대부분은 식물이 아니라 동물과의 관계라는 점을 지적해야 한다. 그렇지만 이것은 식물과의 친족 관계를 부정하는 것이라기보다, 오히려 "사람들은 그들과 닮지 않은 것보다는 가장 비슷한 존재들과 스스로를 가장 친밀하게 동일시하며 가장 자주 연관시킨다."라는 현실을 보여 주는 것으로 간주되어야 한다.[129]

식물을 토템 관계 안에 포함하는 것은 매우 흥미로운데, 그것이 특정 식물을 돌봄과 책임의 즉각적 관계 속으로 통합하는 강력한 시스템이기 때문이다. 인간과 식물은 직접적으로 연결되며, 이처럼 친밀한 관계에 있는 식물 종에게 친숙한 친족 용어가 사용된다. 이와 같은 토템 관계의 지속은 친족 관계의 추상적 일반화에 빠져드는 것을 방지하며, 특정한 장소의 식물 사람이 도덕적 영역으로 통합되도록 보장한다.

인간은 계보를 공유하는 가족 토템을 여럿 가질 수 있다. 이러한 헤테라키적 관계의 상당수가 동물과 관련되지만, 식물 역시 토템 체계에 등장한다. 친밀한 관계는 식물을 포함하는 이러한 토템 체계의 특징이다. 막막족의 고장에서 토템은 **은기르와트***ngirrwat*라고 불린다. 막막족 여성 낸시 다이이Nancy Daiyi와 캐시 데브루Kathy Deveraux는 식물과의 관계를 다음과 같이 설명한다.

> 여기 이 나무를 우리는 "삼촌"이라고 부릅니다.[130]

> 스트링이바크stringybark는 여성을 위한 것이고, 울리버트woolybutt는 남성을 위한 것입니다.● 그들은 그것을 "삼촌"이라고 부릅니다. 그러니 우리가 단지 동물의 "은기르와트"에만 연결되는 것은 아닙니다. 우리는 나무와도 관계를 맺습니다. 그것은 엄마의 삼촌, 스트링이바크입니다.[131]

야뉴와 지역에서 애니 아이작Annie Isaac은 회색 맹그로브*Avicennia marina* (Forssk.) Vierh.가 우얄리야Wuyaliya 씨족을 위한 씨족 토템이라고 말한다.

> 그 나무, 회색 맹그로브는 나의 가장 오래된 부계 조상이며, 우리 우얄리야 씨족 사람들은 스스로를 회색 맹그로브의 친척이라고 일컫습니다.[132]

● 스트링이바크와 울리버트는 둘 다 유칼리나무의 일종으로 각각 *Eucalyptus obliqua*, *Eucalyptus longifolia*를 가리킨다.

야뉴와 시스템에서 식물과 동물은 씨족에 할당되어 친족 관계 시스템 속으로 통합된다. 이것은 꿈꾸는 조상들의 구체적인 행동의 결과다. 각 종이 씨족 안으로 통합되면서 토템과 그것이 할당된 "친족 위치"는 같은 외연을 갖는다. 따라서 미니 울불리니마라Minnie Wulbulinimara가 판다누스를 "내 어머니의 외삼촌"이라고 부르거나 회색 맹그로브를 "남편"이라고 부를 때, 그녀는 은유나 상징으로 말하는 게 아니라 실제 친족 관계를 묘사하고 있는 것이다.[133]

야랄린Yarralin에서 **은구를루***ngurlu*로 알려진 모계 토템 체계는 호주벽오동나무*Brachychiton paradoxum* Schott를 포함한다.[134] 이것은 사람의 어머니에게서 비롯한 토템이기에, 어머니와 자식의 **은구를루**는 동일하다. 이렇듯 친밀한 관계에서 토템과 인간은 친척으로 간주되며, 이 열린 체계에서 "**은구를루** 안의 관계, 또 그들 사이의 관계는 식물, 동물, 자연력 및 계절성에 대해 밖으로 열려 있다."[135] 인간과 주요 식량 작물 사이의 특정한 친족 관계와 달리, 원주민의 토템 관계는 흔히 해를 끼치는 것과 포식을 기피한다. 토템의 "살"과 부족의 몸은 같은 외연을 가진 것으로 간주되기에, 사람들은 그들의 토템을 먹는 것을 피한다. 그 대신 관계는 상호 "돌봄과 배려"에 좀 더 집중된다.[136] 이러한 관계들, 아마도 모든 토템 관계는 친족을 먹어야 할 필요성에서 발생할 수 있는 지역 내 사람들 사이의 불화를 중재하는 데 도움이 된다.

데버라 로즈는 원주민 생태학에서 이러한 연결성에 대해 쓰면서, 우리가 세계의 다른 사람들과 "관계를 회복"하려고 애써야 하지만, "원주민 부족과 그들의 연결의 문화를 물신화하거나 전유하지 않으면서" 그렇게 해야 한다고 강조한다.[137] 이 사례 연구는 원주민의 애니미즘 관념을 사용해 식물과 서로 더 존중하는 관계를 유도하지만, 원주민 지식 체계를 전유하거나 그것을 서구 세계에 이식하려고 시도하지 않는다. 어쨌든 원주민이 식물계와 맺는 관계, 그리고 유럽이 식물계와 맺는 관계를 엄격한 이분법으로 대비하는 것은 오해의 소지가 있다. 그러한 이분법은 바람직하지 않은데, 왜냐하면 그리스도교가 유럽에 퍼지기 전에는 이교도 역시 식물계 및 더 광범위한 자연 세계와 존중의 관계를 맺고 있었다는 증거가 있기 때문이다.[138] 다음 장에서는 이러한 증거를 검토하고 그것이 현대 서구의 인간과 식물 사이의 관계에 미친 영향을 설명할 것이다.

주

1 Neidjie 1998, 3.
2 Callicott 1997; Grim 2001; Plumwood 2002; Mathew 2003.
3 Whitt et al. 2003, 4. 원주민의 생각은 실천에서 분리되지 않는다는 점에 주의할 필요가 있다. 우주론, 의례적 실천, 그리고 생계는 모두 원주민의 "생활 방식"으로 일컬어져 온 것 속에서 일반적으로 서로 얽혀 있다.
Grim 1998; Grim 2001, 34.
4 Grim 2001, 51.
5 Deutsch 1970, 80.
6 Harvey 2005a.
7 Henare 2001, 201.
8 Brosius(2001)는 원주민 생태학의 맥락에서 **성스러움**(*sacred*)이란 용어 사용의 적절성에 의문을 제기하며, 그것을 "정복의 문법"에 연결 짓는다. 서문에서 언급했듯이, 이 장에서는 어떤 경우든 "성스러운" 식물에 집중하는 것을 삼갈 텐데, 성스러운 식물 종에 관한 연구 문헌이 이미 너무 많기 때문이다. Schultes and Hofmann 1992 참고.
9 애니미즘 문화들에 대한 최근 분석들이 사람다움을 조명해 왔지만, 식물의 사람다움은 어느 정도 동물 사람의 그늘에 가려져 왔다. 이 장은 식물과 인간의 관계성에 배타적으로 집중함으로써 그러한 연구를 보충할 것이다.
10 Sanchez 1999, 207-228.
11 Rose 2005, 295.
12 Bradley 2001.
13 Rose 1992.
14 Rose 1992, 57.
15 Rose 1987, 8.
16 Tunbrige 1988, 48.
17 Berndt and Berndt 1989.
18 Rose 1987, 6-7.
19 Bradley 1988, 12.
20 Rose 1996, 29.
21 Whitt et al. 2003.4.
22 Rose 1999 참고.
23 Bradley 2001.
24 Neidjie 1998,4.
25 Detwiler 1992, 238.
26 Detwiler 1992, 238-39.
27 Detwiler 1992, 239.
28 Morrison 2000, 24.
29 Henare 2001, 202.
30 Erenora Puketapu-Hetet, Whitt et al. 2003.5에서 재인용.
31 Roberts and Willis 1998, 45.
32 Seton and Bradley 2004, 213.
33 Henare 2001, 202.
34 Ibid.
35 Dreadon 2002, 6.
36 Nelson 1986, 16.
37 Ibid.
38 다시 말하지만, 본래 인간 존재였다가 변신하는 모티프가 있는데, 이것이 사람다움의 관념과 맞닿아 있다. 다음 절에서 이를 살펴볼 것이다.
39 Nelson 1986, 17.
40 Mauzé 1998, 238. 식물로부터 이러한 인간의 창조는 인간이 나무에서 창조되었다는 운문 에다(*Poetic Edda*)의 내용

과 매우 유사하다.

41 Ibid.

42 나무의 탄생과 공유된 피의 모티프는 다음 장에서 다룰 이교도 이야기들과 매우 유사하다.

43 Neidjie 1985, 51.

44 Bird-David 1999; Harvey 2005a.

45 Ibid.

46 Harvey 2005a, Preface xi.

47 Harvey 2006.

48 Hallowell 1960, 27.

49 Hallowell 1960, 36. "일상생활에서 오지브와족과 특정 종류의 식물 및 동물과의 상호작용은 문화적으로 매우 구조화되어서, 개인들은 마치 인간의 말을 이해하는 의지력을 겸비한 '사람들'을 대하는 것처럼 행동한다."

50 Descola 1992, 115.

51 Harvey 2005a, Preface xvii.

52 Harvey 2005a, 15와 Guthrie 1993 참고.

53 Harvey 2005a, Preface xi.

54 Harvey 2005a, 16.

55 토착 생태 지혜가 유전적으로 전수된다는 순진하고 낭만적인 관념에 대한 비판으로는 Grim(2001) 참고.

56 Harvey 2005a, 18.

57 힌두교와 자이나교 문헌과 조상의 지식에서 그렇듯이, 사람다움의 인식은 식물과 동물과 인간이 번성할 능력을 공유한다는 개인적 경험에 기초한다.

58 Detwiler 1992, 238.

59 Detwiler 1992, 239.

60 Mauzé 1998, 239.

61 Rose 1999.

62 Bradley 2001, 298; Rose 1999.

63 Rose 1996, 7.

64 Rose 1999, 178.

65 Rose 1996, 23.

66 Stanner 1979.

67 Randall 2003, 86.

68 Mathew 2003, 79.

69 Ibid.

70 Berndt and Berndt 1989, 57-58.

71 Berndt and Berndt 1989, 62.

72 바흐친은 독백이 단성적인 데 비해, 대화는 둘 혹은 그 이상의 목소리를 필요로 한다는 점을 분명히 한다. Bakhtin 1984 참고.

73 쿨리바 나무는 분명히 무언가 의미심장하다. 해안에 서 있는 큰 쿨리바 나무에 관한 야뉴와(Yanyuwa)족의 이야기가 있다. 그 나무는 창꼬치를 위한 꿈꾸는 존재였다. 어느 날 큰 배가 그 나무에 너무 가까이 왔고, 쿨리바는 그 배로 뻗어 나가 그것을 붙잡아서 넘어뜨려 버렸다.

74 Neidjie 1985, 52.

75 Mauzé 1998, 239.

76 Bradley 2001, 183.

77 Rose 2005, 297.

78 Roe and Hoogland 1999, 16-17.

79 Neidjie 1985, 51.

80 Kilham et al. 1986, 208.

81 Stevenson nd, 5.

82 Rose 2005, 299.

83 Ibid.

84 Hallowell 1960, 43.

85 Nelson 1986, 21.

86 Nelson 1986, 20.

87 Nelson 1986, 22. 아마도 "새로운 애니미즘"의 용법에서는 인간이 좀 더 강력한 사람이고 그다음에 동물이, 그리고 식물이 뒤따른다고 말하는 것이 더 적절할 것이다.

88 Detwiler 1992, 240.

89 Detwiler 1992, 242.

90 Ibid.

91 Ibid.

92 서문 참고.

93 Rose 1999.

94 In Hand 1989, 47-50.
95 "오스트레일리아 원주민의 경우, 인간은 지식에 대한 독점권을 갖고 있지 않다. 다른 생물들이 우리가 거주하지 않는 지역에서 서식하기 때문에 우리가 모르는 것들을 알고 있다고 사람들은 매우 분명하게 말한다." Rose 2005, 297-98.
96 Bakhtin 1981, 1984.
97 Harvey 2005a.
98 동물 사람과 관련된 설명에서, Fienup-Riordan(2001)은 유픽 에스키모인들이 거위와의 포식적 관계를 거위에게 적절한 존중을 보여 주는 것으로 간주한다는 데 주목한다. 거위를 포획하면 다음 해에 더 많은 수가 돌아오는 반면, 포식을 피하면 이 동물 사람을 모욕한 것이 되고 그들은 다른 곳으로 가버린다.
99 Tawhai 2002.
100 Miranda Morris(2007년 5월 11일, 개인적 소통). 특히 아이들은 절대로 그 나무를 잘라서는 안 된다고 배우는데, 그 나무가 고통스러워하고 아파서 울부짖을 것이기 때문이다.
101 Mauzé 1998, 239.
102 Tawhai 2002, 244.
103 (식물의 시각에서) 식물에게 가해지는 상해가 정말로 위무되느냐의 여부는 별개의 문제다.
104 Rose 2005, 296.
105 Rose 1995, 47.
106 Neidjie 1985, 41.
107 Neidjie 1985, 52.
108 Marvell 1892, 90.
109 Rose 2006.
110 Barreiro 1992. Whitt et al. 2003, 17에서 재인용.
111 Mauzé 1998, 241.
112 Ibid.
113 Ibid.
114 Harvey 2005a, 56.
115 Harvey 2005a, 44.
116 Winter 2000.
117 Harvey 2005a, 44.
118 Harvey 2005a, 55.
119 Mauzé 1998, 240.
120 Puketapu-Hetet, Whitt et al. 2003, 14에서 재인용.
121 Neidjie 1998, 4.
122 Harvey 2005a, 106.
123 Mauzé 1998, 241.
124 Rival 2001, 60.
125 Ibid.
126 Rose, James and Watson 2003, 3.
127 Harvey 2005a, 165.
128 Rose 1999, 179.
129 Harvey 2005a, 164.
130 Nancy Daiyi, Rose 2003, 110에서 재인용.
131 Kathy Deveraux, Rose 2003, 110에서 재인용.
132 Annie Isaac, Bradley et al. 2006, 1에서 재인용.
133 Bradley et al. 2006, 9.
134 Rose 1992, 82. 종 식별은 확인되지 않았다.
135 Ibid.
136 Rose 1992, 85.
137 Rose 1999, 182.
138 4세기에 로마 황제 콘스탄티누스가 그리스도교로 회심하면서 유럽에서 그리스도교는 지배적인 종교로 확립되기 시작했다. 역사가 로널드 허턴(Ronald Hutton)은 이러한 변화의 규모를 "유럽 종교사의 가장 큰 변화"로 묘사했다. Hutton 1991, 247.

6장

이교도, 식물, 그리고 사람다움

한 나무가 말했다. 전나무는 한숨을 쉬었다.
참나무가 현명하게 대답했다.
"나 자신을 걱정하느라
당신 아들에 대해 걱정할 처지가 아니라오…."[1]

–『칼레발라』

식물의 맥락에서 이교도에 대해 가장 흔히 하는 주장 중 하나는 이교도들이 특정한 식물과 작은 숲을 성스럽게 여겼다는 것이다.[2] 환경 윤리 분야에서 린 화이트 주니어 같은 학자들은 이 성스러운 자연 관념을 사용해, 현대 사회가 그렇지 못한 것과 달리 이교도들은 본질적으로 자연을 존중했고 자연을 이용할 때 절제와 균형을 유지했다고 시사했다.[3]

화이트는 이처럼 자연을 **성스럽게** 여기는 이교도의 태도와 자연을 순전히 자원으로 인식한 인간중심적 그리스도교를 대비시켰는데, 이는 많은 논란을 불러일으켰다.[4] 그리스도교가 인간중심적이라는 주장에는 반론도 많지만, 3장에서 본 창세기의 창조 이야기들이 동물중심적이라는 점에는 거의 의심할 여지가 없다. 그 이야기들은 동물의 생명과 식물이 지배하는 나머지 자연 세계 사이에 근본적인 분열을 만들어 낸다.[5] 그럼에도 불구하고, 역사가 로널드 허턴은 그리스도교가 샘과 같은 특정 자연 형태를 축성한 것과 이교도가 숲을 벌목한 것을 지적하면서, 과연 자연과의 관계에서 그리스도교가 이교도보다 더 착취적인지 의문을 제기한다.[6] 그렇지만 화이트와 허턴의 분석은 둘 다 성스러움이 이용의 배제를 암시한다는 관념에 전적으로 의지하고 있어 식물 생명에 대한 이교도의 인식을 그리스도교의 인식과 구별하는 데 실패했다고 볼 수 있다. 이교도와 그리스도교의 식물에 대한 관점에서 나타나는 좀 더 중요한 차이는 성스러움의 관념에서 발견되기보다는 오히려 우리의 이교도 조상들이 좀 더 일상적인 의미에서 식물과 맺고 있던 관계 속에 있다는 것이 나의 주장이다.

그리스도교 문헌과 비교할 때 이교도들이 매우 다른 방식으로 식물과 관계를 맺었으며 그 존재를 매우 다르게 이해했음을 밝히는 데 현대 애니미즘에서 얻은 통찰이 도움이 된다. 성서와 그리스도교 신학 자료들에서 식물을 배경화한 것과 대조적으로, 그리스도교 이전 유럽의 문헌에 남아 있는 단편斷片들은 이교도들 또한 식물을 친족으로, 그리고 사람으로 인식했음을 보여 준다. 고대 그리스어, 고대 노르드어, 앵글로색슨어, 켈트어, 그리고 카렐리아어 등 다양한 전통에서 나온 이교도 자료는 식물을 배경화하기보다 관계적이고 의지적이며 자율적인 생명체로 묘사한다.

이교도가 식물을 존중하며 대하는 관계는 전적으로 성스러움의 관념에 기초했다기보다는 관계됨과 연결의 관념에 근거했다는 점이 명백하다.[7] 현대 애니미즘 사회에서와 마찬가지로, 식물은 지역적인 돌봄과 연대, 그리고 책임성의 관계 속에 포함되었던 것으로 보인다. 중요한 것은, 이들 고대의 세계관들이 그와 마찬가지로 자연 세계와 존중의 상호작용을 추구하는 현대 페이거니즘의 수립에 부분적으로 영감을 주었다는 점이다.[8] 현대 페이건들이 내가 논의할 자료들에 언제나 명시적으로 의존하는 것은 아니지만, 그들이 살아 있는 존재들 사이의 연결을 인식하고 강조한다는 점은 분명하다. 그들은 그리스도교 시대 이전에 뚜렷했던 식물과 인간 사이의 친족 기반 관계성을 재건하려고 한다. 이 장의 목적 중 하나는 연결과 존중을 향한 이러한 현대적 추동력이 여러 이교도 자료에 의해 뒷받침된다는 사실을 조명하는 것이다.[9]

이교도의 성스러운 식물과 식물 친족

유럽 이교도의 성스러운 식물과 성스러운 작은 숲이 기록에 나타나는 것은 고대부터다. 플리니우스는 겨우살이와 그것이 자라는 참나무가 모두 드루이드Druids에게 성스러운 것이라면서, 드루이드는 "참나무 잎 없이는 어떠한 성스러운 의식도 수행하지 않는다."고 썼다.[10] 마찬가지로, 루카누스Lucan는 드루이드가 참나무 숲에서 이러한 의식을 수행하기를 선호한다고 서술했다.[11] 타키투스는 수에토니우스 파울리누스Suetonius Paulinus가 파괴한 앵글시Anglesey 드루이드의 성스러운 작은 숲의 존재를 묘사함으로써 이를 뒷받침했다.[12] 타키투스는 또한 그의 『게르마니아*Germania*』에서 게르만 부족들이 "작은 숲과 나무들을 봉헌하고, 신앙의 눈으로만 볼 수 있는 보이지 않는 것을 신들의 이름으로 부른다."라고 적었다.[13]

네메톤(성스러운 작은 숲)이란 단어가 대륙 전역의 지명에 포함된 것을 통해 유럽 어디에나 성스러운 작은 숲이 있었다는 것을 알 수 있다. 브리튼에서는 잉글랜드의 **버네메톤***Vernemeton*과 스코틀랜드의 **메디오네메톤***Medionemeton*이 여기에 포함된다.[14] 아일랜드에서 성스러운 나무를 가리키는 옛 이름 **빌레***bile*는 지명 **빌리오마구스***biliomagus*(성스러운 나무의 평원)에서도 발견된다.[15] 프랑스의 피레네 지역에서는 "너도밤나무Fagus"와 "신의 여섯 나무God six trees"에 바쳐진 제단들이 발견되었고, 나무로 장식된 제단들도 발견되었다.[16] 마찬가지로 독일에서는 제물용 구덩이 같은 성스러운 공간에 나무 몸통이나 살아 있는 나무가 심긴 것이 발견되었다.[17] 남유럽에서는 성스러운 작은 숲에서 이루어지는 신들의 숭배가 종종 언급되는데, 도도나Dodona에서의 제우스 숭배는 원래 참나무로 이루어진 성스러운 작은 숲 안에서 수행된 것으로 묘사된다.[18] 로마의 경우, 플리니우스의 기록에 참나무는 주피터의 성스러운 나무, 월계수는 아폴로의 성스러운 나무였으며, 올리브는 미네르바, 도금양은 비너스, 그리고 포플러는 헤라클레스의 성스러운 나무였다고 쓰여 있다.[19] 오비디우스 역시 참나무는 주피터에게 바쳐진 성스러운 나무라고 기록한다.[20] 참나무는 특히 유럽에서—그리스에서는 제우스와 연관되고, 켈트 유럽에서는 그에 상응하는 천둥신과 연관되어서—성스럽게 여겨졌던 것 같다.[21]

위의 사례에서 볼 수 있듯이, 이교도에 대한 저술에서는 단지 남신/여신과의 **연관**을 통해서만 식물을 성스러운 것으로 묘사하는 경우가 흔하다. 그렇지만 남신/여신과 연관된 성스러운 식물에만 집중하면 이교도 세계관 안에서 식물과 인간의 관계성을 효과적으로 식별할 수 없다. 또한 그것은 식물 자체의 본성에 대해 거의 말해 주지 않으며, 식물에 대한 이교도와 그리스도교의 태도를 적절히 구별해 주지 못한다. 그리스도교인들은 그들 신앙의 우월성을 드러내기 위해 성스러운 작은 숲을 벌목했지만, 그들 역시 자기네 종교의 이름으로 자연의 형태를 신성시했다.[22] 이교도와 마찬가지로, 그리스도교는 포도 덩굴 같은 고유하고 성스러운 식물을 가지고 있으며, 그것은 성서에서 신성과 강력히 연관된다.

성스러운 식물 관념을 오직 신성과의 **연관**이라는 관점에서만 구성하면, 식물을 그 자체로 존중할 만한 가치 있는 존재가 아닌 **기호** 또는 **상징으로** 묘사하게 된다.[23] 이러한 접근법은 식물에 대한 옛날 이교도의 태도와 행동에 관한 연구를 잘못된 방향으로 이끈다. 또한 그것은 자연 세계에 대한 성서적 태도가 위계적인 데 비해 옛날 이교도 자료에서 자연이 헤테라키에 좀 더 가깝게 인식된다는 사실은 조명하지 못한다.[24] 입수 가능한 증거의 단편들로 보아, 유럽 이교도의 일반적인 세계관에 인간과 식물 사이의 친족 관계에 대한 인식이 들어 있다는 점은 명백하다. 인간과 자연 세계 사이에 그러한 친족 관계의 표현은 현대 페이건이 자연과 맺는 관계의 중요한 근거가 된다.

브루스 링컨Bruce Lincoln은 광범위한 연구를 통해 자연 세계 모든 부분 사이의 연결성이 인도-유럽 창조 서사의 핵심적인 주제 중 하나임을 논증했다.[25] 인도-유럽 우주론의 공통 모티프는 세계가 **최초의 존재**—보통 신, 인간, 혹은 가축—의 죽음을 통해 존재하게 된다는 것이다. 우리는 인도 종교를 다룬 앞의 논의에서 『리그베다』의 그러한 묘사를 살펴보았다. 그런데 링컨은 원초적 존재의 해체된 몸에서 출현하는 세계에 대한 묘사가 거의 모든 인도-유럽 문화권의 현존하는 우주생성론에 스며 있다고 주장한다.[26] 그 우주생성론이 상징적 수준에 머무르지 않는다는 점이 가장 중요하다. 그것은 하늘과 땅의 모든 것이 **동일실체**consubstantiality임을 이해하기 쉽게 실제적으로 묘사하는데, 이 자체가 연결성과 친족 관계의 기초가 된다.

링컨은 『운문 에다*Poetic Edda*』의 「그림니르의 노래*Grimnismal*」가 『리그베다』와 비슷한 주제를 표현한다는 데 주목한다. 그렇지만 여기서 나타나는 관세상은 의미심장하게도 좀 더 지상적earthly이다. 그 시는 해체된 최초의 존재를 주제로 이어 가면서, 모든 창조가 해체된 이미르Ymir의 살에서 형성되었다고 말한다.

> 이미르의 살로 대지가 만들어졌고
> 그의 땀이나 피로 바다가 만들어졌다.
> 산은 그의 뼈로, 나무는 그의 머리카락으로,
> 그리고 하늘은 그의 두개골로 만들어졌다.[27]

『운문 에다』는 9세기에서 12세기 사이에 그리스도교인들에 의해 기록되었지만, 브루스 링컨의 분석에 따르면 동일실체라는 보편적인 주제는 인도-유럽에 기원을 둔다. 링컨 자신은 이 구절을 살과 땅처럼 인도-유럽에서 특징적으로 나타나는 특정 신체 부위 간 상동 관계homologies에 대한 자신의 이론을 뒷받침할 근거로 사용한다. 그는 이러한 상동 관계를 '**이형체들***alloforms*'이라고 부르며, 그것을 간단히 "서로의 대안적 형태"로 정의한다.[28] 살과 땅, 혹은 머리카락과 식물의 경우, 그것들은 동일한 기본적 실체로 구성되며 표면적 형태만 서로 달리 만들어졌다고 여겨질 수 있다. 이러한 형태들은 "하나가 계속해서 다른 것으로 바뀌는" 끊임없는 변화 과정의 일부다.[29] 식물과 인간은 근본적으로 같은 물질이다. 인간과 식물 사이의 이러한 공유된 실체는 『운문 에다』의 또 다른 단락에서 명백해진다. 「여자 예언자의 예언*Seeress's Prophecy*」은 최초의 인간이 먼 옛날 대지의 녹색 식물에서 형성되었다고 말한다. 오딘, 회니르, 로두르는 물푸레나무와 느릅나무의 목재를 사용해서 최초의 인간을 창조했다.[30]

중세 웨일스 시 『마비노기온*Mabinogion*』에서도 식물에서 인간으로의 비슷한 변형이 나타난다. 이 텍스트 역시 그리스도교인들에 의해 창작되었지만, 인간과 식물이 동일실체라는 인식은 훨씬 더 오래된 이교도 자료에서와 매우 유사하다.[31] 「마소누이의 아들 마스*Math Son of Mathonwy*」의 이야기는 마스와 구이디온이 어떻게 주술을 사용해서 꽃으로 여성을 만들었는지 말해 준다. 그들은 참나무 꽃과 금작화, 조팝나무 꽃을 사용해서 주문을 외워 아름다운 소녀를 불러냈고, 그녀를 ("꽃들", **블로데이**에서 유래한) 블로데이에드라고 불렀다. 이야기의 후반부에서 그 소녀는 변신을 계속하다 결국 올빼미로 변한다.

이교도 그리스 신화에서 변신은 종종 역전되어 인간이 식물 형태로 바뀌는 경우가 많다. 다프네를 월계수로, 민테를 민트로, 히아신투스를 꽃으로 바꾼 변형은 원주민 자료와 매우 유사한 방식으로, 모든 살아 있는 존재의 공유된 실체를 직접적으로 보여 준다. 이러한 변신은 죽음이 인간과 살아 있는 다른 존재들을 어떻게 연결하는지 보여 주는데, 그것은 고대 인도 경전과 공통된 특징이다.[32] **이형체**로서, 현재 살아 있는 존재의 현현顯現은 죽어서 교환된다.[33] 한 형태가 또 다른 형태로 변형되는 이러한 과정은 동일실체를 입증할 뿐 아니라, 인간, 식물, 동물, 그리고 대지의 다른 거주자들 및 구성 요소들 사이에서 기본적인 조상의 친족 관계를 드러낸다. 모든 식물, 바위, 인간, 그리고 동물은 동일한 계보의 조상을 가지고 있다. 「그림니르의 노래」에서 식물과 인간의 기원은 둘 다 이미르에게로 거슬러 올라간다. 식물과 인간은 직접적으로 한 가족을 이룬다.

이러한 공통 기원의 관념은 헤시오도스가 저술한 『신통기』의 그리스

창조 신화에서 찾아볼 수 있다. 이 창조 이야기에서는 해체된 존재가 아니라 대지가 신들과 인간, 식물을 포함한 만물을 탄생시켰다.[34] 대지는 또한 식물 님프 또는 드리아데스를 탄생시켰는데, 그들은 『호메로스 찬가 *Homeric Hymns*』에서 식물과 분리될 수 없는 것으로 나타난다.

> 죽음의 운명이 가까이 다가왔을 때, 먼저 그 사랑스러운 나무들이 서 있던 곳에서 시들어가고, 나무껍질이 벗겨지며, 나뭇가지들이 떨어지고, 마지막으로 님프와 나무의 생명이 함께 태양의 빛을 떠난다.[35]

이 구절은 식물과 드리아데스 사이의 밀접한 관계성을 상세히 알려주는데, 그들의 생명은 서로 얽혀 있고 서로 동일시된다. 이러한 관계는 고대 그리스의 식물 명명법에서 명백히 표현된다. 무엇보다도 체리(크라네이아Kraneia), 오디(모레아Morea), 흑양(아이게이로스Aigeiros), 느릅나무(프텔레아Ptelea), 포도 덩굴(암펠로스Ampelos), 그리고 진나무(시케Sykē)는 각각 님프의 이름을 부여받았다. 이러한 모든 드리아데스와 식물은 남신들/여신들 및 인간들과 함께 대지에서 태어났다. 그들은 모두 공통 조상을 공유하며 광범위한 친족이다. 인간이 드리아데스로 변형될 수 있기에, 이들 님프의 존재는 인간과 신과 식물 사이의 친족 관계의 그물을 강화했다.

인간과 나머지 자연 세계 사이의 친족 관계에 관한 이러한 폭넓은 관념을 활용해서, 인간과 식물이 좀 더 구체적으로 친족으로 연결된 여러 사례들도 유럽 이교도의 자료에서 찾아볼 수 있다. 원주민 애니미즘에서 그러하듯이, 즉각적인 가족 관계로 구성된 특정한 친족 관계의 증거가 주로 발견된다. 광범위한 애니미즘 전통 속의 식물 주제는 인간과 식물 사이의 이러한 대지 기반 친족 관계가 편재해 있다는 점에서 고대 인도 경전들에서 발견되는 자료와 차별화된다. 이러한 관계성은 연결됨을 강조할 뿐 아니라 돌봄, 책임성, 연대, 그리고 깊이 감사하는 마음을 끌어온다. 또한, 이와 같은 가족 관계는 연결됨에 대한 인식을 사회적 영역으로 확장하고 행동과 책임을 이끌어 낸다. 유럽의 고전 신화에 이에 대한 증거가 있다.

로마의 숲 신화에는 로물루스와 레무스가 무화과나무 밑에서 발견된 것이 나무의 혈통이기 때문이라는 전설이 있다. 쌍둥이가 태어난 뒤 무화과나무의 우유 같은 수액을 빨아먹은 것으로 여겨진다. 로마 세계에서 시인 베르길리우스 역시 인간과 나무 사이의 직접적인 친족 관계를 묘사한다.

> 이 숲에서 토박이 파우누스와 님프가 한때 살았고, 나무둥치와 단단한 참나무에서 한 무리의 인간들이 나왔다.[36]

나무 혈통에 관한 이러한 관념은 가족이란 이유로 이들 식물에 대한 책임감을 고취시킨다. 또, 이와 비슷한 관념은 고대 그리스에서 "물푸레나무 열매 인간 종족"에 관해 썼던 헤시키우스Hesychius와 함께 등장한다.[37] 토착 아일랜드 전통에서 인간과 식물 사이의 밀접한 관계 개념은 "개암나무의 아들" 맥 쿠일Mac Cuil, "호랑가시나무의 아들" 맥 쿠일린Mac Cuilinn, "주목나무의 아들" 맥 이바Mac Ibar 등과 같은 이름에서 나타난다.[38] 주목나무와의 실체적 연결은 아일랜드 이야기 『옹구스의 꿈*Aislinge Óenguso*』에서 케르 이보르메이스Caer Ibormeith 혹은 "주목나무 열매"라고 불리는 인물의 등장과 함께 나타난다.[39] 브리튼 섬에서도 비교할 만한 식물 친족 관계를 "나무의 아들" 구이덴Guiden, "오리나무의 아들" 구에른겐Guerngen, "참나무의 아들" 데르겐Dergen 등과 같은 고대 웨일스어 이름에서 읽을 수 있다.[40] 다우든Dowden에 따르면, 어쩌면 고대 아일랜드어 이름 이보르Ibor와 고대 골의 이보스Ivos(주목나무)는 "부족 이름 **에부로네스***Eburones*/**에부로비체스***Eburovices*와 마을 이름 요크 **에보라쿰**York *Eboracum*을 설명할 수도 있을 것이다."[41]

친족과 관계에 대한 이러한 강조는 다시금 연결의 윤리로 특징지어질 수 있다. 인간과 식물 사이의 밀접한 사회적 연결은 창조 신화들에서 발견되는 동일실체의 관념을 강화하고 보충하기 때문에 매우 중요하다. 증거가 단편적일지라도, 고대 유럽 이교도의 경우 구체적인 친족 연결이 특정한 식물과 개인 사이의 강력한 연결을 형성하는 데 기여했다는 점은 명백하다. 유럽의 이교도가 인간이 지배하는 위계가 아닌 관계적 헤테라키 속에 식물과 인간을 위치시킨 것은 친족과 연결의 전통이 비서구 문화에 국한되지 않음을 보여 준다. 3장에서 살펴보았듯이, 이러한 연결의 윤리를 잃어버리게 된 이유 중 하나는 성서적, 위계적 자연관에 기초한 그리스도교 전통이 확립되면서 유럽 이교도가 주변화되었기 때문이다. 존재들 사이의 연결성과 인간의 책임성을 인정하는 세계관에서는 식물을 단지 인간을 위한 자원으로 종속화하기 위해 배경으로 만들거나 침묵시키지 않는다. 최근의 애니미즘 연구를 참고해서, 우리는 식물이 어떻게 고대 이교도 세계관에 잘 어우러졌는지 충분히 살펴볼 수 있다. 고대 이교도 문헌의 단편들은 실제적이고 육체적인 이들 친족을 주관적이고, 의식적이고, 의지적이며, 지능적이고, 관계적인 존재로 인식한다.

이교도의 식물 사람

린 화이트는 이교異敎, paganism를 변호하려고 설명하기를, 인간이 자연을 사용하기에 앞서 영들의 "느낌"을 고려해야 하며 자연이 그런 영들로 가득하다고 보는 종교라고 했다.[42] 애니미즘 문화에 대한 논의는 애니미즘을 자연의 영들에 대한 순진한 믿음과 연관 지으면서 그 오류를 부각시켜 왔다.[43] 애니미즘에 대한 그러한 규정은 애니미즘이 실패한 인식론임을 암시한다.[44] 그러나 최근에는 영에 대한 숭배 대신에, **사람들** 사이의 친족 연결과 관계성의 측면에서 자연 세계와의 상호작용이 점점 더 이론화되고 있다.[45] 영들에 대한 순진한 믿음의 "낡은 애니미즘"은 연결 짓기에 기초한 "새로운 애니미즘"으로 교체되고 있다.[46] 그러므로 자연 세계와의 전

근대적 관계성은 주로 **사회적**인 것으로 특징지을 수 있다.[47]

당대의 애니미즘은 주로 수렵채집인들 사이에서 발견되지만, 애니미즘적 시각과 관습은 농경 사회와 목축 사회에서도 나타난다.[48] 이미 제시된 전거로 볼 때, 그리스도교 이전의 농경 유럽에는 애니미즘적 경향이 있었다. 식물과 인간은 친족으로 간주되었으며, 식물이 사람으로, 즉 이용 가능한 물건일 뿐 아니라 관계 맺는 주체로서 언급된 증거도 있다. 가령, (이교도 문화 전반에 걸쳐) 수많은 이교도의 시, 신화, 노래에서 식물은 자신의 의지, 행위주체성, 주관성을 드러낸다.[49] 또한 식물은 인간과 소통할 수 있는 것으로 널리 묘사된다. 원주민 애니미즘 문화에서 보듯, 사람이 등장하는 이야기와 노래의 목적이 반드시 "현상을 일상적인 말로 설명하기 위한 것"은 아니며, 오히려 사람을 인식하는 방법, 그리고 그들과 관계 맺기 위한 적절한 방식을 찾는 방법을 배우는 것일 수 있다.[50]

고대 그리스 신화는 이교도의 식물 사람 논의를 위한 적절한 출발점이다. 비록 우리의 연구 범위가 구전 설화의 문헌 기록에 한정되어 있지만, 실제로 그리스 이야기들은 그것들이 구술로 전해지던 시기에 기록되었기 때문에 유럽의 식물-인간 관계성을 탐구하기 위한 가장 좋은 자료가 될 수 있다. 다시 말하지만, 그리스 신화들은 식물의 사람다움을 표현하기 위해 변신 서사, 원래 인간이었다는 점과 고난, 피 등을 모티프로 활용한 것으로 잘 알려져 있다. 이미 논의했듯, 고대 그리스 신화들은 식물 님프 혹은 드리아데스의 존재를 언급하는데, 호메로스는 이들을 그 식물과 동연同延, coextensive의 것으로 간주했다. 비록 그리스 신화에 대한 전통적 해석은 아니지만, 나는 드리아데스의 존재가 식물을 인간이-아닌 사람으로 묘사한 것이라고 본다.[51] 원주민 문화에서 그러하듯이, 드리아데스는 처음의 인간 모습에서 변형되어 그들과 외연이 같은 식물이 된다. 이 처음의 인간성은 친족 관계를 나타낼 뿐 아니라 식물 세계의 주관성을 표현한다.

전체적으로 그리스 신화에는 원래의 인간 형태가 식물 생명으로 변형된 사례가 많다. 아마도 이들 중 가장 유명한 것은 다프네가 월계수로 변한 이야기인데, 여러 세기 동안 많은 예술가, 작가, 시인에게 영감을 주기도 했다. 그렇지만 이 절에서 나는 식물 변형에 관한 두 가지 덜 유명한 사례에 집중하려 한다. 첫 번째는 베르길리우스 및 그와 동시대의 서사 시인 오비디우스가 기록한 헬리아데스의 신화에 나타난다. 그 자매들은 태양신 헬리오스의 자식이었고, 그들의 형제인 파에톤은 무모하게 죽었다. 디오도루스 시쿨루스Diodorus Siculus는 다음과 같이 말한다. 형제의 죽음 이후,

> 그의 누이들은 앞 다투어 그의 죽음을 비통해했고, 지나친 슬픔 때문에 본성이 변화되어 포플러 나무가 되었다. 이들 포플러는 해마다 같은 계절에 눈물 또는 수액을 떨어뜨리고, 이것이 굳으면 호박이라는 것이 되는데, 그 광채는 같은 본성을 가진 다른 무엇보다도 뛰어나며, 젊은이의 죽음을 애도하는 장례식과 관련해서 종종 사용된다.[52]

이러한 변형은 식물계에서 공유된 실체뿐 아니라 사람다움까지도 분명히 인정한다. 이 사람다움은 나무에서 계속 흘러나오는 아픔과 고통의 눈물로 표현된다.

원래의 인간성, 주관성, 그리고 사람다움은 몰약나무myrrh tree의 기원과 아도니스의 유명한 탄생을 다룬 신화의 모티프이기도 하다.[53] 이 신화에서 미라Myrrha는 자기 아버지를 속여서 근친상간의 관계를 맺었다가 그 사실이 발각되자 고국을 떠나 도망친 아름다운 공주였다고 이야기된다. 미라의 몸은 벌을 받아 나무로 변형되었고, 그녀는 지금도 고뇌의 눈물을 흘리는데, 그것은 몰약나무에서 흘러나오는 수지의 형태를 띤다.[54] 그녀가 임신한 아이는 나무 둥치 안에서 계속 자란다. 아이가 태어날 때, 나무는 고통에 울부짖는다. 이 신화는 나무의 사람 같은 본성을 이야기할 뿐 아니라, 인간과 식물 사이의 또 다른 구체적 친족 연결을 포함하고 있다. 인간 아이 아도니스의 어머니는 나무다.

사람다움과 관련해서, 나무와 식물이 미라 신화에서처럼 동물 및 인간과 같은 방식으로 고통을 겪는다는 묘사가 보편적으로 발견된다. 그리스 신화와 로마 신화에서는 베어졌을 때 피를 흘리는 식물의 이미지를 통해서 친족 관계와 고통이 표현된다.[55] 고통받고 피를 흘리는 식물의 사례는 에리시크톤의 신화에서 발견되는데, 그는 신들을 자극했고 봉헌 화환과 향기로운 제물 바치기를 거부했다. 이 신화의 여러 판본에서, 에리시크톤은 나무에 적의를 품고 그리스의 농경 여신인 데메테르의 성스러운 숲으로 들어갔다고 전해진다. 칼리마쿠스Callimachus는 다음과 같이 말했다.

> 그들은 뻔뻔하게 데메테르의 숲속으로 돌진했다. 그곳에는 하늘까지 뻗어 있는 거대한 포플러 나무가 있었는데, 님프들이 그 곁에서 즐겁게 놀곤 했다.[56]

성스러운 작은 숲의 규칙을 무시하고서, 에리시크톤은 부하들에게 그 나무를 베라고 명령했다. 부하들은 외경심에 그의 명을 거절했고, 에리시크톤은 직접 도끼를 집어 들 수밖에 없었다. 에리시크톤이 그 나무로 다가갔을 때,

> 성스러운 참나무는 신음소리를 내며 몸을 떨었고, 나뭇잎과 도토리, 가지들은 창백해졌다.[57]

이 신화에서 참나무는 명백히 자기 운명을 알고 있으며, 에리시크톤의 도끼가 가져올 생명의 손실을 피하고 싶어 한다. 나무의 이러한 의사표현에도 불구하고, 에리시크톤은 도끼로 참나무를 찍는다. 그러자 껍질에서 피가 쏟아지기 시작했지만, 에리시크톤은 하던 일을 계속한다. 마침내 이 피의 폭포는 아픔과 고통의 훨씬 더 분명한 징후와 결합된다. 오비디우스는 이러한 사람-사람의 폭력 행위를 경고성 이야기로 바꾼다. 데메테르

는 그녀의 나무가 고통스러워하는 것을 보고, 복수로 에리시크톤에게 굶주림의 삶을 선고한다.

처벌보다 더 중요한 것은 주관성, 자의식, 지각, 그리고 인간의 손에 고통받는 나무의 능력에 대한 묘사다. 피를 잃어 고통받는 식물에 대한 비슷한 묘사가 베르길리우스의 『아이네이스*Aeneid*』에서 발견된다. 트라키아에 도착한 아이네이아스는 베누스에게 희생물로 바칠 잎사귀가 조금 필요했다. 그런데 그가 도금양 나무를 뽑아내려고 하자 그 나무는 울부짖으며 피를 흘리기 시작한다. 아이네이아스는 무심히 계속하다가, 그 나무가 그의 친구인 폴리도루스가 인간에서 식물로 변한 모습임을 알게 된다.[58] 비록 아이네이아스는 나무에 폭력을 가한 일로 벌을 받지 않았지만, 살아 느끼는 식물에 대한 이러한 묘사는 베르길리우스의 애니미즘적 세계와 잘 들어맞는다.[59] 『전원시*Eclogues*』 제5권 역시 눈물을 흘리는 식물을 언급하는데, 그것은 나무의 의식과 고통을 표현하는 또 다른 흔한 방법이다.[60]

여기서, 이렇게 고통받을 수 있는 능력에 대한 묘사들이 해부학과 생리학에 대한 원시적 이해 때문은 아니라는 점을 명확히 해야 한다. 비록 하비는 고통을 사람다움의 필수적인 측면이라고 여기지 않지만, 고통이 존재한다고 표현하는 것은 만약 식물이 인간의 행위에 무감각하다고 가정될 경우 잠재적으로 결여될 수 있는 존중과 배려를 불러일으킨다. 이러한 그리스 신화들을 통해서, 일부 고대 그리스인들에게는 인간의 행동이 식물에게 부정적인 영향을 미칠 수 있다는 인식이 있었음을 알 수 있다. 인간의 사회적 맥락에서 그러하듯이, 이러한 주관성에 대한 지식만으로 가해와 살해를 막을 수는 없지만, 그것은 존중 관계를 구축하는 기본이 된다.[61]

식물과의 그러한 존중의 관계는 고대 그리스 문화에만 국한되지 않고, 유럽 전역의 문헌에서 발견된다. 고대 노르웨이/앵글로 색슨 신화와 그리스 신화를 비교하면, 동질성과 친족 관계에 대한 인도-유럽인의 인식과 함께, 이 신화들에는 인간이-아닌 사람으로서 식물에 대한 묘사도 포

함되어 있음이 드러난다.[62]

『운문 에다』의 한 단락은 세계수 이그드라실을 사람다움의 측면에서 묘사한다. 고대 그리스의 지각하는 나무들과 마찬가지로, 이그드라실은 해를 입을 수 있는 존재로 묘사된다. 『운문 에다』의 시 「그림니르의 노래」는 인류가 그 점을 항상 이해하는 것은 아니라는 점을 알려준다.

> 물푸레나무 이그드라실은 고통을 겪는다,
> 인간이 아는 것보다 더 많이.
> 위에서는 수사슴이 물어뜯고, 옆은 썩고 있다.
> 니드호그는 밑에서 찢어발긴다.[63]

이그드라실이 보여준 해를 입고 고통을 느낄 수 있는 능력뿐 아니라, 나머지 앵글로색슨 자료들에서 식물이 가진 사람다움의 다른 측면을 확인할 수 있다. 한 가지 사례는 식물에 대한 실용적인 언급과 칭송의 말을 다 담고 있는 『앵글로색슨 룬 시 선집*Anglo Saxon Rune Poems*』이다. 주목나무는 땔감과 건축에 유용하다고 칭송되며, 포플러는 아름다운 형태 때문에 멋지다고 여겨진다. 마찬가지로, 물푸레나무는 인간에게 소중한 나무로 칭송되는데, 이 나무는 도끼가 잘 들지 않기에 미묘한 행위주체성과 자율성을 가졌다고 여겨진다. 다른 모든 살아 있는 존재와 마찬가지로, 그것 역시 계속 살아가기를 원한다.

> 물푸레나무는 인간에게 지극히 높고 소중하다.
> 인간의 공격 여러 번에도 그 견고한 몸통으로 완강하게 저항한다.[64]

이러한 사람 같은 자질은 물푸레나무의 경우에는 매우 미묘하지만, 참나무에 관한 시에서는 더욱 강력하게 제시된다.

참나무는 인간의 아이들을 위해 돼지를 살찌운다.
종종 그것은 부비새의 목욕탕을 횡단하며,
바다는 참나무가 명예롭게
신의를 지키는지를 증명한다.[65]

이 시에서 참나무가 **주체**인 동시에 **객체**로 미묘하게 표현된 것을 알아챌 수 있다. 왜냐하면 돼지를 살찌우고 바다를 횡단하는 일을 **행하는** 것은 참나무이며, 다른 친척들과 마찬가지로 인간을 바다에 떠 있게 함으로써 명예를 지키도록 기대되기 때문이다. 현대 애니미즘에서와 마찬가지로 참나무는 삶과 죽음 모두에서 사람다움을 유지하는 것으로 보인다. 이런 식으로 살아 있는 나무이자 목재로서 참나무는 "이야기될" 수도 있고, "함께 이야기할" 수도 있는 사람이다.[66]

관계적 자율성에 대한 이러한 인식은 『룬 시 선집』에 국한되지 않는다. 비슷한 관념이 앵글로색슨의 『아홉 가지 약초 주문*Nine Herbs Charm*』에서도 나타난다. 비록 그 주문은 명백한 그리스도교적 언급을 포함하며 10세기나 11세기에 그리스도교인들이 기록한 것으로 알려져 있지만, 식물의 사람다움에 대한 이교도의 인식을 명백히 알아볼 수 있다.[67] 주문의 시작 구절은 다음과 같다.

Gemyne ðu, mucgwyrt, hwæt þu ameldodest,
hwæt þu renadest æt Regenmelde.
Una þu hattest, yldost wyrta.[68]

기억하라, 쑥이여. **네가** 드러낸 것을,
강력한 선언에서 **네가** 확립한 것을.
너는 우나Una, 가장 오래된 약초라고 일컬어진다.[69]

이 짧은 몇 줄 안에서 쑥*Artemisia vulgaris* L.이 주체로 묘사되어 있음은 매우 분명하다. 『아홉 가지 약초 주문』에서 쑥은 행동하고 기억할 수 있는 것으로 표현되는데, 그것들은 둘 다 능동적이고 지능적인 존재의 자질이다. 주문의 시작 부분 역시 인간과 식물 사이의 대화적인 소통을 보여준다. 그 약초는 아마도 그것을 섭취하면 자각몽에 도움이 되어서 인간에게 무언가를 드러낸다고 알려져 있으며, 그 주문은 사실상 이 유용하고 강력한 약초에 대한 것이다. **푸***pu*(너)라는 단어를 되풀이하면서, 쑥은 단지 유용한 대상일 뿐 아니라 인간이-아닌 사람으로도 다루어진다.[70] 아마도 이것은 쑥을 가리키는 많은 일반적인 영어 표현(사람과 유사한 호칭들), 곧 노인Old Man, 장난꾸러기Naughty Man, 헨리 삼촌Old Uncle Henry 등에 반영되어 있다. 이러한 인식은 쑥에만 국한된 것이 아니며, 주문에 나오는 다른 아홉 가지 약초에도 적용된다. 캐모마일과 질경이plantain 역시 이러한 방식으로 언급된다.

> 그리고 당신, 웨이브레드[질경이],　　약초들의 어머니여,
> 동쪽으로 열려 있고,　　내면이 강인하네.
> 수레가 네 위로 굴렀고,　　여자들은 너를 짓밟았네,
> 네 위로 신부들은 소리를 질러댔고,　　황소들은 콧김을 뿜었네.
> 너는 그때를 모두 견뎌냈고　　짜부라졌네.
> 그리하여 견디네　　독과 오염을.[71]

질경이에 대해 이야기되는 이 구절에서 '사람 같은' 특징들은 인칭대명사 **푸**의 사용을 넘어서 식물을 번성하는 존재로 묘사하는 데까지 확장된다. 질경이는 인간과 동물이 끼치는 피해에 저항하는 내적인 힘을 가진 것으로 묘사된다. 이 주문에서 질경이는 신체적인 위협을 받을 때, 다른 살아 있는 사람들과 마찬가지로 온전함을 유지하려고 **의도적으로 애쓴다**.

식물의 사람다움에 대한 묘사는 그리스, 노르웨이, 앵글로색슨 자료

들뿐 아니라 동부 핀란드의 신화들에서도 나타난다. 사실 유럽에서 식물의 사람다움에 관한 가장 완전하고 흥미로운 설명 중 일부는 핀란드 서사시 『칼레발라』에 등장한다. 이 서사시는 핀란드의 외딴 지방 카렐리아의 창조에 대해 이야기하는 전통적인 구전 시 모음을 서사적으로 표현한 것이다. 『칼레발라』의 가장 흥미로운 측면들 중 하나는 그것이 핀란드 동부의 이 외딴 지역에서 19세기에 수집된 전통 시에 기초한다는 점이다. 『칼레발라』와 마찬가지로 원래의 시들은 애니미즘적이고 신화적인 성격을 지닌다.[72]

흥미로운 점은, 『칼레발라』가 우리가 이미 논의했던 북유럽 및 그리스 자료와 매우 비슷한 방식으로 식물을 사람으로 묘사한다는 사실이다. 『칼레발라』에 나타나는 식물의 가장 놀라운 측면 중 하나는 그들이 접촉하게 된 인간과의 대화적 상호작용에 관여하는 능력이다. 이러한 식물의 이야기는 중요한데, 그들을 알고 그들의 소리를 듣는 사람들에게 사람다움의 특성을 생생하게 전달함으로써 인간이 그들 주위의 세계와 좀 더 대화적으로 관계를 맺을 수 있게 하기 때문이다.[73]

『칼레발라』에 실린 다수의 구절에서 식물은 생명에 대한 자신의 관점과, 이러한 관점을 표현하는 자신의 "목소리"를 가진 독립적인 존재로 묘사된다. 이러한 관계적 본성의 좋은 사례는 영웅 레민케이넨의 어머니가 지하 세계에서 자신의 죽은 아들을 찾는 구절에서 나타난다.[74] 깊은 숲속에서 도움이 필요한 그녀는 나무들에게 자기 아들이 어디에 있는지 물었고, 그 대답은 이렇다.

> 한 나무가 말했다. 전나무는 한숨을 쉬었다.
> 참나무가 현명하게 대답했다.
> "나 자신을 걱정하느라
> 당신 아들에 대해 걱정할 처지가 아니라오⋯."[75]

이 몇 줄에서, 참나무는 자의식과 목소리를 드러낸다. 인간에게는 잠재적인 땔감일지라도, 참나무가 세계를 바라보는 시각은 소거되지 않는다. 그 이야기에서 나무는 말할 수 있다. 식물을 살아 있지 않은 수동적 자원으로 묘사하는 성서적 식물 묘사와는 대조적으로, 나무는 활력이 넘치고 관계적이며 지능적인 주체로 제시된다. 부버Buber의 말대로, 그 나무는 "그것"이라기보다는 "당신"이다.[76]

사람다움의 이러한 소통적 측면들에 더해서, 『칼레발라』는 고통받을 수 있는 자작나무의 능력을 언급하면서 고대 그리스 신화와 맥을 같이한다. 관련 구절에서, 서사시의 주요 영웅 베이네뫼이넨은 숲으로 걸어 들어갔다가 자작나무가 울부짖는 소리를 듣게 된다. 베이네뫼이넨은 그 나무의 고통에 공감하고, 결코 인간처럼 전투의 공포에 직면할 필요가 없다고 안심시킴으로써 나무를 위로하려고 시도한다. 그렇지만 자작나무는 베이네뫼이넨에게 자기 자신의 걱정거리를 털어놓는다. 그 시는 그 나무를 해를 입을 수 있는 존재로 표현한다.

> 슬프다! 나는 두렵습니다.
> 내 껍질이 벗겨지고
> 잎이 달린 가지를 빼앗기게 되는 것이![77]

폭력과 친족 관계의 균형 잡기

또한 고대 이교도 자료들은 식물의 사람다움과 친족 관계를 인정하는 것이 인간의 필요에 의한 식물 이용을 배제하지 않는다는 것을 보여 준다. 현존하는 민족들과 마찬가지로 고대 이교도들은 음식과 의복, 연료, 그리고 은신처를 얻기 위해 식물의 자율성을 침해할 필요가 있었다. 이교도 유럽에서 식물 친족은 인간을 위해 정기적으로 죽임을 당했을 것이다. 『칼레발라』의 시는 식물을 존중하는 것이 인간의 필요에 의해 식물을 손상시키거나 죽이는 것을 막지 못한다는 것을 직접적으로 보여 준다. 특히 인간의 생존을 위해 정기적으로 나무를 베어야 하는 핀란드 동부 숲처럼 척박한 환경에서는 더욱 그러하다.[78]

『킬레빌라』 시두에 농경을 위해 숲을 파괴하는 장면이 묘사되는데, 영웅 베이네뫼이넨은 해를 가려 대지의 다른 생명체들에게 지장을 주는 거대한 참나무를 베어야 했다. 식물을 이용하기 위해서는 사람을 죽여야 한다는 것을 부정하려는 시도는 없다. 식물과의 포식적 상호작용의 사례는 베이네뫼이넨이 배를 만들 목재를 구할 때 발생한다. 그는 필요한 목재를 찾기 위해 소년 펠레르보이넨을 숲속으로 보냈다. 그가 도끼를 가시고 다가간 첫 번째 나무는 소년이 목재를 얻으려고 접근한다는 것을 알아차리고 지능적으로 질문했다.

> 내게서 무엇을 원하는가
> 도대체 당신은 무엇을 원하는가?[79]

펠레르보이넨은 자기 입장을 고려해, 사시나무에게 배를 만들 목재를 찾고 있는데 도끼질하기 전에 나무의 동의를 구해야 한다고 말했다. 사시나무는 그 대답으로 자의식과 교활함을 보여 주면서 다음과 같이 말했다.

> 나를 가지고 만든 배는 구멍이 많아서
> 가라앉게 될 것이오!
> 나는 밑바닥이 텅 비어 있으니.[80]

그리하여 사시나무는 자신의 결함을 열거하며 소년이 자신을 베지 못하도록 설득했다. 펠레르보이넨은 전나무에게로 갔고, 나무는 비슷한 대답을 주었다.

내게서는 배 한 척이 나오지 않을 것이오.
배의 늑재 여섯 개만 나올 것이니!
나는 옹이가 많은 전나무라오.[81]

마침내 그 소년은 늙은 참나무에게 다가가서 기꺼이 배가 되어 주겠느냐고 직접 물었다. 이번에는 참나무가 배가 될 만큼의 목재가 나올 것이라고 인정함으로써 자의식을 드러낸다. 참나무는 소년의 요청에 동의하는데, 비록 그 구절은 참나무가 도끼 때문에 겪는 고통을 묘사하지 않지만, 전체 구절은 펠레르보이넨이 살아 있고 지각 있는 나무를 살해한다는 것을 명백히 한다. 허턴이라면 자연 세계에 대한 이교도와 그리스도교의 접근법의 차이를 의문시할지 모르지만, 이야기 속의 식물 생명에 대한 이러한 서사적 이해는 성서에 나오는 식물 설명과 첨예하게 대조된다.

현대 페이거니즘

고대 이교도 자료에 나타난 사람다움과 친족 관계에 관한 이러한 표현들은 다른 종들과 돌봄에 기초한 관계를 다시 수립하려고 하는 현대 페이건에게 영감을 주었다. 영국에서 페이거니즘의 부활은 1700년대까지 거슬러 올라갈 수 있지만, 현대적 페이거니즘은 20세기 후반에 모습을 갖추기 시작했다. 페이건 연맹Pagan Federation의 세 가지 기본 원칙 중 하나에는 "자연에 대한 사랑과 친족 관계"라는 표현이 들어 있다.[82] 인류가 헤테라키적 자연 세계 안에 자리한다는 이러한 감각은 고대 이교도 문헌에서 발견되는 동질성과 연결됨에 대한 묘사를 밀접히 반영한다. 지금까지 유지되어 온 문화적 관습의 전통이 부족하기에, 현대 페이건들은 오늘날 대지 기반 종교의 토대로서 고대의 문헌에 의존해 왔다. 그러나 고대의 문헌에서 얻은 관념을 통합하는 것만큼 중요한 것은 본능적인 자연 경험, 자연의 자율성에 대한 직접 경험이다. 〈음유시인·예언자·드루이드 동맹Order of Bards, Ovates and Druids: OBOD〉은 다음과 같이 설명한다.

> 자연의 모든 부분은 위대한 생명의 그물 중 일부로서 **감각되며**, 그 그물의 어떤 생물이나 측면도 다른 것보다 우위에 있지 않다. 생명의 체계에서 인류가 핵심적 역할을 점유한다고 믿는 인간중심적 종교들과는 달리, 이러한 개념은 체계적이고 전일적이며, 인류를 더욱 폭넓은 생명의 가족의 한 부분으로 여긴다.[83]

이런 점에서 연결성의 이해는 단지 문헌 자료뿐 아니라 개인적인 밀접한 경험과 관찰에 결정적으로 기반한다. 결국 이러한 이해는 자연 세계를 찬미하고, 지배를 포기하고, 타자들과의 연결을 재발견하려는 의지(혹은 사실상 필요)에 기초한다. 식물에 대해 페이건과 대화할 때, 많은 이들은 약초나 나무의 "영"에 대해서 이야기할 것이다. OBOD의 댐Damh은 드루이드교 내 인간과 식물의 관계성에 대한 그녀의 시각을 내게 다음과 같이 표현했다.

> 우리는 그들을 부생물로 보는 것이 아니라 자신의 의식과 영을 가진 생명체로 바라보려고 합니다.[84]

인식론적, 존재론적 혼란을 피하려면 "'영혼'이나 '영'과 같은 단어들이 항상 유용한 것은 아니지만, 그것은 무언가를 살아 있게 만드는 것에 대해 이야기하려는 시도"라는 하비의 말에 동의한다.[85] 내가 볼 때 그것은 식물이 수동적이고 지각력 없는 존재가 아니라고, 즉 식물은 자율적이며 인간과 주관적 경험을 공유한다고 말하려는 시도이기도 하다. 이러한 공유된 경험은 대화적 상호작용을 가능하게 한다. 현대 애니미즘 문화들에서와 마찬가지로, 많은 현대 페이건들은 인간과 식물 사이의 이와 같은 대화가 정보 전달을 포함한다고 주장한다. 댐은 이렇게 설명한다.

> [친족의] 생명에 대한 그러한 관점을 고수함으로써, 식물 영과의 소통을 통해 식물과 더 깊은 관계를 맺을 수 있다.[86]

나무에게 말을 한다고 해서 모두 사실적인 의사소통이 이루어지는 것은 아니지만, 식물과의 대화적 관계를 유지한다는 것은 항상 그들의 존재와 목소리를 인정한다는 뜻이다.[87] 그러한 대화의 실제 사례는 OBOD가 주관하는 캠프에서 이루어지는 "경계 두드리기beating of the bounds"의 실천에서 볼 수 있다. 그 예식은 캠프 부근에서 (혹은 한복판에서) 살아가는 모든 인간이-아닌 존재에게 인사하기 위한 것이다. 이때 인간의 언어로 인사하는 것은 인간이-아닌 존재들의 사람다움을 인정한다는 뜻이다. 그러한 "식물에게 말하기"는 식물과 밀접하게 일하는 사람들 사이에서는 흔한 특징이며, 의식적이든 그렇지 않든 간에 그들의 존재를 인정하는 한 가지 방식이다.[88] 기본적으로 이것은 인간을 위한 도구적 가치에만 기초하지 않고 식물과의 관계를 구축하는 한 가지 방법이다. 특히 나무에 대한 이러한 페이건의 개방성은 페이건들의 대화 상대인 식물 사람에게 인간의 목소리를 부여하도록 인도할 수 있다.

> 나는 어둡고 비옥한 땅속에 발을 찔러 넣고 먹었다.
> 나는 깊은 곳의 수정 같은 물을 마셨다.
> 나는 아름다운 봄을 맞이하기 위해 녹색 옷을 새로 입었다.
> 나는 여름비에 깨끗이 씻겼다.
> 나는 가을의 명령에 따라 황금색과 자주색이 된 내 옷을 벗었다.
> 나는 겨울의 태양 앞에 당당하게 벌거벗은 채 섰다.
> 나는 내 경계 안에서 백만 명의 생명에게 거처를 제공했다.
> 나는 연인들이 내 발치에서 포옹하는 것을 지켜보았다.

나는 외로운 아이를 내 품 안에서 위로했다.

나는 잘려나갔고 내 몸은 온기를 주기 위해 사용되었다.

나는 생명의 순환 속에서 다시 한번 성장했다.

나는 숲과 하나이면서도, 하나의 존재였다.

나는 나무다.[89]

식물의 목소리를 나타내기 위해 이야기나 시를 활용하는 것은 페이건과 그들의 환경 사이에서 대화를 발견하기 위함이다. 이런 식으로 생동감 넘치는 식물 존재를 전면에 드러내는 것은, "나 자신을 세계와 다시 연결하기 위한 책임이 나에게 있다는 독백 같은 생각"을 피하는 데 도움이 된다.[90] 페이건은 흔히 특정한 지역의 나무를 환영받아 마땅한 친구로 간주하거나 지역 종을 조상으로 간주함으로써 식물과 사람으로서 관계를 맺는다. 고대 유럽의 이교도들에게서 발견되는 구체적인 친족 관계에 동조하는 영국의 페이건들은 그들이 나무와 맺는 특정한 친족 관계에 대해 내게 알려주었다. 페이건들과 대화하던 중, 칠턴 구릉지대 근처에서 온 한 남자는 지역의 식물군에 대한 경외심을 다음과 같이 표현했다.

> 숲속에 앉는 것은 조상들과 함께 앉는 것입니다. 나무는 생명에 필수적이며, 은신처, 불, 그리고 음식을 제공해 줍니다. 그렇지만 그들은 또한 가족 구성원이기도 하지요. 내가 사는 지역 숲에서는 각각의 나무가 유일무이합니다. 각각은 고유한 특징과 개성을 가지고 있습니다. 내게 너도밤나무는 어머니, 참나무는 아버지입니다. 그리고 그 앎은 나를 내 인간 조상들 및 그들의 믿음과 실천에 연결해 줍니다.[91]

다시금, 인간과 식물의 얽힌 친족 관계에 대한 이러한 이해는 해당 식물에 대한 직접적인 경험과 개방적이고 상세한 감상을 통해 이루어진다. 식물과의 이러한 지역적이고 구체적인 친족 관계의 재구성은 주류 서구적 관습의 특징인 식물에 대한 실용적인 접근을 넘어서야 한다는 절실한 필요성에서 기인했음을 인식하는 것이 중요하다. 대신, 현대 페이건들은 그들의 친족에 대한 돌봄과 책임의 관계를 적극적으로 모색한다.

아마도 1990년대 영국의 도로개설 반대 시위 기간에 그러한 돌봄이 가장 눈에 띄게 드러났을 것이다. 이때 수많은 에코페이건들이 대규모 도로 건설 계획으로 인해 위협받는 다수의 오래된 활엽수림 지대를 보호하기 위해 애썼다.[92] 에코페이건 캠프 건설을 특징 짓는 저항 행동의 목적은 수많은 지역 삼림을 보호하려는 것이었다. 이러한 삼림 안에는 지역 페이건들과 사적인 관계를 맺은 주체인 식물과 동물이 있었고, 그들은 행동하지 않을 수 없었다.[93] 대중매체는 그러한 돌봄을 "나무 껴안기tree hugging"로 묘사했지만, 페이건들은 인간이-아닌 사람들과의 관계가 항상 멋지지는 않다는 점을 인정한다. 다른 애니미스트들과 마찬가지로, 사실상 다른 모든 인간들과 마찬가지로, 페이건들은 식물과 폭력적인 관계를 맺어야 한다. 어떤 위카Wicca• 실천가는 "나는 식물 역시 사람으로 여기며, 내가 살아가기 위해 어떤 것이 죽어야 한다는 것을 안다."고 썼다.[94] 식물은 어느 누구에게나처럼 페이건을 상대로도 폭력에 노출된다. 그러나 많은 페이건들은 다른 애니미스트들과 마찬가지로 이러한 폭력을 인식하고 그것을 완화시킬 방법을 모색한다. 페이건들이 식물에 대한 폭력을 줄이는 것은 음식과 종이 낭비를 피하거나 원예용 식물이 아닌 지역 식물을 위해 정원의 땅뙈기를 남겨두는 등 생활 방식의 작은 변화 속에서 표현될 수 있다. 페이건 작가들은 살아 있는 나무를 베지 않는 것과 같은 작은 실천 역시 권장한다.[95] 이것들은 원주민의 애니미즘적 실천 속에서 나타난 것과 비슷한 존중의 표현이다.

• 20세기에 고대 이교도 종교문화의 부활을 주창하며 영어문화권을 중심으로 전 세계로 확산된 새로운 종교운동. 보통 생태주의와 페미니즘적 시각을 바탕으로 자연에 내재하는 신성을 새로운 상징으로 복원하고 자연과 연관된 다양한 의례들을 창출해 왔다.

다른 애니미스트들과 마찬가지로, 많은 페이건들은 폭력이 불가피하다고 여겨지는 경우에 식물에게 잎과 줄기와 뿌리를 채취할 수 있도록 허락을 요청함으로써 식물의 자율성과 사람다움에 대한 존중을 표현할 것이다. 식물이 죽임을 당하는 데 동의했는지의 여부는 판단하기 어렵지만, 이 단순한 행위는 식물이 인간이 이용하기 위한 것만은 아니라는 사실을 인정하는 것이다. 인간의 생명을 지탱하는 식물의 역할에 대한 감사와 존중, 그리고 이해는 개인적으로 혹은 페이건 집단의 일원으로 식물에 공물을 바침으로써 표현된다. 배리 패터슨Barry Paterson은 베어져야 하는 나무에게 연대와 친족 관계의 표현으로 인간의 피를 바칠 것을 권한다.[96] 다른 페이건들은 물, 술, 담배 등의 물질적 공물과 기도, 사랑, 연민 등의 비물질적 공물을 바친다. 로널드 그라임스Ronald Grimes는 인간이 오만한 우월감을 잃을 정도로 대지의 모든 생물과 깊이 하나가 되는 방법으로, 그러한 의례 행위를 강력히 권장한다.[97] 합리주의적 회의론자는 그러한 행위가 (특히 식물 자신에게) 갖는 가치를 의문시하겠지만, 그러한 행위가 쌓이면 인간을 둘러싼 식물과의 건설적 관계를 재정립하는 데 기여할 수 있다. 그리고 그레이엄 하비가 지적하듯이, 작은 행동이 더 큰 행동을 위한 길을 닦는다.[98]

또 도로개설 반대 시위가 보여 주었듯이, 많은 페이건 집단들은 인간이-아닌 사람에 대한 돌봄의 책임성을 회복하기 위하여 더 큰 활동에도 직접 참여한다. 페이건 연맹Pagan Federation, 드루이드 네트워크The Druid Network, 드래곤 환경 네트워크Dragon Environmental Network 등과 같은 많은 드루이드 집단들은 지역 산림의 보존 계획과 복원에 참여한다. 드루이드 네트워크 웹사이트는 페이건에게 보존 활동이 갖는 중요성을 다음과 같이 말한다. "드루이드 네트워크 활동에서 나무 심기와 원시림 보존을 위한 기금 모으기는 중요한 부분입니다."[99] 비록 일부 환경 작가들이 그 개입의 가치를 의문시해 왔지만, 페이건에게 그러한 행위는 식물과 동물, 바위, 그리고 다른 존재들에 대한 인간의 폭력을 바로잡고 줄이려는 시도다.[100] 비록 식물이 인간에 의해 "심어지더라도", 이것은 그들의 자율성을 침해하지 않는다. 오히려 이를 통해 인간과 식물 사이에 돌봄에 기초한 특별한 친족 동반자 관계가 수립된다. 이것은 심어진 식물과 자유롭게 살아가는 식물 모두의 배경화를 극복하는 데 고유한 방식으로 기여한다. 왜냐하면 궁극적으로 많은 페이건이 다음과 같이 말하기 때문이다.

> 식물은 살아 있는, 지능적인, 의식이 있는 존재다. 우리는 식물이 단지 물질 혹은 도구인 것처럼 식물을 이용하지 않는다. 오히려 우리는 당신이 친구들과 맺는 것과 같은 일종의 관계를 형성한다.[101]

개인적인 경험에서 생겨난 그러한 태도는 식물에 대한 단일한 서구적 태도가 존재하지 않음을 입증해 준다. 식물 생명에 대한 모든 서구적 접근이 지배를 위한 식물의 배경화를 목적으로 하는 것은 아니다. 현대 페이거니즘은 물론이고, 놀랍게도 서구 식물 과학 내 식물에 관한 새로운 인식도 그러하다. 다음 장은 식물을 지능적이고 능동적인 존재로 인식하는 경향이, 어떻게 식물을 빈 공간으로 여기는 일반적인 생각과 극명하게 대조되는지를 살펴볼 것이다. 사실 식물 과학자들의 관점은 너무나 빨리 변하고 있어서, 식물학 문헌들은 머지않아 그리스도교 이전 경전들만큼이나 대지에 기반한 종교에 영감을 주게 될지도 모른다.

주

1 Lönnrot 1999, 171.

2 켄 다우든(Ken Dowden)은 그들의 믿음 체계를 묘사하기 위해 사용하는 **이교**(*paganism*)란 단어가 "부적절한 명칭"이라고 주장해 왔다(Dowden 1999, 3). 이교를 단수처럼 사용하는 것은 오해를 불러일으킬 수 있는데, 그리스도교 이전의 유럽 전역에서 단일한 믿음 체계가 발견되는 것처럼 읽힐 수 있기 때문이다. 여기서 우리는 이교도들이엄격한 믿음 체계를 고수하지 않았고, 그들이 통일된 종교 세력도 아니었음을 명백히 해야 한다. 이교도들은 지역적으로 다양하게 세계를 이해하는 특정한 방법들을 가지고 있었다. 그리스도교와 같이 믿음에 기초한 것이 아니었다. 그들은 조상들로부터 전수된 생활 방식에 좀 더 익숙했다. 확실히 이교도의 세계관들은 독특하고 다원적이었다. 그렇지만 우리는 이러한 경고를 유념하고서 **이교**란 단어를 계속 사용할 수 있는데, 다양한 지역적 세계관들이 보이는 유사성을 중요하게 받아들이는 까닭이다.

3 화이트는 그것을 "우리 문화사에서 가장 큰 정신적 혁명"으로 일컬었다. White 1967, 1205.

4 White 1967; Nash 1989, 87-112; Katz 1994, 56; Bauckham 2006, 33.

5 3장 참고.

6 Hutton 1991, 247.

7 식물의 성스러움에 관해서는 이미 많은 글이 집필되었고, 따라서 이 장에서는 이교도들이 식물과 가진 실제 관계를 분석하는 데 집중할 것이다.

8 여기서 명명법에 대한 주석이 도움이 될 수 있을 것이다. 이 장에서는 소문자 *pagan*과 대문자 *Pagan*을 구분한다. 소문자 형용사는 무정형의 무리를 한데 묶으며, 대문자 Pagan은 스스로를 그 무리의 현대적 하위 집단으로 규정한다. 이 명확한 구분은 그레이엄 하비에게 빚진 것이다. [소문자 *pagan*은 '이교도'로, 대문자 *Pagan*은 페이건으로 옮겼다. -옮긴이]

9 내가 언급하는 수많은 문헌들이 실제로 그리스도교인들에 의해 집필되었지만, 식물 관련 주제의 자료는 분명히 그리스도교 이전의 사람들이 집필한 문헌들과 매우 유사하다. 그리스도교인들이 식물에 대해 비슷한 관념을 가졌을 수도 있겠지만, 중요한 점은 이러한 "이교도" 주제들이 식물에 대한 성서적 태도와는 뚜렷이 다르다는 점이다.

10 *Natural History,* in Clifton and Harvey 2004, 20.

11 *Pharsalia* 1.4.50-8.

12 *Annals* 14.29.

13 *Germania* 9.

14 Ross 1992, 47.

15 Green 1992, 231.

16 Ibid.

17 Ross 1992, 36; Green 1992, 213.

18 *Iliad* 16.230-240; Sophocles *Trach.* 1166f.

19 *Natural History* 12.1-3.
20 Ovid, *Metamorphoses,* 106.
21 Munro-Chadwick 1900, 35.
22 Hutton 1991.
23 Hutton 1991; Russell 1979.
24 생물학적 맥락에서, 이러한 관념은 Margulis and Sagan 2000에서 기술되었다.
25 Lincoln 1986.
26 Ibid.
27 Lincoln 1986, 1.
28 Lincoln 1986, 5.
29 Ibid.
30 Lymington 1996, 6.
31 이 중세 텍스트가 일반적으로 명백히 이교도의 것으로 간주되지는 않지만, 변형/변신의 주제는 그리스 신화와 같은 훨씬 더 옛날의 (명백히 이교도의) 자료에 분명히 포함되어 있다. 이러한 해석은 그리스도교인들이 어떻게 그러한 이교도 자료를 베낄 수 있었는지의 물음을 남긴다. 가능한 대답은 이 자료가 민간전승의 방식으로, 진기하고 오래되었지만 궁극적으로 잘못된 믿음으로, 그리스도교에 정치적으로나 영적으로 거의 위협이 되지 않는 낡은 관념으로 기록되었다는 것이다.
32 4장 참고.
33 Lincoln 1986, 5.
34 *Theogony* 2.116-138.
35 *Hymn V to Aphrodite* 2.249-290.
36 *Aeneid* 8.314-315.
37 이러한 의견은 Thistleton-Dyer 1994, 16에 빚진 것이다.
38 Ross 1992, 38.
39 Ibid.
40 Ibid.
41 Dowden 1999, 70.
42 White 1967.
43 Bird-David 1999, 69-70.
44 Bird-David 1999; Harvey 2005a.
45 Ibid.
46 Bird-David 1999, 79.
47 Szerszynski 2005; 33; Descola 1992.
48 Kohák 1997; Descola 1992.
49 이러한 주제들은 더 오래된 이교도 자료와 그리스도교인들에 의해 기록된 혹은 고대의 고전 시가에서 글로 기록된 좀 더 새로운 문헌들 모두에서 발견된다.
50 Mathews 2003, 80.
51 Harvey 2005a; Harvey 2006.
52 *Library of History* 5.23.2.
53 아폴로도루스(Apollodorus)는 스미르나(Smyrna) 또는 미라(Myrrha)가 아시리아의 왕 테이아스의 딸이라는 서사 시인 파니아시스(Panyasis, 기원전 5세기)의 작품에 대해 이야기한다 (Apollodorus 1998). 오비디우스의 판본에서도 그 이야기 속 사건들은 동일하지만, 그는 그녀의 혈통을 키니라스에 돌린다(*Metamorphoses*). 아폴로도루스는 키니라스를 키프루스의 왕으로 묘사하지만, 오비디우스와 후대 작가들은 그를 아시리아의 왕으로 묘사한다.
54 Ovid, *Metamorphoses* 10.597-600.
55 Neidjie 1985; 5장 참고.
56 *Hymn VI to Demeter*, 31-50.
57 Ovid, *Metamorphoses* 8.1066-1068.
58 *Aeneid* 3.30-50.
59 Thomas 1988 참고.
60 *Eclogues* 5.20-21.
61 5장 참고.
62 그리스 신화들이 명백히 그리스도교 이전으로 분류되는 것에 비해서, 이용 가능한 고대 노르드어와 앵글로색슨 자료의 상당수는 그리스도교인들에 의해 기록되었다. 이러한 맥락에서, 전통적으로 이교도적인 것으로 인식된

이 작품이 인간-식물 관계성에 관한 이 연구에 활용될 수 있는 이교도 자료가 정말 맞는지 묻는 것은 타당하다. 그리스도교인들이 기록한 관련 식물 토대의 자료가 "이교도적임(paganness)"을 확인하는 한 가지 가능한 방법은 그리스도교 이전 사람들에 의해 기록된 작품과의 유사성을 입증하는 것이다. 이 장에서, 그리스도교 저자의 작품을 이에 선행하는 그리스 자료와 비교함으로써 어느 정도 그렇게 할 수 있다. 여기서 "진정으로 이교도적임"을 논의할 때, 나는 단일한 이교도 문화를 가리키거나 묘사하려고 시도하지 않는다. 나는 단지 공통적으로 이교도로 언급되는 자료들에서 나타나는 공통의 모티프를 확인하려고 할 뿐인데, 이것들을 성서 자료들에서 확립된 이원론 및 위계와 대조하기 위함이다. 물론 이러한 기록 자료들을 다룰 때 나는 일반적인 이야기를 하고 있으며, 스스로를 그리스도교인으로 규정하는 사람들이 모두 순전히 인간이 지배하는 위계의 관점에서 식물에 대해 생각했다(혹은 실제로 그렇게 생각한다)고 제안하는 것은 아니다.

63 Lymington 1996, 57.

64 *Anglo Saxon Rune Poems.*

65 Ibid.

66 Harvey 2005a; Kohák 1993.

67 3장에서 명확히 밝혔듯이, 식물의 자율성에 대한 그러한 인식은 성서에서도 그리스도교 신학에서도 발견되지 않는다.

68 *Nine Herbs Charm* 1.3.

69 Ibid.

70 이러한 관찰은 전적으로 Robert Wallis에게 빚진 것이다.

71 *Nine Herbs Charm* 7.12.

72 Honko 1990, 24. 『칼레발라』는 원자료를 연속적인 서사시적 이야기로 옮기는 실질적인 편집 과정을 거쳤기 때문에 **연출**(presentation)로 간주된다. 그렇지만 이 구전으로 전수된 전통 시는 20세기까지 대체로 문맹으로 남아 있던 매우 외딴 지역에서 수집되었기에, 일반적으로 애니미즘적인 주제들과 관념들은 아마 카렐리아의 이교도 세계관에 기원을 두고 있을 것이다. 그것들을 수집한 학자인 엘리아스 뢴로트는 그것들이 "한 세대에서 다음 세대로 보존되고 전수되었으며, 외적인 형태는 바뀌었더라도 원래의 내용을 보유하고 있다"고 믿는다. Kaukonen 1990, 161 참고.

73 Nabhan 1997. 물론 그리스도교 작가-독자-청자들 역시 여흥을 위해 그러한 이야기들을 즐기겠지만, 그들이 인간이 아닌 존재들과 대화적 관계 속에 들어와 있지 않다면, 그들은 아마 이러한 이야기들을 애니미스트들과는 다르게 인식할 것이다.

74 레민케이넨(Lemminkäinen)은 『칼레발라』의 영웅들 중 하나다.

75 Lönnrot 1999, 171.

76 Buber 1944, 7-8.

77 Lönnrot 1999, 578.

78 물론, 모든 인간 생활은 식물 생명의 파괴를 필요로 한다.

79 Lönnrot 1999, 188.

80 Ibid.

81 Ibid.

82 www.paganfed.org/about-princ.php.

83 www.druiry.org. 강조 표시는 인용자.

84 Damh, OBOD(2007년 7월 10일, 개인적 소통).

85 Harvey 1997, 170.

86 Damh, OBOD(2007년 7월 10일, 개인적 소통).

87 철학자 에라짐 코학은 나무에게 말 걸기가 지능적 소통을 산출할 수 있는지에 대해 회의적이지만, 인간의 소통이 타자를 승인하는 한 가지 방식이라는 점을 인정한다.

88 Kohák 1993.

89 Potia (2007년 3월 31일, 개인적 소통).

90 Rose 1999, 183.

91 Cadaran (2007년 4월 29일, 개인적 소통).

92 Letcher 2003.

93 Ibid.

94 www.thedance.com/wicca101/wtblv.htm.

95 Paterson 2004, 359.

96 Ibid.

97 Grimes 2002.

98 Harvey 2005b.

99 www.druidnetwork.org/environment/action/plantingtrees.html.

100 Katz 1997; Mathews 2004; Mabey 2007.

101 www.shadowthreadwitch.wordpress.com/2006/09/28/plants-are-not-medicines.

7장

간극 메우기

움직이고, 감각하며, 지능적인 식물

식물에 대한 우리의 관점은 식물을 환경의 영향을 받는 수동적 실체이자 오로지 광합성 산물을 축적하기 위해 설계된 유기체로 보는 것에서 벗어나 극적으로 변화하고 있다.[1]

– 프란티셰크 발루슈카František Baluška

인간과 자연이 분리되어 있다고 주장하는 이들은, 과학의 영역 안에서는 다윈의 『종의 기원』이 출판된 이후 인간과 식물이 (비록 멀지만) 공통의 조상을 공유하는 것으로 인식되어 왔다는 점을 인정해야 한다. 이러한 상황은 플럼우드에 의해 언급되었는데, 그는 "지배적인 문화에서는 다른 생명체들과의 연속성과 친족 관계에 관한 통찰이 (…) 심지어 과학자들에 의해서도 피상적으로만 받아들여지고 있다."고 썼다.[2] 연결성에 관한 과학적 지식에도 불구하고, 자연 세계와 식물계는 배경으로 남아 있다. 플럼우드는 이러한 자연 세계의 지배가 "계속해서 인간을 특별하고 우월한 종으로 생각하고" 따라서 다른 종들을 열등하게 여김으로써 영속화된다고 주장한다.[3]

그러한 배제의 철학에서 우월한 집단의 정체성은 타자들을 열등한 존재로 구축하는 데 의존할 수밖에 없다. 이렇게 식물을 근본적으로 다른 열등한 존재로 간주하는 것은 인간의 지배적인 집단적 우월감을 유지하는 데 기여한다. 친족 관계에 대한 인식에도 불구하고, 이러한 식물 존재론의 폄하는 더 광범위한 자연 세계보다 인간을 높이고 자연으로부터 인간을 분리하는 데 큰 역할을 한다.

의미심장하게도, 식물을 근본적으로 다른 존재, 곧 수동적이고 감각이 없는 열등한 존재의 위치에 두는 것은 식물 과학에서 축적되어 온 압도적인 증거와 모순된다. 식물 행동을 면밀히 관찰한 결과, 식물 과학은 움직임의 결여, 감각작용의 결여, 정신의 결여 등과 같이 동물중심적인 시각에서 식물을 열등하다고 보는 주장을 암묵적으로 거부해 왔다. 사실 2백년이 넘도록 식물 과학은 식물을 매우 다른 시각에서 바라볼 수 있는 매우 많은 증거들을 구축해 왔다. 이 장은 여러 면에서 식물학적 증거를 종합하고 해석한 것으로 간주될 수 있는데, 이는 식물계의 감응력과 지능에 대해 서구인을 납득시키기 위한 것이다.

이러한 증거의 토대는 17세기와 18세기 사이—그루Grew와 말피기Malpighi의 식물 세포 발견, 카메라리우스Camerarius의 식물 성性에 관한 인식, 식물 호흡에 관한 헤일스Hales의 발견 등과 같은—식물 해부학의 역사적 진보에 기초한다.[4] 이러한 발견들은 식물과 동물 사이의 간극을 메우는 데 기여했다. 그렇지만 이 장은 식물이 수동적이고, 움직이지 않으며, 감각이 없고, 마음이 없는 존재라는 관념을 반박하는 증거에 초점을 맞출 것이다.

다윈은 인간과 자연 세계가 연결되어 있다는 생각을 제시했을 뿐 아니라, 식물도 운동과 감각작용이 가능하다는 관념을 처음으로 충분히 보여 주고 명확히 표현함으로써, 식물 신호전달 분야의 토대를 마련했다. 진화 생물학의 연구보다 식물 신호전달을 더 강조해야 하는데, 왜냐하면 이 분야의 학자들이 식물과 인간의 본성 및 능력에서 커다란 연속성을 인식하기 시작했기 때문이다. 여기서 나의 목표는 식물학의 역사를 온전히 제시하는 것이 아니라, 식물 존재론과 인식론에 관한 우리의 논의에서 몇 가지 핵심적인 발전을 조명하는 것이다.

감각작용과 운동

식물계에서 감각작용과 운동에 대한 인식은, 1824년에 앙리 뒤트로셰Henri Dutrochet가 빛에 대한 식물의 성장 반응이 단순한 기계적 움직임이 아니라 **행동 반응**_behavioral response_이라는 생각을 제안했을 때로 거슬러 올라간다.[5] 이러한 주장은 1868년에 알베르트 프랑크Albert Frank가 중력과 빛에 식물의 반응이 **유도된**다는 생각을 제시하면서 되풀이되었다. 프랑크의 가설은 식물의 성장 운동이 오토마톤의 기계적 동작이라기보다는 감각된 자극에 대한 능동적이고 조직화된 반응이라는 것이었다. 이러한 능동적 감각작용과 운동은 1878년에 식물이 광원을 향해 움직이며, 심지어 그 광원이 제거된 후에도 계속 광원을 향해 움직인다는 것을 보여 준 폰 비스너Von Wiesner의 실험에 의해 최초로 증명되었다.[6] 이러한 실험은 생물학적 반응 과정이 주도적으로 시작되는 것을 보여 주었다. 자극이 꺼진 후에도 반응이 계속되었다는 점에서 말이다.

또한 이 실험은 식물의 굴성 운동에 대한 찰스 다윈의 연구에 토대가 되었다. 식물의 비기계적 운동이 존재한다는 사실을 식물 과학에서 확립한 것은 다윈의 업적이다. 다윈은 장기적인 일련의 실험들에서 식물을 다양한 자극에 노출시켰고, 이후의 성장과 운동을 연구했다. 다윈은 『식물의 운동력_Power of Movement in Plants_』(1880)에서 식물의 성장 운동을 신중하게 묘사하며, 식물과 동물의 운동 사이에서 나타나는 놀라운 유사성에 주의를 기울인다.

> 그러나 가장 놀라운 유사성은 그들의 민감성sensitiveness이 국지화되어 있고, 자극을 받은 부분에서 다른 부분으로 영향력이 전달됨에 따라 움직인다는 점이다.[7]

전달 가능한 물질에 대한 다윈의 관찰은 매우 중요하다. 그러한 영향이 존재할 수 있다는 명제는 식물 부분들의 상호연결과 전체 유기체로서의 시너지 통합을 인정한다. 그것은 식물의 내부 신호전달과 소통 과정에 대한 최초의 인식 중 하나다. 동시에 동물에 대해서도 비슷한 연구가 수행되었고, 다윈은 이를 함께 주목함으로써 초기 생리학자들의 연구를 토대로 동물과 식물 사이 지각 능력의 격차를 더욱 줄일 수 있었다.

다윈은 어린뿌리 끝부분(배아근)의 작용에서 특히 깊은 인상을 받았다. 『식물의 운동력』에서 그는 조직에 손상을 입힐 수 있는 대상을 감각하는 (그리고 거기서 멀어지는) 어린뿌리의 능력에 주목한다. 다윈은 또한 물과 중력의 근원을 향해 능동적으로 자라는 어린뿌리의 능력에 매혹되었다. 그러한 근면한 관찰을 통해, 다윈은 감각하고 선택하는 식물의 능력을 인식했고, 뿌리 끝에 뇌와 같은 특성을 부여했다.

> 거의 모든 경우에 우리는 여러 운동의 최종 목적 또는 이점을 명확히 인식할 수 있다. 둘, 혹은 아마도 그 이상의 자극 요인이 종종 뿌리 끝에 동시에 작용하며, 물론 식물의 생명을 위한 중요도에 따라 하나가 다른 것을 압도한다. 땅을 뚫고 들어가는 어린뿌리가 추구하는 경로는 끝부분에 의해 결정되어야 하기에, 뿌리 끝은 그러한 다양한 종류의 민감성을 얻었다. 어린뿌리 끝이 그렇게 타고났고 인접 부분들의 움직임을 지시하는 힘을 가지고 있어서 거의 하등동물의 두뇌와 같은 역할을 한다고 해도 과언이 아니다. 하등동물의 뇌는 몸의 앞쪽 끝 안에 자리하고서, 감각 기관들로부터 인상을 받아 여러 운동을 지시한다.[8]

어린뿌리를 관찰한 결과, 다윈은 근대 식물학의 역사에서 식물계의 지능적이고 목적이 있는 움직임을 인정한 최초의 인물이 되었다. 다윈 생전에 굴성 반응에 대한 연구를 통해 이러한 목적 있는 운동의 대부분이 식물의 영양 요구를 충족시키기 위한 것이라는 사실이 밝혀지기 시작했다.[9] 수세기 동안 식물학자들 역시 미모사*Mimosa pudica*와 같은 민감한 식물의 소위 경성 운동nastic movements에 대해 알게 되었다.[10] 다시금 다윈에 의해 수행된 이러한 운동에 대한 심화 연구로 식물에서의 신경 충동이 발견되었다. 이것은 식물이 수동적이라는 관념을 반박하는 현대적 증거의 핵심이다.[11]

다윈은 미모사, 끈끈이주걱*Drosera rotundifolia* L., 파리지옥풀*Dionaea muscipula* Sol. ex Ellis에 나타나는 비성장 운동의 존재를 체계적으로 연구했다. 이것은 1873년 다윈과 긴밀하게 협력했던 버든-샌더슨Burdon-Sanderson이 파리지옥풀의 잎에서 전기적 움직임[혹은 활동전위AP]을 최초로 기록한 것에서 도움을 받았다.[12] 『식물의 운동력』과 『식충식물*Insectivorous Plants*』에서 다윈은 작은 곤충의 포획을 가능하게 하는 잎의 운동을 조사했다. 다윈은 끈끈이주걱을 연구하면서 다양한 기계적, 화학적 수단을 통해 운동을 유도했고, 식물이 운동할 수 있도록 잎의 세포와 촉모觸毛를 통해 "운동 충동"이 전달되는 경로를 설명했다.[13]

다윈은 그가 투여한 미량의 화학 물질을 식물이 감지할 수 있음을 입증했다. 그는 이것을 놀라운 사건으로 여겼다. 그리고 식물 잎의 이러한 지각과 운동을 동물의 감각 능력과 비교하기에 이르렀다.

> 이 신경은 개의 뇌에 어떤 영향을 전달하여 해당 부분에 동작을 유도한다. 끈끈이주걱의 경우, 정말로 놀라운 사실은 어떤 특별한 신경계가 없는 식물이 그러한 작은 입자의 영향을 받는다는 점이다. 그러나 다른 조직도 고등 동물의 신경계처럼, 유기체에 이익이 된다면 외부에서 받은 인상에 섬세하게 반응한다고 가정하지 못할 근거는 없다.[14]

다윈은 식물이 환경에 대한 인상을 수용할 수 있다는 가능성을 인정했다. 비록 그 원리는 알 수 없었지만, 식물이 환경과 소통할 수 있고, 감각을 담당하는 부분들이 환경 상태에 대한 정보를 식물의 다른 부분에 전달할 수단을 가지고 있다는 것은 명백했다. 또한 이러한 유형의 소통을 위해, 다윈은 영향 물질influencing substance의 존재를 가정한다. 이러한 다윈의 입장은 식물이 감각적 인상을 수용하는 수단을 가늠할 수 없었기 때문에 식물에게 환경과 소통하는 능력이 없다고 여겼던 아리스토텔레스와 직접적으로 대조된다는 점에서 흥미롭다.

그렇지만 다윈의 견해에도 불구하고, 식물의 감각작용과 인식 능력이 의심의 여지 없이 입증된 것은 아니었다. 감각작용과 운동에 대한 실험적 증거가 있었음에도 불구하고, 대부분의 과학자들은 민감한 식물 미모사, 끈끈이주걱, 그리고 파리지옥풀을 예외적으로 민감한 식물의 사례로 간주했다. 경성 운동을 나타내지 않는 다른 식물 종들은 여전히 수동적인 것으로 간주되었다.[15] 내부적으로 수용되는 감각적 인상과 어린뿌리의 지능에 대한 생각에도 불구하고, 다윈 스스로도 자신의 발견을 경시했다.

> 그러나 물론 식물은 신경이나 중추 신경계를 가지고 있지 않다. 우리는 그러한 구조가 동물의 경우에 인상의 완전한 전달 및 여러 부분의 좀 더 완전한 상호소통을 위해서만 기능한다고 추론할 수 있을 것이다.[16]

불행하게도 다윈의 당부에는 플라톤과 아리스토텔레스의 동물중심적인 영향이 남아 있다. 또다시 문제의 식물 해부학은 동물 해부학과 관련해서 판단된다. 식물에는 동물과 같은 복잡한 조직 구조가 없기 때문에, 다윈은 식물의 능력이 다소 불완전하고 부족하다고 가정한다. 비록 그는 식물이 지능적인 방식으로 감각하고 움직인다는 점을 입증했지만, 이 마지막 당부의 말은 식물 지각의 존재를 단순한 채소 수준으로 축소하는 역할을 했다. 그럼에도 그의 연구는 식물이 운동을 주도적으로 시작할 수 있다는 개념을 확립했고 식물이 촉각을 통해, 그리고 빛, 물, 온도의 직접 지각을 통해 자기 환경을 감지할 수 있다는 이전의 실험적 증거들을 견고하게 했다.

운동과 신호전달

식물의 굴성과 경성 운동 및 신호전달 과정의 존재에 대한 다윈의 생각은 처음에는 대부분의 식물 생리학자들에 의해 기각되었다. 가시적인 운동과 감각작용은 미모사 같은 이국적인 민감한 식물에게서만 입증되었기에, 식물이 무감각하다는 일반적 입장은 유지되었다.[17] 민감한 종들은 흔한 채소들에 비해 다소 이례적인 것으로 간주되었고, 따라서 민감한 식물에 관한 연구 결과는 식물 일반에 대한 인식을 바꾸는 데 기여하지 못했다. 이것은 기계론적 입장과 식물을 열등한 존재로 보는 시각이 얼마나 깊이 수용되어 있는지를 보여 주는 척도이며, 감각과 자발적 운동의 존재가 밝혀졌음에도 이러한 관념은 견고하게 유지되었다.

다윈은 분자 및 전기적 신호전달 과정에 의한 식물 **내부** 소통 분야의 선구자였다. 다윈의 연구가 출판된 후에, 하버란트Haberlandt는 식물의 전기 자극 전달에 초점을 맞춰서 이 현상을 계속 연구했다. 그는 도관vascular 조직, 특히 체관 세포가 활동전위의 전달을 가능하게 한다는 것을 발견했고, 만약 식물에게 신경 조직이 있다면, 아마 긴 체관 세포가 그 신경 조직이 있는 유력한 위치라고 결론지었다. 그 후 일부 연구자들은 체관 세포를 "식물 신경"으로 불렀지만, 대다수의 논문과 교재에서는 식물에게 "신경계"가 없다는 믿음을 확인했다.[18] 체관 세포의 전기전도도electrical conductivity에 관한 하버란트의 연구를 무시하는 태도는 오늘날까지, 특히 대중 과학에 여전히 남아 있다. 심지어 최근의 호의적인 출판물들도 이러한 오해를 받아들여서 "나무에는 뇌 또는 신경이 없고, 대신 아주 적은 수의 화학 물질의 도움으로 평생을 살아간다"고 주장했다.[19] 그러한 이해는 동물의 신경 세포와 식물의 체관 세포가 "전기 신호를 전달하는 유사한 기능을 공유한다"는 사실을 무시한다.[20]

1960년대에는 식물의 민감성에 관한 이해가 또 다른 문턱을 넘어섰다. 거의 주목받지 못한 사건이었지만, 이국적인 민감한 식물들보다 더 많은 지극히 평범한 식물들에게서 전기 신호의 전달 현상이 발견되었다.[21] 호박에서 활동전위가 생성된다면, 민감한 식물이 수동성의 규칙에서 예외라는 인식은 잘못된 것으로 드러난다. 또한 이러한 발견은 생물학자들로 하여금 광범위한 전기 메시지에 분명 강력한 적응 기능이 있을 것이라고 믿도록 고무했다. 결과적으로 전기 신호전달은 광합성, 호흡, 체관부 수송, 전신 방어 등과 같은 생명 활동에서 중요한 역할을 담당하는 것으로 밝혀졌다.[22] 동물에게서 발생하는 활동전위 외에도, 고등 식물 또한 고유한 장거리 전기 신호전달 방법을 사용하는 것이 최근 발견되었다. 이 방법은 "서파전위slow wave potential"라고 일컬어진다.

다윈의 초기 연구는 전기 신호전달 연구를 위한 토대를 제공했을 뿐 아니라, 식물 분자 신호전달 연구를 위한 기반을 닦았다. 다윈은 싹에서 빛을 지각하는 부위가 끝 부분에 있지만 구부러지는 위치는 그와 따로 존재할 수 있다는 점을 입증했다. 그는 끝에서부터 전달되는 물질이 구부러지는 부분으로 전해진다고 제안했다.[23] 1931년에 이러한 추측에 기반한 연구에서 식물의 굴성 운동에 필수적 호르몬인 옥신이 검출되었고, 이러한 발견은 굴성 성장과 식물 신호전달에 대한 광범위한 연구를 촉진했다.

식물의 성장과 소통에 대한 현대의 연구는 다윈이 제공한 발판 위에서 구축되었고, 소통과 신호전달에 대한 연구는 민감한 식물 미모사의 움직임을 밝혀냈다. 현재 미모사 잎에 있는 수용기가 활성화되면 세포 내 칼슘이 증가해서 전기와 함께 신호전달 분자로 작용할 수 있는 것으로 알려져 있다. 신호전달과 소통 과정은 건드려진 잎뿐만 아니라 자극 지점에서 멀리 떨어진 잎들까지 닫힐 수 있다는 사실에서 드러난다. 식물에게서 활동전위의 역할은 아직까지 제대로 파악되지 않았지만, 미모사 잎의 닫힘은 **감각하기, 소통**, 그리고 **행동** 과정을 통해 이루어진다. 자극에 대한 이러한 반응은 이제 식물계 도처에서 볼 수 있는 것으로 여겨진다. 자극에 대한 식물의 반응을 검토하면서, 생물학자 재닛 브람Janet Braam은 다음과 같이 명확히 밝혔다.

나무를 옥죄고 곤충을 잡는 폭력에서부터 토양의 장벽들을 통과하며 길을 찾는 뿌리의 우아함까지, 기계적 교란에 대한 반응은 식물 행동의 필수적인 특징이고 (…) 아마도 모든 식물은 기계적 힘을 감지하고 반응할 것이다.[24]

촉각은 식물에게서 가장 잘 알려진 감각이며, 최근 생물학자들이 식물의 감각 목록에서 가장 중요하게 여기는 감각이다. 특히 뿌리는 촉각에 극도로 민감해서 "식물이 동물과 같은 호기심으로 물과 용질을 계속 찾으면서 환경을 탐험할 수 있게 한다."[25]

그렇지만 식물의 감각 능력에 대한 설명을 촉각에서 끝내기는 한참 아쉽다. 빛에 대한 굴광성 반응이 명백히 보여 주듯이, 식물은 빛을 직접적으로 지각할 수 있다. 식물은 빛에 대한 지각을 이용해서 운동을 조정한다. 식물은 또한 빛을 이용해서 미래의 경쟁자가 될 수 있는 이웃 개체들의 근접성을 감각할 수 있다. 식물은 (녹색 조직에 의해 반사되는) 원적색광遠赤色光의 증가를 측정해서 이웃을 지각하고 그 이웃이 자신에게 그늘을 드리울 것인지를 예측하기 위해 이러한 정보를 활용한다. 만약 그늘이 진다면, 복잡한 형태학적 그늘 회피 반응이 뒤따른다.[26] 우리가 인간의 눈에 의한 빛의 지각을 시각으로 인식하듯이, 식물도 그들 나름의 방식으로 그들의 이웃을 "본다". 이러한 시야vision는 식물의 분지 및 개화 행동과 관련해서 미래에 대한 결정을 내릴 수 있게 해준다.[27]

가소적 식물 지능

다윈의 연구 및 신호전달의 발달을 바탕으로, 광범위한 식물 종에 대한 상당수의 연구가 단순히 식물에게 감각작용이 가능하다는 것을 증명하는 수준을 넘어서기 시작했다. 오늘날 식물 과학 분야의 연구는 식물이 능동적 지능의 여러 속성을 소유한다는 점을 입증하고 있다. 여기서 핵심은 2002년 앤서니 트레와바스가 제안한 **식물 지능** 개념이다.[28] 이 연구의 맥락에서 식물 지능 개념은 지구에서 가장 풍부한 생명 형태가 수동적이고 기계적이라는 관념을 버리려는 의도적 시도이기 때문에 중요하다.[29]

트레와바스의 설명은 지능을 "개체의 일생 동안 적응적으로 가변적인 행동"을 할 수 있는 능력으로 여기는 스텐하우스Stenhouse의 정의에 근거를 둔다.[30] 동물은 이곳저곳을 이동하여 행동할 수 있지만, 트레와바스는 식물이 특정 장소에서의 움직임을 통해 행동한다고 지적한다. 그러한 움직임은 보통 성장의 결과로 생긴다. 식물 기관의 성장과 발달은 "적응적으로 가변적"이다. 그것은 적합성을 극대화하기 위해 환경 조건에 따라 변화한다.[31] 따라서 표현형을 바꾸는 이러한 능력은 정의상 지능적이다.

트레와바스가 식물의 이러한 적응적 행동의 중요성을 지적한 것은 최근의 일이지만, 이 현상이 최근에서야 관찰된 것은 아니다. 수세기 동안 그것은 식물학자들에게 표현형 가소성*phenotypic plasticity*(식물이 환경의 변화에 반응해서 외적 형태를 변화시키는 능력)으로 알려져 왔다. 식물 종에서 표현형 가소성에 의해 생성된 변이에 대한 초기의 설명은 린네의 『식물학 비판*Critica Botanica*』에서 발견된다. 린네는 라넌큘러스*Ranunculus* 종을 포함해서 여러 수생 종의 외형에 주목했다. 라넌큘러스 종은,

> 물 밑으로는 모세관 부분이 있고 마디가 많은 잎만 내놓지만, 이후에 수면 위로 넓고 비교적 완전한 잎을 만들어 낸다. 게다가 이것을 그늘진 정원에 심으면 모세관 잎은 거의 다 없어지고 위쪽의 잎만 갖추게 된다.[32]

식물은 지배적인 환경 조건을 평가하고 적절한 반응을 선택하는 방식으로 이러한 가소성을 발달시킨다.[33] 따라서 가소성은 식물의 환경 인식의 표현으로 간주될 수 있다. 자원이 평가되고, **전체** 유기체에게 가장

이익이 되는 성장과 발달 반응이 유도된다.[34] 가소성의 존재는 사실상 식물 생명의 생존을 위해 필수적이며, 트레와바스는 그것을 "식물이 지역 환경을 세밀하게 살피고 그에 따라 행동하기 위해 활용할 수 있는 복잡한 계산 능력에 대한 가시적 증거"라고 여긴다.[35]

가소성의 존재는 "식물의 행동은 미리 프로그램되어 있지 않다"는 것을 보여 주며, 그것은 식물이 **오토마톤**이라는 개념을 반박하는 주장이다.[36] 식물이 시계 장치의 부품처럼 항상 예측 가능하게 작동하는 것은 아니다. 오히려 지각, 인식, 그리고 능동적 평가가 식물의 행동 레퍼토리에서 중요한 요소다. 동물에게서 일반적으로 인식되는 것처럼, 이러한 지능적인 가소성 식물 행동은 최적의 자원 획득과 번식의 극대화를 통해 일신의 안녕을 확보하는 것을 목표로 한다. 변화하는 새로운 조건에 적응하는 능력은 표현형 가소성의 지능을 대표한다. 많은 사례가 있지만, 여기서 나는 뿌리의 활동에 집중할 것이다. 왜냐하면 식물 뿌리는 아마도 기관 중에서 가장 가소성이 높고 유기체 전체에 의해 엄격하게 통제되기 때문이다.[37]

식물은 가소성 뿌리 분지와 뿌리 성장을 증가시킴으로써 비옥한 땅을 이용한다. 양분이 거의 없는 상황에서는 다른 곳에서 새롭고 양분이 풍부한 땅을 쉽게 발견할 수 있도록 뿌리 성장이 가속화되는 것으로 밝혀졌다.[38] 이용 가능한 자원에 대한 분명하고 능동적인 인식이 존재하며, 트레와바스가 볼 때 그것은 지역 공간에 대한 "3차원적 관점"의 구성을 포함한다.[39] 여기서 식물은 토양에 존재하는 자원 이용을 위한 비용과 이익의 지속적인 평가를 통해 그들의 행동 지능을 드러낸다.

식물은 영양이 결핍된 지역을 명백히 의도적으로 피한다. 지표 아래 토양 자원에 대한 능동적인 평가와 식별은 식물의 영양과 생존을 위해 필수적이다. 연구에 따르면, 식물은 필수 영양소의 흡수를 28퍼센트에서 70퍼센트까지 증가시킬 수 있다고 추정된다.[40] 식물은 뿌리 가소성을 통해—생태학적 연구에서 "약탈자"로 언급될 수 있을 정도로—양분을 공급받을 땅을 선택할 수 있다.[41] 그러므로 식물 행동을 면밀히 관찰하면, 식물이 동물과 유사한 방식으로 평가 메커니즘을 이용하며, 식량 자원의 수집을 최적화하기 위해 토양을 탐색한다는 점이 명백하다.[42] 또한 식물은 이러한 인식과 평가를 통해 경쟁을 피할 수 있다. 어떤 사막 관목의 뿌리는 다른 종의 뿌리와의 접촉 및 경쟁을 의도적으로 피하기 위해 뿌리 가소성을 이용하는 것으로 밝혀졌다.[43]

식물 지능 개념에 대해 식물 과학계에서 논란이 없는 것은 아니다. 리처드 펀Richard Firn은 지능이 개체의 속성이며, 식물은 동물과 같은 방식으로 개체가 아니기 때문에 지능적일 수 없다고 반박했다.[44] 펀은 식물 기관이 개별적으로 작용한다고 주장하지만, 트레와바스는 유력한 반대 증거를 인용해서 식물 기관들 간의 주목할 만한 양의 소통과 협력을 입증한다.[45] 그러한 소통과 시너지적 행동의 증거에 따르면, 식물은 명백히 개체다.

또한 펀은 식물 행동이 기계와 같은 반사적 반작용의 결과라는 근거로 식물 지능 이론을 공격했다.[46] 식물 지능 이론에 대한 의심은 추론, 학습, 문제 해결 등 그와 연관된 관념 때문에 식물 과학계에서도 제기되었다. 스트루이크Struik 등은 그러한 관념들이 "의식과 자유 의지의 개념을 필연적으로 불러일으키는데, 그것은 다윈의 세계에서처럼 적응 반응이 수동적인 것으로 간주된다면 전적으로 불필요한 요소"라고 주장한다.[47] 식물 지능의 관념은 의식 및 자유 의지 관념과 그다지 관련이 없을 뿐 아니라(다음 절 참고), 이러한 식물 지능에 대한 환원적 일축에는 식물의 활동이 수동적이라는 친숙한 선험적 가정이 자리하고 있다.

식물이 추론을 학습할까?

트레와바스는 짧은 시간 동안 빠르게 변화할 수 있는 엄청난 범위의 환경 조건에 대처하기 위해서, 식물의 생활에 학습이 필수적이라는 점을 강조한다.[48] 다른 학습 형태들과 마찬가지로, 여기에는 끊임없는 평가와 요구되는 목표에 도달하기 위한 행동 수정의 능력이 포함된다. 이러한 실험 사례들 중 가장 흥미로운 것 하나는 식물 덩굴손의 성장 능력 실험이다. 식물 덩굴손의 성장 실험은 지지대의 위치를 평가하고 그것을 향해 능동적으로 움직이는 덩굴손의 능력을 입증했다. 즉각적인 목표는 지지대에 도달하는 것이지만, 만약 지지대의 위치가 움직이면, 덩굴손은 그러한 변화를 감지하고 재배치를 위해 성장 운동의 방향을 조정할 수 있다.[49] 식물은 자동화되고 반복적인 순전히 자극에 의한 행동을 한다기보다, 자극을 **실시간**으로 평가하고 자신의 현재 상태와 이전의 경험에 따라 반응한다. 트레와바스는 식물이 행동을 요구하는 일이 발생했을 때, 식물이 그때마다 이전의 반응에서 나온 정보에 따라 행동한다는 점에 주목한다. 이것은 시행착오 학습의 한 형태다. 또한 외부 정보와 내부 상태에 관한 지식도 통합된다. 이렇게 소화된 정보에 대한 평가는 적절한 행동을 이끌어 낸다. 이것은 적합성을 극대화할 요소를 최적화하기 위한 **추론** 과정이다.[50]

덩굴손 성장 실험뿐 아니라 수분 스트레스에 대한 식물의 반응도 학습과 추론의 사례로 제시되어 왔다. 식물이 가령 잎을 떨굼으로써 가뭄에 대응하려면, 최적의 공급 수준 대비 현재의 수량水量을 평가할 수 있어야 한다. 트레와바스는 다음과 같이 요약했다.

> 식물은 충분한 변화가 발생했을 때 시행착오를 통해 학습하여 추가적인 스트레스와 피해를 최소화하고 종자 생산을 어느 정도 달성할 수 있다. 물 스트레스에 대한 반응은 미네랄 영양, 나이, 온도, 이력 등 다른 환경 변수들과의 상호작용 및 통합에 의해 수정되므로 반사적인 반응이 아니다. 확실히 **결정**은 **식물 전체**에 의해 내려진다.[51]

식물은 종종 급격한 환경 변화에 대응해서 형태를 조정할 때, 기본적인 의사 결정, 문제 해결 및 추론을 할 수 있다. 흥미롭게도, 이러한 지능적 능력 외에도 식물의 의도와 선택이 존재한다는 몇몇 직접적인 실험 증거가 있다.

비광합성 기생식물인 새삼*Cuscuta europaea* L.이 보여 주는 먹이활동에 관한 연구는 이 식물이 숙주를 선택한다는 점을 보여준다. 새삼은 숙주가 제공하리라 기대되는 영양의 수준에 기초해서 숙주를 고른다. 만약 숙주가 필수 영양소를 제공할 만한 충분한 능력을 갖고 있지 않다고 추정될 경우(즉 숙주에게 질소가 부족한 것으로 밝혀지면), 처음에 그 식물 주위로 덩굴손을 감고 나서는 먹이활동을 계속하지 않기로 선택할 것이다. 대신에 새삼은 감은 것을 풀고 또 다른 숙주, 곧 필요한 양분을 제공하기에 좀 더 적합한 숙주를 계속해서 찾을 것이다.[52] 이것은 식물이 자원을 낭비하지 않도록 최적의 채집 전략을 채택하는 사례다. 관련 연구를 통해서, 가까운 친척인 미국실새삼*Cuscuta pentagona* Engelm.의 숙주 인식은 숙주 식물에게서 방사되는 휘발성 물질에 의해 매개된다는 점이 입증되었다. 기생식물은 공기 중의 휘발성 화학 물질을 이용해서, 숙주를 향해 자라기 전에 숙주의 위치를 감지한다. 또 다른 선택 사례에서 여러 종들이 먹이 활동 반응을 활성화하는 것이 발견되었지만, 미국실새삼의 경우 숙주를 선택할 수 있을 때 토마토 식물을 적극 선호하는 것으로 나타났다.[53] 이러한 사례들은 쉽게 식별할 수 있는 자원 숙주를 다루는, 훨씬 단순화된 시나리오에 기초한 기생식물 연구에서 출현했다. 그렇지만 광합성 식물은 대부분 숙주에 의존하기보다는 토양에서 자원을 채취해야 한다. 아직 능동적인 근권根圈 선택에 관한 명확한 실험이 수행되지는 않았지만, 식물 뿌리는 기생식물이 자원이 풍부한 숙주를 선호하는 것과 같은 방식으로 자원이 풍부한 땅에 위치하는 것을 선호한다.

식물의 뇌

동물과 달리 식물은 모듈식 구조와 각 모듈에서 성장할 수 있는 능력을 지니고 있어서, 중앙집중식 뇌 그리고/또는 신경계를 필요로 하지 않는다. 새롭게 부상하여 "식물 신경생물학"으로 불리는 식물 과학의 영역은 식물에 실제로 중앙집중식 뇌 조직 대신 지능적 행동의 출현에 관여하는 수천 개의 뇌와 같은 실체들이 존재할 수 있다고 주장한다. 이러한 실체들은 분열조직*meristems*으로 알려진 조직의 일종이다. 최근의 이론들은 뿌리와 싹의 끝에 위치한 분열조직이, 복잡한 분자와 전기 신호전달이 가능한 도관 다발과 결합되어 신경/뉴런 시스템의 식물 등가물을 구성할 수 있다고 제안한다.[54] 『식물의 소통*Communication in Plants*』이라는 획기적인 책에서, 발루슈카Baluška 등은 다윈의 선구적인 작업을 반영한다.

> 각각의 근단根端은 식물 신경계의 뇌와 같은 단위를 가졌다고 짐작된다. 식물체의 근단은 그 수가 많으며, 모든 "뇌 단위"는 도관 다발(식물 뉴런)을 통해 극성으로 수송되는 옥신(식물의 신경전달물질)과 상호 연결되어 일련의 (병렬적인) 식물 신경계를 형성한다.[55]

식물 신경생물학 연구자들은 이러한 식물 신경계가 동물에게서 발견되는 것보다 열등하다는 다윈의 판단을 따르기보다, 이 분산적인 평가와 반응 시스템이 식물의 적합성을 극대화하기 위해 가장 효율적이라고 여긴다.[56] 그러한 시스템은 복잡하고 끊임없이 변화하는 근권 환경에서 식물이 번성할 수 있게 하는 분산적인 행동(즉 성장)을 가능하게 한다고 여겨진다.

식물에게서 분열조직의 "뇌들"은 호르몬 옥신과 같은 신호전달 분자를 전송해서 나머지 식물 조직에 영향력을 발휘할 수 있다고 제안되었다. 옥신은 뿌리 끝과 줄기 끝에서 만들어지며, 옥신의 이동은 개체 곳곳에 정보를 전달하는 하나의 방법으로 여겨진다. 말단 극(세포의 격막)은 동물의 시냅스와 유사하다는 주장이 제기되었다.[57] 소위 "식물 시냅스"에서 옥신의 소낭수송vesicular transport은 이 신호전달 분자를 세포에서 세포로 이동시킨다. 정확한 과정은 아직 밝혀지지 않았지만, 이러한 옥신의 세포 외 수송은 식물 시냅스를 가로질러 "빠른 전기 반응을 일으키며", "식물 세포의 전기 반응을 개시한다."고 제시된 바 있다.[58] 식물 내부의 경로가 무엇이든 간에, 물 스트레스로 기공이 폐쇄되는 사례에서처럼, 뿌리의 환경과 발달 상태에 대한 정보가 싹으로 전달되면서 멀리까지 소통이 일어날 수 있다. 식물은 세포에서 세포로 소통하기 위해 옥신과 전기 신호뿐 아니라 다양한 신경 전달 물질 분자를 생산하고 사용한다. 도파민, 아세틸콜린, 글루타메이트, 히스타민, 그리고 글리신은 모두 세포 사이의 잠재적 신호전달 화학 물질로 거론된다.[59] 다른 복잡한 소통 분자들로는 단백질 키나아제, 미네랄, 지질, 당류, 기체, 그리고 핵산 등이 포함된다. 트레와바스는 이러한 복잡성에 주목하면서, "현재의 진행 상황으로 볼 때, 소통은 [동물의] 두뇌 안에서처럼 복잡한 것 같다."고 지적했다.[60]

식물 신경생물학자들의 일부 주장에 대응해서, 알피Alpi 등은 **원형질 연락사***plasmodesmata*(식물의 세포벽을 가로지르며 세포 사이의 수송과 소통을 가능하게 하는 미세한 통로)의 존재는 식물 시냅스 및 신경 전달 물질로서의 옥신 개념에 모순된다고 주장한다. 왜냐하면 그것들의 존재가 광범위한 전기 결합을 가능하게 하므로 신경 전달 물질 같은 화합물의 세포 간 전송의 필요성을 배제하기 때문이라는 것이다.[61] 그러나 브레너Brenner 등은 정확한 경로는 아직 밝혀지지 않았지만 옥신은 세포에서 세포로 전달되는 것으로 알려져 있으며 능동적이고 소통적인 식물 행동이 일어나고 있다고 주장하면서 이러한 비판을 반박했다.[62] 그들은 전기적 세포-세포 결합의 정확한 메커니즘과 함께 이러한 전달을 조사하는 것이 식물의 신호전달과 행동을 이해하기 위한 흥미로운 연구 분야라고 주장한다.

수천 개의 분열 조직을 가진 식물은 잠재적으로 수천 개의 "뇌 단위"를 가지고 있다. 식물 신경생물학의 옹호자들은 식물이 감각 정보를 통합하고 뿌리 분열 조직, 내부 분열 조직, 관다발 조직과 같은 다수의 식물 조직 사이의 소통에 기초해서 결정을 내린다고 주장한다. 발로Barlow는 식물의 특별히 민감한 구역에서 다른 부분으로 활동전위가 전달될 때 관다발 조직(물관과 체관), 곧 유기체 조직과 관련된 "정보 채널"이 관여한다고 지적했다.[63] 드레와나스는 식물 전체에 퍼져 있는 분열 조직이 국소 분열 조직의 감각 입력으로 작용하는 통합적인 평가 및 계산 조직일 수 있다고 제시했다.[64] 이 주제에 대해 활발한 논의가 진행되고 있지만, 이러한 내부 소통 시스템이 중앙 집중식인지, 분산식인지, 아니면 그 사이 어딘가에 위치하는지는 아직 밝혀지지 않았다.[65]

이러한 식물 내부 소통 네트워크의 구조적 복잡성은 식물이 나타내는 지능적 행동을 이해하기 위해 매우 흥미로운 요소다. 저명한 동물 생리학자 데니스 노블Denis Noble은 최근 (식물에게서 발견되는 것과 같은) 네트워크 스타일의 상호작용이 실제로 **모든** 살아 있는 존재들의 활동을 조직하고 지시한다고 주장했다. 『생명의 음악*The Music of Life*』에서 그는 단일하고 외부적인 마음 또는 자아가 살아 있는 유기체의 활동을 통제하고 지시한다는 관점을 반박했다.[66] 이러한 데카르트적 관념에 반대해서, 노블은 분산적인 소통 네트워크가 살아 있는 활동을 헤테라키적으로 자기조직하고 지시한다고 주장한다.

시스템 생물학에 관한 노블의 관점에서 "단일한 통제자는 존재하지 않는다." 살아 있는 시스템의 지휘자로서 데카르트적 단일한 마음 실체는 존재하지 않는다.[67] 오히려 시스템적 관점에서 볼 때, 지능, 추론, 선택과 같은 정신적 속성은 신호전달과 소통으로 이루어진 생리학적 네트워크의 상호작용에서 발생한다고 여겨진다. 에반 톰슨Evan Thompson이 표현하듯이, "발생 과정은 집단적 자기조직화의 결과 중 하나다."[68] 이러한 헤테라키적 조직화의 원칙과 더 높은 수준의 속성의 출현은 시스템 생물학의 기본 원리이며, 이는 프리초프 카프라Fritjof Capra에 의해 다음과 같이 우아하게 요약된다.

시스템 관점에 따르면, 유기체 또는 살아 있는 시스템의 본질적 속성은 어떤 부분도 갖지 못한 전체의 속성이다. 그것은 부분들 사이의 상호작용과 관계에서 발생한다. 이러한 속성은 시스템이 물리적으로나 이론적으로 고립된 요소들로 나누어질 때 파괴된다.[69]

비록 정확한 경로는 아직 밝혀지지 않았지만, 우리는 시스템적 시각에서 스트루이크 등이 언급한 데카르트적 의식이나 자유의지가 아니라 오히려 (분열 조직을 포함한) 식물 조직의 상호연결된 헤테라키적 네트워크가 지능적인 식물 행동을 가능하게 한다고 말할 수 있다.[70]

식물 자기plant self

내부적으로 식물은 서로 다른 기관들 사이에서 상세한 환경 정보를 빠르게 교환한다. 다소 분산적이지만, 이러한 통합된 소통 시스템의 결과로 식물 역시 스스로를 통합된 존재로 인식한다. 다른 분류군에서 이러한 현상은 **자기 인식***self recognition*으로 알려져 있으며, 식물 종에게서 그 존재가 실험적 증거에 의해 뚜렷하게 입증되고 있다.[71]

육종 체계에 대한 연구를 통해, 식물이 자기/비자기를 어느 정도 정확하게 인식할 수 있다는 사실이 알려져 있다. 수분 작용 동안, 식물 종 대다수는 "자가불화합성self-incompatibility" 메커니즘을 채택한다. 자가수정(따라서 잠재적인 적합성의 손실)은 **자기** 꽃가루와 다른 개체가 생산한 꽃가루를 구별함으로써 방지된다. 대부분의 경우에 성적 파트너의 꽃가루만이 수용적 암술머리 표면에서 발아하여 수정에 영향을 줄 수 있다. 이러한 인식은 유전적으로 결정된 동종이계同種異系의 존재에 기초한다고 알려져 있다.[72]

그러한 자기 인식은 전적으로 유전적으로 결정되는 수동적이고 자동적인 과정으로 특징지어져 왔다. 그러나 식물 뿌리 시스템의 소통에 관한 연구에 따르면, 식물의 자기 인식에는 자가수분을 피하기 위해 채택된 동종이계 메커니즘보다 훨씬 더 많은 것이 있다.[73] 식물은 자기를 타자와 구별하기 위해, 자신의 기관들 및 다른 유기체와 복잡한, 거의 끊임없는 소통 과정에 관여한다.

그룬트만Gruntman과 노보플란스키Novoplansky의 버팔로그래스*Buchloe dactyloides* (Nutt). Engelm에 관한 연구는 식물 뿌리가 **자기**와 **비자기** 사이를 구별할 수 있음을 보여 주었다. 중요한 것은, 이러한 인식이 식물 자체 내부의 소통에서 비롯한 능동적이고 지속적인 생리학적 과정에 기초한다는 점이다. 그것은 식물 육종 체계의 자가불화합성 메커니즘에서 채택된 맹목적 동종이계 인식에 기초한 것이 아니다.[74] 완전히 규명되지는 않았으나, 유전적으로 동일한 식물들이 서로를 비자기nonself로 인식하는 것으로 입증되었는데, 그것은 자기다움selfhood과 비자기다움nonselfhood의 인식에서 비유전적인, 개별적으로 고유한 신호가 존재함을 시사한다.

그룬트만과 노보플란스키는 식물의 정체성과 관련된 신호전달이 "옥신과 시토키닌 같은 호르몬의 내부 진동 그리고/또는 토양을 통해 뿌리로 감지되는 전기에 의해 매개된다."고 추측한다.[75] 그러한 진동 신호는 "시간적으로 매우 역동적이어서 개체별로 고유한 것으로 알려져 있다."[76] 또한 이러한 신호들은 식물의 내부와 외부에서 동시에 감지될 수 있는 것으로 추정된다. 따라서 식물은 "동일한 식물의 다른 뿌리 부근에서 진동 신호의 공명 증폭"을 통해 내부적 자기 감각sense of self을 생성할 수 있다.[77] 즉 동일한 자기 기관들은 동일한 패턴으로 능동적으로 공명한다. 비자기의 인식(다른 개체의 인식) 사례는 "동일한 리듬으로 진동하지 않는 뿌리에서는 공명 증폭이 일어날 수 없기 때문에" 발생한다.[78] 유전적으로 동일하지만 분리된 지 얼마 안 된 개체 역시 동일한 리듬으로 주기적으로 진동할 것으로 예상된다. 그러므로 식물 시냅스는 "세포와 기관이 '자기'를 규정하고 감지하며 '비자기'를 인식하게 함으로써 개별 식물의 온전함을 결정하는"

구조일 가능성이 높다.[79]

이러한 자기다움의 인식은 대두를 대상으로 한 게르사니Gersani 등의 연구에서도 나타난다. 대두는 성장 공간을 다른 개체들과 공유하게 되었을 때, 뿌리 성장이 크게 증가했다.[80] 공유 자원을 받은 식물은 공유 성장 공간이 없는 식물보다 뿌리를 85퍼센트 더 많이 냈다. 게르사니 등은 이러한 식물들이 자원 경쟁에서 뿌리를 능동적으로 그리고 공격적으로 증식시키기 위해, 자기 뿌리와 비자기 뿌리의 존재를 감지하고 확인할 수 있는 능력을 지녀야 한다고 시사한다.

복잡한 뿌리 네트워크에서 자신의 뿌리와 이웃의 뿌리 사이를 구별하는 능력은, 식물이 자기 뿌리의 일부가 자신의 뿌리 네트워크의 다른 부분과 자원을 두고 경쟁하는 바람직하지 않은 시나리오를 피하는 데 도움이 된다. 이것은 줄기 성장이나 개화와 같은 땅 위에서 필요한 기능에 사용될 수 있는 자원을 뿌리에 낭비적으로 할당하는 것이 되어 버린다. 자연 선택이 자원의 낭비적 사용에 반하여 작용할 것이라는 전제하에, 연구자들은 자기를 인식하는 소통 과정이 식물계에 보편적일 것이라고 예측했다.[81]

땅속에서의 관계와 상호작용

근권에 대한 조사는 식물이 놀랄 만큼 상호작용을 많이 한다는 사실도 드러낸다. 뿌리는 물과 양분을 제공할 뿐 아니라 개별 식물과 다른 유기체 사이의 소통의 통로 역할을 할 수 있다. 근권은 식물의 뿌리와 균류 및 토양미생물이 서식하는 과밀 공간이다. 또한 그곳은 "이 생물학적으로 활성화된 토양 지대에서 뿌리와 뿌리, 뿌리와 뿌리 미생물의 소통이 끊임없이 발생하는" 공간이다.[82]

뿌리는 주로 물, 질소, 미량 무기질 같은 지하 자원을 격리하는 과정에서 소통의 도구로 사용된다. 이러한 자원은 광합성 식물의 생존에 필수적이다. 뿌리가 다른 유기체와 소통하는 방법은 대체로 뿌리 삼출물 exudates(이차대사물질*secondary metabolites*로도 알려진 극도로 다양한 화합물 집합을 가리키는 포괄적 용어)의 생산을 통해서라는 증거가 점점 더 많아지고 있다. 이러한 소통을 담당하는 뿌리 삼출물은 식물 생명의 번성을 위해 필수적이다. 뿌리 삼출물의 생산량은 개체 광합성 산물의 최대 20퍼센트를 차지하며, 그것은 토양 유기체들과 공생하고 상호 유익한 관계를 수립하고 유지하는 데 핵심적이다.[83]

콩과식물과 뿌리혹박테리아의 공생 관계는 식물이 소통을 통해 자원 흡수(이 경우에는 질소 가용성)를 증가시키는 좋은 사례다. 식물계 전반에 걸친 연구들은, **플라보노이드**의 생산과 분비가 뿌리혹의 생산을 남당하는 집락화된 **뿌리혹박테리아**의 유전자를 실제로 활성화한다는 것을 보여 주었다.[84] 따라서 이러한 정보 소통은 질소가 부족한 토양에서 뿌리혹박테리아가 숙주 콩과식물을 위해 대기 중의 질소를 직접 고정할 수 있게 한다. 이 플라보노이드의 성분과 뿌리에서 미생물로 소통하는 정보 내용은 콩과식물 종에 따라 매우 달라지는 것으로 알려져 있다. 각각의 콩과 종은 토양 미생물과 소통할 때 특정한 플라보노이드 성분을 발산한다. 각각은 고유한 "화학적 시그니처"를 가지고 있어서, 토양 공생자가 자기네 공생 파트너의 뿌리를 다른 식물 종의 뿌리와 구별할 수 있게 한다.[85]

토마토 모종*Solanum lycopersicum* L.의 분비물 역시 상호 유익한 관계를 형성할 수 있게 한다. 토마토가 풍부한 정보를 담은 뿌리 삼출물을 제공하는 것은 박테리아 슈도모나스 플로레센스*Pseudomonas flourescenes* Migula에 의한 뿌리 집락화 과정을 개시하는 첫 단계다.[86] 모종 뿌리가 생산하는 주요 삼출물은 이러한 공생 관계를 수립하기 위한 초대장 역할을 하는 사과산과 구연산이다. 유기산 삼출물을 통한 이러한 소통은 슈도모나스 플로레센스가 기생 균류와 초식성 선충으로부터 토마토 뿌리를 보호하는 관계로 이어진다.

인간 및 다른 동물과 마찬가지로 식물도 해로운 환경을 줄이고 성장과 번식에 좀 더 적합한 환경을 형성하기 위해 지역 환경을 적극적으로 수정한다. 이러한 행동은 지역 환경과의 상호작용의 한 형태이며, 식물 뿌리에서 가장 자주 나타난다. 근권 병원체가 존재할 경우, 식물 뿌리는 특정한 위협을 선택적으로 감지하고 페룰산, 로즈마린산, 부탄산, 바닐산 등 항균 및 항진균 화합물을 분비할 수 있다.[87] 이 화학적 시그니처들은 확인된 특정 위협에 정확히 대응해서 방출된다.[88] 식물은 뿌리의 이차대사물질을 방출함으로써 토양 미생물상의 구성과 농도를 변화시키고 뿌리의 국소 감염 가능성을 줄인다. 식물 뿌리는 또한 방어 단백질의 생산과 분비를 통해 균류의 공격을 막을 수 있다. 미국자리공*Phytolacca americana* L.은 단백질 합성을 방해하고 뿌리 부패를 유발하는 잎집무늬마름병균*Rhizoctonia solani* J.G. Kühn에 대항하는 항진균성을 가진 방어 단백질을 분비하는 것으로 알려져 있다.[89] 근권에서 이 병원체를 제거함으로써, 미국자리공은 전신 감염을 예방할 수 있고 감염에 대항하기 위해 자원을 사용하는 것을 피할 수 있으며, 따라서 적합성을 높일 수 있다.

능동적 환경 변형의 또 다른 사례는, 유기산과 효소(산성인산분해효소)의 분비로 인P이 부족한 토양에서 이용 가능한 인의 수준을 증가시키는 식물의 능력이다. 인이 부족한 토양에서 자라는 루핀의 경우, 인을 좀 더 쉽게 이용할 수 있게 돕는 효소의 분비량이 최대 20배까지 늘어날 수 있다.[90]

다른 식물과의 타감적 상호작용은 또 다른 형태의 복잡한 근권 상호작용이다. 타감작용은 식물이 인접한 식물의 성장을 억제하기 위해 뿌리에서 분비되는 이차대사물질을 사용할 때 발생한다. 다시 말하지만, 이것은 성장과 번식의 기회를 늘리기 위해서 인근 환경을 수정하는 과정이다. 50년 동안 과학계에서는 타감작용을 수용하는 데 있어 거듭 굴곡을 겪었다. 최근의 연구는 타감작용이 식물과 환경의 상호작용에서 중요한 역할을 한다고 제시한다.[91]

가장 많이 인용된 타감작용의 사례 중 하나는 북아메리카 모하비 사막의 관목 군락이다. 마할Mahall과 캘러웨이Callaway는 흔한 관목인 크레오

소트 덤불*Larrea tridentata* (DC.) Coville이 물이 부족한 환경에서 물을 둘러싼 종간 경쟁을 제거하기 위해, 뿌리 시스템에서 쉽게 확산되는 억제 물질을 분비해 이웃 식물인 암브로시아 두모사*Ambrosia dumosa* (A.Gray) W.W. Payne의 성장을 억제하는 것을 발견했다.[92]

또한 다감적 상호작용은 농작물과 그 인접 종에서서도 집중적으로 발생하는 것으로 알려져 있다. 연구에 따르면, 이러한 상호작용은 널리 퍼져 있어서 성장과 번식에 상당한 영향을 미칠 수 있다. 열대 농경 시스템의 흔한 잡초인 향부자*Cyperus rotundus* L.는 성장을 방해하는 유기산을 생산해서 벼*Orzyza sativa* L.의 줄기 크기, 잎 크기, 그리고 전반적인 수확량을 크게 줄일 수 있다. 향부자의 존재는 옥수수, 보리, 토마토, 양파와 같은 다른 수요 농작물에도 같은 영향을 미친다.[93]

뿌리는 미생물과 소통하며 환경을 이롭게 수정할 뿐 아니라 영역 확보와 관련해서도 작용하는 것으로 알려져 있다. 이러한 행동을 나타내기 위해, 뿌리는 자기 뿌리 및 다른 개체의 뿌리와 지속적으로 발생하는 복잡한 소통에 관여해야 한다. 뿌리 시스템에서 일어나는 그러한 소통에 관한 수많은 매혹적인 사례들이 존재한다. 자가번식 허브인 피막이풀*Hydrocotyle*의 뿌리는 다른 종의 뿌리와의 경쟁을 회피하는 것으로 드러났다.[94] 사막 관목 암브로시아 두모사에 관한 연구는 개체 식물이 그들 종의 다른 개체와 접촉하게 되면 뿌리 시스템의 증식을 피한다는 것을 보여 주었다.[95] 완두*Pisum sativum* L.에 관한 연구는 뿌리가 같은 식물의 다른 뿌리와의 접촉을 신중하게 피한다는 것을 증명했다.[96] 기생식물 올빼미클로버*Triphysaria versicolor* Fisch. & C.A. Mey.는 자신의 뿌리와 숙주 및 다른 종의 뿌리를 능동적으로 구별할 수 있는 것으로 나타났고, 그것은 자기와 비자기 인식에 대한 또 다른 증거다.[97]

번성을 위한 식물의 소통

식물과 타자 사이의 능동적인 소통과 상호작용은 땅 위에서도 일어난다. 지상에서 식물의 소통과 상호작용은 식물의 번식 및 식물과 초식동물의 관계에서 가장 뚜렷하게 나타난다. 이러한 맥락에서, 식물이 지역 환경을 높은 수준으로 인식하며 공격자와 자원에 대한 정보를 이용한다는 증거가 화학적 신호전달에 관한 연구를 통해서 늘고 있다.[98] 식물이 그들 주위의 (지상) 세계와 소통하는 주요 방식은 휘발성유기화합물VOC's의 공기 중 방출을 통해서이다.

꽃은 지방산 유도체, 벤제노이드, 테르페노이드를 포함해서 수많은 향기로운 화학 물질을 방출한다고 알려져 있다.[99] 꽃이 꽃가루 매개자를 유혹하기 위해 이러한 향기를 방출한다는 점은 명백해 보이지만, 실제로 이러한 소통을 증명한 과학적 연구는 놀랄 만큼 적었다. 그 몇 안 되는 연구 중 하나는 꽃이 문제의 꽃가루 매개자를 속이는 과정을 다룬다. 남아메리카의 거미 난초*Ophrys sphegodes* Mill.는 간단한 휘발성 화합물인 알켄과 알칸을 방출할 뿐 아니라 수벌*Andrena nigroaenea* Kirby의 "유사교미pseudocopulation" 행동을 이끌어 내는 시각적 단서를 제공한다.[100] 이 화합물은 성적으로 수용적인 암벌*A. nigroaenea*의 냄새를 정확히 모방하며, 수벌이 "교미"를 위해 식물에게 이끌림에 따라 수분이 이루어지게 된다. 교미 이후에 거미 난초의 꽃은 비수용적인 암벌이 방출하는 화합물을 배출하는데, 그것은 더 이상의 교미를 억제하는 데 기여하며, 따라서 꽃가루 매개자를 근처의 수분되지 않은 꽃으로 유도한다.[101]

식물은 공격을 막기 위해 잎에서 휘발성 화합물을 방출하여 초식동물과 소통하는 것으로 알려져 있다. 높은 수준의 휘발성유기화합물을 배출하는 나무 종은 같은 식물 과(오예과, Lecythidaceae)에 속하지만 휘발성유기화합물을 배출하지 않는 다른 나무 종보다 딱정벌레*Coleoptera*의 공격을 훨씬 덜 받는 것으로 나타났다.[102] 직접적인 방어물을 생산하는 것 외에도, 식물은 휘발성유기화합물을 공기 중에 방출함으로써 간접적인 방어를 유도할 수 있다. 이러한 휘발성유기화합물은 육식 절지동물을 유인해서 자신을 공격하는 초식 곤충을 잡아먹게 함으로써 간접적인 방어 기능을 한다.[103]

대기에 배출되는 휘발성유기화합물은 절지동물에게 정보를 제공할 뿐 아니라 공격 유형에 대한 정보도 제공하며, 흥미롭게도 이 정보는 이웃 식물이 이용할 수 있다. 식물은 자신을 공격하는 초식 동물을 구별하는 능력을 가지고 있으며, 따라서 피해를 입은 식물이 방출하는 화학적 혼합물의 구성은 초식 동물의 유형마다 다르다. 그뿐만 아니라 식물 종에 따라서도 다르다.[104] 리마 콩*Phaeseolus vulgaris* L.에 관한 연구는 초식동물에게 먹히는 식물에게서 나오는 휘발성유기화합물의 특정한 "혼합"이 피해 유형에 따라 다르다는 점을 입증했다.[105] 초식 동물들 사이의 이러한 구별로 인해 휘발성유기화합물의 화학적 정보는 매우 구체적이며, 피해를 입지 않은 이웃 식물은 이를 통해 임박한 위협을 지각할 수 있을 뿐 아니라 직면한 실제 위험을 평가할 수 있다. 이러한 구별을 통해, 피해를 입지 않은 식물은 초식 동물로 인한 심각한 피해 가능성에 대비해서 직접 화학적 방어를 하는 데 드는 비용을 평가할 수 있다. 이웃에게 얻은 정보를 처리한 뒤, 식물은 가장 큰 적합성을 보장하는 대응책을 실행할 것이다.[106]

이러한 식물 간 지상 소통은 뿌리 사이의 소통보다 훨씬 더 뜨거운 논쟁을 불러 일으켰다.[107] 많은 연구자들은 초기 연구들이 부정확하게 통제되었다고 간주했고, 이러한 연구들은 광범위하게 무시되어 왔다. 휘발성유기화합물을 내보내고 받는 식물이 모두 이익을 얻을 것이라고 결론을 내리는 결과 해석을 두고서도 논쟁이 있었다. 초기의 의심에도 불구하고, 점점 더 많은 연구가 땅 위에서의 소통에 증거를 대고 있다.[108]

연구실 환경의 실험에서, 식물은 자기 종의 다른 구성원 및 다른 종에 의해 생성된 환경에서 휘발성 신호를 감지할 수 있다.[109] 연구에 따르면, 초식 활동의 결과로 생성된 휘발성유기화합물에의 노출은 "방어 유전자"

의 발현에 직접적으로 영향을 미칠 수 있고, 흔히 테르페노이드와 같은 방어와 관련된 대사물질이 생산된다.[110] 그렇지만 필드에서 식물이 이웃 식물에게서 방출된 정보를 이용해서 방어 물질을 생산한다고 정확히 입증한 연구는 소수에 불과하다. 그러한 사례 중 하나는 초식성 딱정벌레의 공격을 받은 오리나무*Alnus glutinosa* L.에 관한 필드 연구다. 필드에서 개별 나무의 잎이 떨어지면 이웃 오리나무에서 초식 활동이 감소되는 것으로 나타났다. "보호 효과"는 잎을 뜯어 먹히는 나무로부터 거리가 멀수록, 그리고 잎이 떨어진 후 시간이 지날수록 감소했다.[111] 이것은 피해를 입은 나무가 초식 활동을 경고하는 신호를 만들어내고 이웃들에게 잎 뜯기를 막는 방어물질을 생산하게 하여 생물학적 적합성을 높일 수 있었음을 시사한다.

"수신하는 쪽"에 있는 식물이 이러한 소통을 지각할 수 있다는 점은 명백하지만, 이러한 신호가 먹히는 식물에 의해 의도적으로 **보내진** 것인지는 널리 의문시되고 있다. 이러한 의심은 주로 이웃의 경쟁력을 높이는 것이 신호를 보내는 식물에게 아무런 이득이 될 수 없다는 진화론적 전제에 의존한다. 그렇지만 식물의 친족 인식에 관해 최근 밝혀진 것들은 친족 선택 이론에 따라 신호가 방출될 수 있음을 시사한다. 즉 신호를 보내는 개체 식물은 관계된 개체의 적합성을 증가시킴으로써 자신의 포괄적 적합성을 지능적으로 증가시킬 수 있다는 것이다.[112]

진보 평가하기

현대 식물 과학에서 점점 더 많은 증거가 식물이 많은 역량과 능력을 인간과 공유한다는 점을 설득력 있게 보여 주기 시작했다. 그러나 그러한 증거는 최신 과학에 있다는 점을 기억해야 한다. 대부분의 자료는 여전히 과학계에서 논쟁의 대상이 되고 있고, 식물 지능과 관련된 많은 개념들은 공개적으로 반박된다. 스트루이크 등은 지능, 추론, 문제 해결과 같은 개념의 사용에 강력히 반대하는데, 그들이 볼 때 그러한 관념들의 사용은 "극도로 복잡한 메커니즘과 구조가 존재한다고 추정"하는 것이며, 이는 논리 절약의 원칙을 위배한 것이기 때문이다.[113] 그렇지만 그러한 저항은 현재 식물에게서 극도로 복잡한 소통 경로들이 밝혀지고 있으며, 식물은 그러한 경로를 이용해 복잡하게 얽힌 행동을 나타낸다는 사실을 무시한다. 브레너 등이 말하듯이, "우리는 명칭보다는 식물 과학에서 간과되어 온 현상에 더 관심이 있다."[114] 식물 과학 역사의 많은 지점에서 그러했듯이 의심이 존재하지만, 특히 식물 신경생물학 분야에서 더 많은 조사가 이루어지면, 능동적이고 지능적인 식물 생명에 관한 추가 증거를 제공할 수 있을 듯하다.

생리학적으로 식물을 비활성 덩어리로 인식하는 것에서 벗어나 독립적인 개별 식물의 행동을 연구함으로써 현재의 진보가 이루어졌다. 이러한 식물들은 적합성을 최대화하기 위해 지능적 행동을 나타낼 가능성이 높다. 점점 더 정교해진 실험 방법과 기술 또한 매우 중요해졌다. 식물 지능에 대한 실증적 증거의 대부분은 식물 분자 신호 측정을 이용해서 수집되었다. 그럼에도 식물의 생태학적 행동의 대부분이 땅속에서 일어나기 때문에, 식물 지능을 완전히 평가하기에는 기술적 한계가 있다.

그렇지만 식물에 대한 이해의 발전은 미묘하게 중요한 철학적 기반을 갖고 있다고도 말할 수 있다. 바쇼의 말을 빌리자면, "식물 과학자들은 식물에 대해 배우기 위해 식물에게 갔다."[115] 즉, 그들은 식물 생명을 면밀히 관찰했고, 이러한 증거를 **동물중심적** 시각에서 **평가**하는 대신에, 동물 모델을 활용해 식물을 가능한 한 식물 자신의 방식으로 고려한다는 점에서 테오프라스토스의 뒤를 이었다. 아마도 무의식적으로, 그들은 좀 더 현상학적으로 연구에 접근하고 있다. 앤서니 트레와바스의 경우, 식물, 인간, 동물 사이의 연결성을 강조하려는 그의 지향은 식물계와 더 넓은 자연 세계에 대한 더 큰 존중을 불러일으키기 위해 명시적으로 채택된 것이다.[116]

연결을 향한 그러한 추진력은 힌두 철학과 자이나교에서뿐 아니라 애니미즘 전통에서 식물을 다루는 태도와도 유사하다. 서구인에게 현대 식물 과학의 중요성은 식물계의 감응력과 지능에 대한 풍부한 실증적 증거를 제공한다는 데 있다. 이러한 다양한 전통들을 고려할 때, 연결, 감응력, 그리고 지능에 대한 이 실증적 증거의 영향은 종간 윤리의 물음으로 확장되어야 한다.

중요한 점은, 현재의 과학적 논쟁이 무엇이든 간에, 식물 생명을 비활성의 비어 있는 원자재로 취급하는 지적 기반은 명백히 잘못되었다는 것이다. 이를 바탕으로 식물의 자율성을 계속 부정하고 식물을 도덕적 고려 범주에서 배제하는 것은 더 이상 적절하지 않다. 이러한 배제는 의도적으로 식물을 실제보다 더 작게 취급한다. 더 강력하게 말하면, 그러한 고의적인 과소평가는 지적 폭력의 형태로 간주될 수 있다.[117] 식물을 인간의 도덕적 고려에 포함하는 것은 식물의 감응력을 인정하고 드러내기 때문에 배제시키는 것보다 적절하다. 따라서 마지막 장에서는 남아 있는 물음을 다룰 것이다. 인간-식물 윤리는 어떤 형태를 취해야 할까? 우리는 어떻게 배제와 지배의 입장에서 포용과 돌봄의 입장으로 나아갈 수 있을까? 식물은 어떻게 대화적 관계성 속으로 통합될 수 있을까?

주

1 Baluška et al. 2005, 31.
2 Plumwood 2006.
3 Ibid.
4 헤일스는 서문에서 "식물과 동물 사이에는 여러 면에서 엄청난 유사점이 있다."고 썼다. Hales 1727, 1.
5 Whippo and Hangarter 2006, 1111.
6 Ibid.
7 Darwin 1880, 572.
8 Darwin 1880, 573.
9 Sachs 1890, 554-55.
10 굴성 운동은 호르몬에 의해 촉진된 성장을 포함하는 지향성 운동인 반면, 경성 운동은 흔히 비지향성 자극에 대한 재빠른 가역적 반응이다.
11 Stahlberg 2006a.
12 동물 안의 전기는 거의 백 년 전인 1791 년에 루이지 갈바니(Luigi Galvani)에 의해 발견되었다. Stahlberg 2006a 참고. 활동전위는 변함없는 속도와 규모로 세포 표면을 이동하는 전위의 변화다.
13 Darwin 1875, 234-61.
14 Darwin 1875, 173.
15 "흔히 식물은 운동력이 없다는 점에서 동물과 구별된다고 모호하게 주장되어 있다. 오히려 식물은 자신에게 이떤 이익이 될 때에만 이러한 힘을 획득하고 드러낸다고 말해야 할 것이다. 이러한 일은 비교적 드물게 발생하는데, 식물은 땅에 고착되어 있고 양분은 공기와 비에 실려 전해지기 때문이다." Darwin 1875a, 206.
16 Darwin 1875, 572.
17 Stahlberg 2006a, 7.
18 Ibid.
19 Tudge 2005, 267.
20 Stahlberg 2006b, 5.
21 Stahlberg 2006a, 7.
22 Ibid.
23 Whippo and Hangarter 2006, 1111.
24 Braam 2005, 373.
25 Baluška, Mancuso, and Volkmann 2006, Preface vi.
26 Izaguirre et al. 2006.
27 Ibid.
28 Trewavas 2002.
29 Trewavas (2007년 1월 11일, 개인적 소통).
30 Stenhouse 1974.
31 Trewavas 2003.
32 Hort 1938, 201-202.
33 Bradshaw and Hardwick 1989.
34 표현형 가소성은 잎, 싹, 그리고 땅속 뿌리 분열 조직을 구성하는 식물의 분자 구조에 의해 가능해진다. 발아 부위에 국한된 이러한 기본 "모듈"은 규모, 형태, 그리고 복잡성이 엄청나게 다양한, 광범위한 복합 구조로 구성될 수 있다. 식물은 성장과 발달이 유연하기 때문에 성장과 생존, 번식을 최대화하기 위해 매우 가변적이고 이질적인 지역 환경에서 오는 신호들에 반응해, 표현형을 조정할 수 있는 능력을 가지고 있다.
35 Trewavas 2003, 13.
36 Trewavas (2007년 1월 11일, 개인적 소통).

37 표현형 가소성의 다른 사례들은 생리학적이고 형태학적일 수 있다. 생리학적 가소성 반응에는 증산작용과 광합성 비율의 가소성이 포함된다. Bloom et al. 1985 참고. 형태학적 가소성은 생장 습성과 규모, 식물 생장과 관련된 구조 및 번식 구조의 형태학과 해부학, 바이오매스 축적, 성장률, 그리고 성 표현 등에서 흔히 나타난다. 유전자형은 개체의 표현형 혹은 특성이 유연할 수 있는지의 여부를 결정한다. 그러한 가소성의 표현과 범위는 환경에 대한 식물의 지각과 평가의 작용이다. Sultan 1996; Sultan 2000; Bradshaw and Hardwick 1989.

38 Forde 2002; Callaway 2003.

39 Trewavas 2003, 3.

40 Jackson and Caldwell 1996.

41 Hutchings and deKroon 1994.

42 Hutchings and deKroon 1994; Trewavas 2003.

43 Mahall and Calloway 1991. 이것은 또한 나무 종에 의해서도 입증된다. 캘리포니아의 푸른 참나무(*Quercus douglasii* Hook. & Arn.)에 관한 연구는 유전적으로 동일한 개체들이 매우 다른 구조의 뿌리 시스템을 생성할 수 있다는 것을 보여 주었다. 지하수면에 접근할 수 있는 나무는 긴 곧은 뿌리(tap roots)를 직접 성장시키고 얕은 뿌리는 거의 없는 반면, 지하수면에 접근하기 힘든 수종은 얕은 뿌리가 많고 삼림의 하층 식물 종들과 수자원을 놓고 경쟁한다. 뿌리들은 가능하면 지하수면에 도달함으로써 이런 경쟁을 피하려 할 것이다. Callaway et al. 2003.

44 Firn 2004.

45 Trewavas 2004.

46 펀은 식물 생명의 지능을 자동 온도 조절 장치의 작용과 비교한다. Firn 2004.

47 Struik et al. 2008, 366.

48 Trewavas 2003.

49 Baillaud 1962.

50 Trewavas 2003; Trewavas 2005.

51 Trewavas 2003, 5. 강조 표시는 인용자.

52 Kelly 1992.

53 Runyon, Mescher, and De Moraes 2006.

54 식물 신경생물학은 뿌리골무의 "뇌"에 관해 썼던 다윈을 상기시키는데, 그는 그것이 환경을 의식하며 다른 부분의 움직임을 조절할 수 있다는 것을 발견했다. Brenner et al. 2006 참고.

55 Baluška, Mancuso, and Volkmann 2006, 28.

56 Baluška, Mancuso, and Volkmann 2006.

57 Baluška, Volkmann, and Menzel 2005.

58 옥신은 세포를 횡단해서 수송될 때 굴광성 및 굴지성 반응에 관여한다. **세포외** 수송은 광합성이나 호흡과 같은 필수적인 생리학적 과정을 조정하는 빠른 정보 전달에 기여하며, 그것은 지배적인 환경 조건에 반응해서 가소성의 대상이 될 수 있다. Baluška, Volkmann, and Menzel 2005, 108. 베이트슨(Bateson 1972, 315)의 표현을 빌리면, 이러한 "정보는 차이를 만드는 차이이다."

59 Baluška, Volkmann, and Menzel 2005.

60 Trewavas 2003, 6.

61 Alpi et al. 2007.

62 Brenner et al. 2007.

63 Barlow 2008.

64 Trewavas 2005.

65 Brenner et al. 2005.

66 생물학적 생명의 네트워크 기반 조직은 "단일한 통제자는 존재하지 않는다"고 시사한다. Noble 2006, 113.

67 Noble 2006.

68 Thompson 2007, 60.

69 Capra 1996, 32.
70 Struik et al. 2008.
71 흥미롭게도, 자기 인식은 Struik et al. (2008)에 의해 직접적으로 반박되지 않으며, 이것이 식물 지능의 한 측면으로 일컬어질 수 있다는 사실에 한해 이의가 제기된다.
72 Briggs and Walters 1997.
73 Gruntman and Novoplansky 2004.
74 버팔로그래스는 자기와 비자기 사이의 경쟁에 맞닥뜨렸을 때 다르게 반응하는 것이 발견되었다. 같은 식물의 다른 뿌리가 있는 곳에서는 개체들이 뿌리를 더 적고 더 짧게 성장시킨다. 또 다른 개체의 뿌리가 있는 곳에서, 식물은 두 가지의 다른 방식으로 행동하는 것이 드러났다. 함께 성장한 유전적으로 동일한 식물들은 경쟁하지 않는 것이 발견되었다. 반면 유전적으로 동일하지만 최대 60일까지 분리되어 있었던 식물들은 서로 접촉하면 뿌리를 급격히 증가시키는 것이 발견되었다. 유전적으로 동일한 식물들이 떨어져 있던 기간이 길수록, 그들에게서 서로가 **자기**에 속한다는 인식은 더 적게 나타나는 듯하다. 이러한 근거에서, 단순한 동종 이계 인식 체계는 무시되었다. Gruntman and Novoplansky 2004.
75 Gruntman and Novoplansky 2004, 3865-66.
76 Gruntman and Novoplansky 2004, 3866.
77 Ibid.
78 Ibid.
79 Baluška, Volkman, and Menzel 2005, 110.
80 Gersani et al. 2001.
81 Gruntman and Novoplansky 2004.
82 Bais et al. 2004, 1.
83 Estabrook and Yoder 1998.
84 Peters, Frost, and Long 1986.
85 Bais et al. 2004.
86 De Weert et al. 2002.
87 이는 실험 식물 *Arabadopsis thaliana* (L.) Heynh., *Ocimum basilicum* L., *Oxalis tuberosa* Molina, *Centaurea maculosa* Lam.에서 알려져 있다. Bais et al. 2004.
88 Bais et al. 2004.
89 Park et al. 2002.
90 Bais et al. 2004.
91 Callaway 2002; Bais et al. 2004.
92 Mahall and Callaway 1992.
93 Quayyum et al. 2000.
94 Evans and Cain 1995.
95 Mahall and Callaway 1992.
96 Falik et al. 2003.
97 Estabrook and Yoder 1998.
98 Dicke and Bruin 2001.
99 Pichersky and Gershenzon 2002.
100 Schiestl et al. 1999.
101 Pichersky and Gershenzon 2002.
102 Berkov, Meurer-Grimes, and Purzycki 2000.
103 Kost and Heil 2006.
104 Dicke and Bruin 2001.
105 Kost and Heil 2006.
106 Ibid.
107 Ibid.
108 Karban et al. 2000; Tscharntke et al. 2001; Kost and Heil 2006.
109 Peng et al. 2005.
110 Peng et al. 2005; Kost and Heil 2006.
111 Dolch and Tscharntke 2000.
112 Dudley and File 2007.
113 Struik et al. 2008.
114 Brenner et al. 2007, 286.
115 4장 참고.
116 Trewavas (2007년 1월 11일 개인적 소통).
117 Ram-Prasad 2007, 9.

번성하기 위한 자리를 다시 마련하기

어리석은 자는 현명한 사람이 보는 것과 같은 나무를 보지 못한다.[1]

누군가를 감동시켜 기쁨의 눈물을 흘리게 하는 나무가 다른 이들의 눈에는 길을 막는 녹색 물체일 뿐이다.[2]

– 윌리엄 블레이크

생태학의 문제에서 문화적 인식이 결정적인 요소라는 에라짐 코학의 통찰을 바탕으로, 이전 장들에서는 다양한 세계관의 풍부한 자료들을 사용해 식물에 대한 인간의 인식과, 인간이 식물과 맺는 관계를 논의했다. 서구의 철학적·종교적 저술들에 대한 나의 분석을 통해, 식물에 대한 서구적 태도는 동물중심적이며 위계적이라는 점이 명백해졌다. 그러한 위계의 특징은 고삐 풀린 인간의 자원 이용을 정당화할 필요와 결합해서 생겨난다는 점이다. 위계의 출현은 지배 행위에 선행한다.[3] 그것은 상품화와 소유권의 행위에 선행한다. 위계적 질서를 유지하기 위해서 생명의 연속성은 무시되고, 인간과 식물과 동물 사이에 날카로운 불연속성이 구축된다. 총체적 차이에 초점을 맞추려다 보니 생명이나 성장 같은 공통점은 무시되었다.

인간과 자연의 불연속성을 강조하는 것은 서구 사상의 특징이다. 그러나 우리는 기계론과 원자론에 대한 일반적인 의심에 더해서, 식물을 배경화하는 것이 인간과 자연의 분리에서 핵심적인 요소임을 지적할 수 있다.[4] 환경 운동 내부에서조차, (수많은 동물권 이론들을 포함해서) 비인간의 이익을 옹호하는 데 기여한 선구적인 연구들은 식물을 도덕적 고려의 범위에 포함시켜서는 안 된다는 생각을 기초로 했다.[5] 피터 싱어의 저술에서, 식물은 "주관이 결여된 삶"을 영위한다는 가정으로 인해 도덕적 고려의 대상에서 배제된다.[6] 그러한 배제 과정은 서구 사회에서 식물이 과소평가되는 근거가 된다.

도덕적으로 고려할 수 있는 광합성 장치?

여러 장에 걸쳐서, 나는 도덕적 고려 가능성을 나타내는 많은 기준이 식물계에 자리할 수 있음을 보였다. 식물의 생활사를 면밀히 관찰하면 식물이 소통하는 관계적 존재임을, 즉 환경에 영향을 미치고 영향을 받는 존재임을 알 수 있다. 또한 식물이 먹이 찾기 및 후손 생산과 복잡하게 연관된 고유한 목적을 가지고 있다는 것을 알 수 있다. 다른 살아 있는 존재들과 마찬가지로, 식물은 변화하는 환경 조건에서 자신의 온전함을 유지하려고 애쓴다. 식물은 자신의 생장과 번식을 최대화하기 위해 지능적 행동을 보인다.

이러한 발견에도 불구하고, 나는 증명 가능한 기준에 근거해서 도덕적 고려 가능성을 주장하고 싶지는 않다. 도덕적 고려 가능성을 **증명**하려는 접근법들의 단점은 그것들이 사실에 관한 물음과 도덕적 행위의 추진력 사이의 악명 높은 간극, 곧 데이비드 흄이 "이다-해야 한다"의 간극이라 부른 것에서 허우적거린다는 점이다. 서구의 윤리적 틀 안에서 식물 혹은 동물이 이익이나 본질적 가치를 지닌다고 해서 자동적으로 그러한 본질적 가치가 존중되어야 하는 것은 아니다. 이것은 존재의 속성에 대한 사실적 묘사와 이를 고려하는 윤리를 지지할 필요성 사이의 잘 알려진 간극이다. 캐런 워렌이 지적했듯이, 이러한 틀은 회의주의가 끼어들 충분한 여

지를 남긴다.[7]

기준의 존재를 증명하려고 애쓰는 대신, 나는 식물의 도덕적 고려 가능성에 대한 인식의 근거를 에라짐 코학의 철학적 생태학에서 발견한다. 현상학에 기반을 둔 코학에게, 현실에 대한 묘사는 참되고 결정적인 묘사가 아니다. 그것은 궁극적으로 증명될 수 있는 무엇이 아니다. 오히려 그것은 세계에 대해 "이야기하는 방식"으로 상상되어야 하는데, 왜냐하면 "현실은 항상 있는 그대로이며, 우리가 이야기할 수 있는 것보다 훨씬 더 크기 때문이다."[8] 이러한 관점에서, 서로 다른 "이야기하는 방식들"이 "진실"임을 입증하는 것은 불가능하다. "모든 생생한 경험으로부터 추상화된 현실 **그 자체**는 어떤 의미도 가질 수 없기 때문이다. 의미는 관계적인 현실이다."[9] 진리와 의미는 경험하는 주체를 필요로 한다. 이렇게 현상학적으로 이해할 때, "이야기하는 방식들"은 객관적 진리가 아니며, "단순한 묘사"에 지나지 않는 것도 아니다. 그것들은 "현실과 상호작용하는 방식으로서, 우리의 세계를 의미 있게 만들고 그 안에서 우리의 행동을 인도한다."[10]

"이야기하는 방식들"이 우리가 세계에 접근하는 방식에 미치는 영향 때문에, 그것들 사이의 차이는 중요하다. 각각의 선택은 세계와 관계 맺는 서로 다른 방식을 위한 길을 열어주며, 매우 다른 결과로 인도한다. 이러한 맥락에서, 우리는 "나무를 원자재로 취급할 것인가, 아니면 존중하며 대할 것인가" 사이에서 선택할 수 있다.[11] 코학은 어느 쪽이 옳다고 증명하려 시도하는 대신, 단지 적절성의 개념이 우리의 선택을 인도해야 한다고 주장한다. 생태학적 맥락에서 우리가 원하는 것이 건강과 안녕이라면, 연결성을 증가시키고 개체, 종, 그리고 생태계의 성장과 지속적인 존재를 가능하게 하는 것이 다른 존재들과 관계 맺는 적절한 방식이 된다.[12] 순전히 도구적인 관계는 분명 생태학적 적절성의 기준을 충족시키지 못한다. 그러한 관계는 인간 행동에 제약을 없앰으로써, 생태학적으로 파괴적인 행동의 주요 동인 중 하나가 된다.[13] 식물 생명과 맺는 전적으로 도구적인 관계는 인간이 발생시킨 현재의 환경 곤경에 매우 중대하게 기여해 왔기 때문에 부적절하다.

캐롤린 머천트는 『자연의 죽음*Death of Nature*』에서 **자연**이 수동적이라는 관념이 발달하면서 서구 사회가 자연을 자유롭게 조작할 수 있게 되었다고 주장한다.[14] 여기서 나는 식물이 지구상에서 생명을 뒷받침하며 흔히 **자연**으로 이해되는 생물권과 무생물권의 큰 부분을 형성한다는 점을 염두에 두고, 식물계를 기반으로 비슷한 분석을 제시했다. 비록 환경 파괴에는 수많은 복잡한 동인들이 있지만, 식물을 주로 자원-대상으로, 자재로 간주하는 세계관의 영향력이 크다. 플럼우드가 썼듯이, 만약 "자연이 인간의 활동을 위한 수동적인 영역"이라면, "주인이 적합하다고 여기는 대로 얼마든지 개조할 수 있는 것"이다.[15] 식물이 자연 생태계의 기초를 형성한다는 사실을 알면서도 자연을 인간의 활동을 위한 수동적 영역으로 삼는 이유 중 하나는, 식물 자체가 인간이 무제한으로 이용할 수 있는 수동적 대상으로 여겨져 왔기 때문이다.[16]

식물에 대한 이러한 돌봄과 존중의 결여는 환경에 중대한 영향을 미친다. 인간에 의한 자연 서식지의 지속적인 변경 및 파괴는 환경 악화, 멸종, 전 지구적 기후 변화의 주요 동인 중 하나다.[17] 자연 서식지는 주로 식물 서식지다. 자연 서식지는 조류, 균류, 박테리아, 파충류, 포유류, 인간 및 다른 종들과 상호 이익의 관계로 존재하는 식물 개체군이다. 우리가 식물을 상대로 생태학적으로 부적절하게 행동하고 있음은 인간에 의한 서식지 파괴율이 사상 최대치에 이르렀다는 사실에서 예시된다.[18]

지난 3세기 동안 1,200만 제곱킬로미터의 숲과 삼림이 개간되었다. 500만 제곱킬로미터의 초원이 사라졌다. 경작지는 1,200만 제곱킬로미터까지 증가했다.[19] 온대림 식생의 범위가 회복의 조짐을 나타나는 데 비해, 열대림이 파괴되는 면적은 해마다 13만 제곱킬로미터에 이른다.[20] 식물 서식지에 대한 이러한 침해는 이제 직접적으로 식물종의 20-30퍼센트와 모든 종의 최대 40퍼센트를 멸종으로 위협한다.[21] 이는 지구 기후 변화의 주요 동인으로서, 생물권의 온전성까지도 간접적으로 위협한다. 기후 변화에 관한 정부 간 협의체IPCC의 초기 보고서는 "현재 인간에 의한 이산화탄소 배출 총량의 약 10-30퍼센트가 (…) 토지 이용 변화에 의해 야기되었다."고 추정한다.[22]

순전히 도구적인 인간-식물 관계는 생태학적으로 부적절할 뿐만 아니라, 주어진 증거에 근거한 **적합성의 정도**로 보아도 부적절하다. 객관적인 진실을 알 수는 없지만, 가장 적절한 관계의 방식은 우리 주변 세계에서 얻은 증거에 가장 부합해야 한다.

7장에서는 식물이 수동적 자원이라는 관념을 대신해, 식물 과학에 식물, 동물, 인간이 공유하는 속성인 자율성과 지능의 존재와 표현을 나타내는 풍부한 자료가 있음을 보았다. 이러한 특성을 인식할 때, 식물을 도덕적으로 고려하며 대하는 것은 단지 낡은 도구적 틀 안에서만 식물과 관계하는 것보다 더욱 적절하다. 식물을 수동적 자원으로 인식하고 관계하는 것은 지난 시대의 방식이며, 궁극적으로 부정확한 관찰에 의존한다. 우리의 대안적 증거는 식물을 도덕적 고려의 영역 안에 포함하는 것이 공상적이거나 잘못된 것이 아님을 보여 준다. 식물을 도덕적으로 고려하는 것은 식물의 배제를 영속화하는 것보다 더 적절하다.

존중하는 관계

이미 조사된 문화적 전통들의 범위로 보아, 식물과의 도덕적 관계에 이르는 수많은 길이 존재한다는 것을 알 수 있으며, 그러한 관계가 실제로 무엇을 가져오는지 보여 주는 수많은 사례를 알 수 있다.

고대 인도 문헌들은 식물과 인간과 동물 사이의 생태학적, 카르마적 연결을 인식한다. 식물은 고유한 목적과 목표를 가진 살아 있는 감응적 존재로 여겨진다. 따라서 식물은 도덕적 책임성의 영역에 속하는 것으로 간주되며, 자비와 비폭력 행위(**아힘사**)의 적절한 수혜자다. 자이나교 전통은 자비와 비폭력의 윤리적 이상을 논리적 극한까지 밀고 나간다. 자이나교인들에게 감응적인 존재를 죽이는 것은 (부정적인 업을 쌓는) 폭력적인 행위다. 식물을 죽이는 것은 인간을 죽이는 것과 같지 않지만, 식물을 죽이는 것 역시 폭력으로 여겨진다. 따라서 인간의 생존에 필요한 최소한의 식물을 죽이는 것만이 윤리적으로 용인된다. 특히 이것은 식용으로 사용되는 식물의 선택과, 죽임당한 식물을 낭비하지 않을 필요성으로까지 확장된다.

(이교도 사회를 포함해) 원주민 사회는 공유된 지구의 유산과 실체에 기초한 친족 관념을 공유한다.

> 동물은 우리의 가족과 같다.
> 대지는 우리의 어머니,
> 독수리는 우리의 사촌,
> 나무는 우리처럼 피가 솟구친다.
> 우리는 모두 하나다.[23]

식물이 자기주도적 성장을 명백히 보여 준다는 사실을 바탕으로 식물의 소통적, 감응적, 지능적 본성 역시 확립된다. 이것은 식물을 **인간이-아닌 사람**으로 인정하는 것이며, 돌봄과 양육의 사회적, 도덕적 관계 안에 식물을 통합시키는 강력한 방식이다. 그렇지만 프랜시온Francione의 동물권 이론과는 달리 **사람**이라고 해서 사용이 면제되지는 않으며, 그 사실은 중요한 결과를 가져온다.[24] 식물이 사람이라면, "인간의 생존을 위해 윤리적으로 허용되는 어떤 실행 가능한 식사 방식을 찾으려고 살아 있는 존재를 도덕적 관계에서 배제하고, 그리하여 실질적으로 배척하는 일"은 있을 수 없다.[25] 불편하든 아니든, 사람다움과 이용의 이원론적 분리는 존재하지 않는다. 인간 사람은 살기 위해 식물 사람에게 해로운 행동을 **해야 하며,**

식물 사람과 동물 사람에게 불가피한 해를 가하는 것은 삶의 사실로 수용되고, 의례화되고, 기념된다.[26] 이러한 수용의 우아함은 그것이 존중하는 관계의 주요 원동력 중 하나로 작용한다는 데 있다. 일반적으로 이것은 불가피할 때만 식물 사람에게 해를 끼치고 가능하면 식물의 성장을 북돋우려는 신념으로 나타난다.[27]

나무에게 말 걸기

대화적 참여는 식물에 대한 도덕적 고려와 도덕적 행동의 뿌리가 되는 사회적 관계 형성에 도움이 된다. 대화에서 "당사자들은 하나의 대화를 하고 있지만 분명히 구별되는 두 목소리를 통해서만 그렇게 할 수 있다." 따라서 "대화는 독백과 달리 다중 음성이다. 즉 두 개의 뚜렷한 목소리가 존재하는 것이 특징이다."[28] 그러므로 대화가 이루어지려면, 자율적이고 소통적인 비인간의 존재를 인정하고 긍정해야 한다.

생물권에서의 대화는 식물이 서로 소통하는 종들을 연결시키는 것을 포함하며, 이러한 연결은 흔히 자기 자신과 타자 모두를 위해 생명을 꽃피우게 한다.[29] 이러한 대화의 좋은 사례를 빌베리 또는 블루베리*Vaccinium myrtillus* L.의 생태학적 상호작용에서 볼 수 있다. 땅밑에서 빌베리는 다른 철쭉과 종들과 마찬가지로 균류 공생자와 서로 균근 결합을 한다. 페지쿨라 미르틸리나*Pezicula myrtillina* P. Karst 및 필로스틱타 피롤라에*Phyllosticta pyrolae* (Ehrenb.) Allesch. 같은 균근 종과 빌베리의 결합에 관한 연구는 숙주 식물이 인산염과 질소 흡수 증가로 혜택을 얻을 수 있는 반면, 균류는 광합성에서 당을 취함으로써 이익을 얻는다는 점을 입증했다.[30]

지상에서 빌베리와 다른 것들 사이의 연결성은 주로 꽃 피우기 및 열매 맺기를 중심으로 이루어지며, 이는 식물의 대화에서 필수적이다. 빌베리에 달린 꽃은 호박벌, 꿀벌, 나방, 꽃등에를 통해 수분된다.[31] 이 꽃가루 매개자들은 꿀과 꽃가루가 생산되고 있다는 신호인 꽃의 성숙에 이끌린다. 빌베리는 영양 번식으로도 퍼질 수 있지만, 이들 곤충에 의한 수분은 유성 생식을 도와서 종의 유전적 다양성 유지에 기여한다. 이러한 수분 관계는 열매와 씨앗을 중심으로 하는 관계와 마찬가지로 서로에게 이익이 된다. 일단 열매가 익었다는 신호를 보내면, 뇌조, 자고새, 꿩, 들꿩을 포함한 수많은 새들이 그것을 먹는다.[32] 열매는 또한 큰 뇌조의 주요 먹이 중 하나이며, 여름 동안 유럽 대륙에서는 불곰의 주식이 된다.[33] 이 동물들이 빌베리 씨앗을 퍼뜨리면, 이러한 종간 상호작용으로 상호 이익을 얻을 수 있다.[34]

이러한 상호작용에서, 우리는 대화적 관계를 특징짓는 다수의 행위자들과 목소리들을 감지할 수 있다. 인간과 식물의 관계에 초점을 맞춘 연구에서 바흐친의 대화 모델은 인간-식물 대화가 이러한 다수의 식물 목소리가 인식되는 곳에서만 가능해진다는 점을 명백히 한다. 그러므로 인간의 관점에서 볼 때, 인간과 식물의 대화는 식물의 "목소리"가 들리게 하고 식물의 존재가 느껴지게 하는 것에 기초해야 한다. 이러한 점에서, 인간의 관점을 식물 생명에게 강요하지 말라는 바쇼의 충고를 인간과 자연의 대화에서 버팀목으로 삼아야 한다.

애니미즘 전통은 식물의 "목소리"가 인간이-아닌 사람이 등장하는 서사를 통해 전달될 수 있음을 보여 준다.[35] 장소와 연결된 이야기, 노래, 시는 식물계의 자율성과 사람다움을 인식시키는 데 큰 도움이 될 수 있다.[36] 비인간과 우리의 친족 관계를 의례적으로 공연하는 것은 인간 사람이 "자신이 우월하다는 잘못된 감각"을 없애는 또 다른 강력한 방법이다.[37] 그렇지만 인간 쪽에서 대화를 표현하는 동안에도 타자들이 스스로 "이야기하도록" 허용하는 것이 중요하다. 그렇지 않으면 우리는 다시금 파괴적인 독백에 빠질 위험이 있다.

식물의 "목소리"가 들리게 하는 것은 식물에게 개방적으로 접근하고 식물이 번성하도록 두는 것을 수반한다. 따라서 식물의 이익을 위해 힘쓰는 것은 좀 더 대화적인 인간-식물 관계를 수립하는 **직접적인 길**이며, 이는 궁극적으로 도덕적 고려 및 행동으로 귀결된다. 데버라 로즈가 설명하듯이, “연결을 향한 대화적 접근은 다른 존재들의 안녕을 실현하기 위해 힘쓰도록 고무한다. (…) 그러므로 연결로 향하는 길은 연결을 추구하는 것이 아니라 오히려 타자가 번성할 수 있도록 노력하는 것이다.”[38]

인간이 야기한 생태 위기의 맥락에서, 대화적 관계는 이론적 공식에만 머무를 수 없다. 그것은 직접적인 행동이 되어야 한다.[39] 인간 식물과 나누는 대화로써 인간이-아닌 사람을 인식하는 동시에, **또한** 과거의 폭력을 인정하고 미래의 폭력을 줄이는 것을 목표로 보상할 방법을 찾기 위해 노력해야 한다. “철학자가 나무에게 가장 먼저 하는 말은 **미안합니다**.”이겠지만, 식물계에 하는 사과는 더 나아가야 한다. 식물에 대한 존중과 도덕적 관계가 우리의 행동에서 분명히 드러나야 한다.[40]

상충하는 의제들 - 식물에게 끼치는 해악 줄이기

개체로서 그리고 종이나 군집 같은 집합체로서 식물의 번성을 위해 노력하는 것은 생물권이 회복할 기회를 의미한다. 그러나 여기에는 경쟁하는 이해관계의 피할 수 없는 충돌이 존재하며, 크리스 쿠오모가 말했듯이, “어떤 번성은 타자들의 번성을 위해 항상 희생되어야 한다.”[41] 그렇지만 인간을 포함하는 대화적 관계는 타자의 시각을 인식하며, 타자가 해를 입을 때 그것을 알아차린다. 그것은 “타자를 공통의 공간적 세계에서 방위의 또 다른 중심으로” 인식한다는 의미에서 공감적이다.[42] 생태학적 맥락에서 우리는 개체에 가해지는 해악과 종이나 군집 같은 실체에 가해진 해악에 관한 인식 사이에서 균형을 맞춰야 한다. 군집의 다양성과 안정성을 유지하는 것이 생태학적으로 더욱 적절할 수도 있지만, 그렇다고 해서 개별적인 해악에 대한 인식을 배제하지는 않는다.[43] 개체가 번성할 여지가 침해될 수 있다는 인식은 상호 이익이 되는 종간 연결을 유지하는 데 도움이 되고, 따라서 탈구와 단절이라는 더 큰 폭력을 방지하는 데 기여한다.[44]

인간의 이해관계가 식물의 안녕에 반복적으로 영향을 미치기 때문에, 개체 식물, 식물 종 및 군집의 안녕을 추구하는 것도 상당한 도전이다.[45] 이러한 논쟁의 영역에서 식물의 안녕을 위해 노력하려면 우선 인간의 권리주장에 제한을 두어야 한다. 생태학적 현실은 인간이 생명을 유지하기 위해 식물을 이용할 것을 지시한다. 그렇지만 우리가 식물의 안녕을 위해 노력하려면, 먼저 우리가 식물을 이용하는 것이 종종 식물 생명의 목적을 침해한다는 점을 인식해야 한다. 우리는 흔히 식물을 음식, 의약품, 연료로 이용하지만, 그러려면 살아 있는 다른 존재들과 같은 방식으로 살고 번성하려는, 의식 있고 지능적이며 지각이 있는 존재를 해치거나 죽여야 한다.

아마도 이러한 문제를 줄일 수 있는 첫 번째 방법은 **우리가 식물을 이용하는 방식을 검토하고 개혁하는 것**이다. 자이나교와 원주민 전통에서 예시되듯이, 식물 복지를 고려해서 음식, 종이, 목재, 의약품과 같은 가장 흔한 식물 제품에 대한 개인별 소비를 검토해야 한다. 식물은 널리 이용되기 때문에, 식물이 입는 피해를 완화할 수 있는 모든 사례의 목록을 작성하는 것은 비현실적이다. 그렇지만 대화적 존중의 윤리가 집중할 수 있는 몇몇 핵심 영역이 있다. 이것들은 서로 겹치고 상호 침투하지만, 크게 세 가지로 구분할 수 있다.

첫 번째는 식물 생명의 낭비를 줄이는 것, 즉 식물 생명을 보잘것없이 취급하지 않는 것이다. 식물 제품, 특히 종이와 음식을 낭비하는 것은 식물에게 불필요한 해를 끼친다. 최근 영국에서 이루어진 연구에 따르면, 영국에서는 인간이 먹을 수 있는 식품의 최대 1/3을 낭비하고 있다.[46] 식물성 식품이 상당한 비율을 차지한다. 목재에서 나온 종이 역시 같은 정도로 낭비되며, 영국에서만 해마다 가정에서 수거된 폐지가 130만 톤에 달한다.[47] 그 숫자는 영국에 국한되지만, 식물 생명은 서구 사회 전역에서 비슷한 정도로 낭비되고 있으며, 이것은 우리가 식물과 맺는 도구적 관계를 전형적으로 보여 준다.

낭비만큼 정량화하기가 쉽지는 않지만, 개별적으로나 지구적으로나 (주로 서구의) 식물 제품 과소비는 식물의 안녕에 있어 또 다른 식별 가능한 위협이다.[48] 이미 언급된 것처럼, 전 지구적으로 지난 300년에 걸쳐서 1,200만 제곱킬로미터의 숲과 삼림이 벌채되었고 500만 제곱킬로미터의 초원이 농경지로 바뀌었다.[49] 자연적 식물 서식지의 이러한 손실은 식량, 목재, 연료, 그리고 의약품을 위해 인간이 농작물을 과도하게 소비한 결과 일어났다. 이 가운데 대부분은 도구적인 인간-식물 관계를 보이는 서구화된 나라들에서 비롯되었다. 자율적인 식물 서식지를 인간의 목적을 만족시키기 위한 농경지로 전환하는 것은 식물 종, 생태계, 그리고 생물권 전체의 온전함을 위협한다. 유럽에서만 이용 가능한 땅의 60퍼센트 이상이 인간을 위한 농지로 바뀌었다. 이는 식물 다양성의 급격한 감소를 가져올 것이다.[50]

서구의 과소비는 서식지와 종 감소의 원인 중 하나이기 때문에 의미심장하다. 지구적으로 자연 서식지의 손실로 인해 식물 종의 20-30퍼센트가 멸종 위기에 처한 것으로 추정된다.[51] (지구상에서 가장 오래된 종자식물인) 소철류 같은 일부 군群에서는 50퍼센트 이상의 종이 멸종 위기에 처해 있다.[52] 최근의 연구에 따르면 대략 1만 5,000종의 약용 식물이 야생에서 무분별한 채취, 토지 전환, 서식지 감소의 결과로 위협받고 있다.[53] 이는 해당 종에게는 폭력이고, 생태계 기능에도 심각한 결과를 초래한다. 식물들 사이의 상호작용은 생태계의 구성과 온전함을 유지하기 위해 필수적이다.[54] 식물 종 감소는 생태계 안정성을 약화시킬 수 있다. 그것은 또한 자원의 가용성과 서식지 구조를 모두 손상시켜서 기후 변화와 같은 환경 변화에 반응하는 생태계의 능력을 약화시킬 수 있다.[55]

약용 식물의 경우에서 알 수 있듯이, 인간이 식물을 이용할 때에는 인간의 수요와 식물의 필요 사이에서 직접적인 갈등이 있기 마련이다. 이러한 갈등은 개체로부터 종, 서식지와 생태계에 이르기까지 모든 수준에서 느껴진다. 동시에, 개체가 입는 모든 피해가 생태학적으로 해로운 것은 아니라는 점을 기억해야 한다. 빌베리를 먹는 곰은 일부 식물 개체를 죽일 수 있지만 동시에 씨앗을 퍼뜨린다. 소비는 (재)생산으로 이어질 수 있다. 그렇지만 과소비는 도구주의를 중심으로 하는 인간-식물 관계의 징후다.[56] 과소비의 동인은 복잡하게 뒤엉켜 있지만, 인구 과잉, 부의 불평등한 분배, 탐욕, 도시화, 그리고 산업화를 포함한다.[57] 원인이 되는 요인들이 많지만, 과소비는 식물과의 도구적 관계에서 인간의 이용 행위에 본질적인 도덕적 한계가 없다는 사실에 가장 크게 기인한다.

개별 식물, 식물 종 및 식물 서식지에 해를 끼치는 세 번째 매우 중요한 동인은 불필요하고 무분별한 식물 이용이다.[58] 아마 이 중 가장 두드러진 것은 세계에서 가장 부유한 국가들이 엄청난 양의 고기를 소비하면서 동물 먹이로 사용하는 작물의 비중이다. 최근의 추정에 따르면, 인류는 매년 300억 마리 이상의 동물을 사육하고 먹는다.[59] 이러한 가축 사육과 관련된 땅이 전 세계 농경지의 65퍼센트 이상을 차지하기 때문에 가축 사육은 식물 문제에서 중요하다.[60] 사료로 사용되는 많은 양의 곡물과 콩 또한 이렇게 설명이 된다. 2002년에는 전 세계 수확량의 1/3 정도인 약 6억 7,000만 톤의 곡물이 가축 사료가 되었다.[61] 또한 콩과 왕겨 같은 단백질이 풍부한 생산물 3억 5,000만 톤이 사료가 되었다.[62]

열대림, 사바나, 초원과 같은 자연적 식물 서식지가 대규모로 동물을 사육하고 먹이기 위해 개간되었다.[63] 이와 같은 대규모 가축 사육은 식물 서식지 감소의 주요 원인 중 하나다. 육식 위주의 식단은 인간이 경작하는 토지 영역을 과도하게 팽창시킨다. 고기 소비량을 줄이는 것은 식물과 동물, **그리고** 인간에게 가해지는 해악을 줄이는 직접적인 방법이다. 무엇보다도 이 대규모 산업은 전 세계 탄소 배출량의 18퍼센트에 책임이 있다. 규모를 짐작하는 데 도움이 될까 덧붙이자면, 그것은 모든 형태의 운송이 배출하는 탄소보다 더 많은 양이다.[64]

석유 기반 운송으로 인한 탄소 배출을 줄이기 위해, 세계에서 가장 부유한 국가들은 식물을 또한 자동차 연료로 이용하기 시작했다. 바이오 연료 이용의 증가는 개별 식물과 식물 서식지 모두의 무분별한 과소비에 또 다른 방식으로 상당 부분 기여할 가능성이 있다. 현재 전 세계 바이오 연료 생산은 연간 280만 톤으로 추산되지만, 만약 바이오 연료가 2050년까지 석유화학 수요의 20퍼센트만을 대체하더라도 연간 2억 7,670만 톤이 생산되어야 할 것이다.[65] 또한 4대 바이오 연료 작물[66] 생산량이 이렇듯 100배 증가하면 자연적 식물 서식지가 감소할 가능성이 있다.[67] 핀 코Pin Koh의 최근 연구에 따르면, "콩 기반 바이오디젤 생산으로 미래의 전 세계 바이오디젤 수요를 충족시킬 경우, 해바라기씨(5,600만 헥타르에서 6,110만 헥타르), 유채씨(2,590만 헥타르에서 3,390만 헥타르), 그리고 기름야자(40만 헥타르에서 540만 헥타르)에 기반한 바이오디젤 생산과 비교했을 때 가장 많은 서식지 감소(7,640만 헥타르에서 1억 1,420만 헥타르)를 초래하게 될 것"이다.[68] 콩이나 기름야자 같은 열대작물의 이용은 식물의 생물 다양성에 특히 높은 위험을 내포하는데, 그것들이 보통 세계의 생물 다양성 핫스팟이 속한 지역에서 재배되기 때문이다.[69]

역설적이게도, 바이오연료가 지구의 기후 변화에 대항해서 탄소 배출을 줄이는 수단으로 홍보되지만, 가장 최근의 연구들은 바이오연료 생산에 필요한 자연 서식지의 손실이 실제로 온실가스 배출을 증가시킨다는 것을 보여 주었다.[70] 토지 이용의 변화로 인한 탄소 배출량을 고려할 때, 미국에서 옥수수 기반의 바이오디젤 사용은 30년 동안 온실가스 배출량을 거의 두 배로 늘렸다.[71] 또한 차를 몰기 위해 식량을 이용하면 곡물 가격이 상승해서 가난한 나라들은 영양실조의 위험에 처하게 되고, 개발도상국에서는 자연적 식물 서식지를 둘러싼 압력이 커진다.[72]

다시 말하지만, 개별 식물, 식물 종, 그리고 식물 생태계에 행해지는 해악을 줄이는 것과 궁극적으로 인간에게 행해지는 해악을 줄이는 것 사이의 연결은 명백하다. 우리는 우리의 식물 이용을 근본적으로 검토해서 무엇이 필요하고 무엇이 필요하지 않은지 결정할 필요가 있다. 우리의 기본적 필요를 충족한 후, 식물의 필요 역시 인정되어야 한다. 생물권에 다른 주체와 목적이 존재한다는 인식은 인간 활동에 제한을 요구한다. 인간은 인간의 필요를 충족시키기 위해서나 생물 다양성 유지를 위해 불가피한 경우에만 이러한 필요와 목적을 침해하도록 허용되어야 한다. 또한 궁극적으로 식물 개체, 종, 그리고 군집에 대한 낭비적이고 무분별한 이용을 중단하도록 요구해야 할 것이다.

피해를 줄이는 것이 첫 단계다. 생물 다양성 위기의 규모와 식물 서식지 감소의 초기 진행을 고려할 때, 우리는 식물이 번성하고 동종을 재생산할 공간을 만드는 방법도 찾아야 한다. 사실 이것이 21세기 인류의 우선순위 중 하나로 인식되어야 한다. 실제로 식물을 위한 공간을 확보하려면, 지역, 지방 및 국가 수준에서 보호 지역 네트워크를 확장해야 한다.[73] 식물 서식지의 더 넓은 영역을 인간이 사용할 목적으로 전환하지 못하게 보호하는 것은 야생 식물종과 군집의 존속을 보장하는 데 도움이 될 것이다.[74]

식물을 다른 이들의 필요를 위해서뿐 아니라 식물 자체를 위해 보존하는 것은, 주변적이고 비경제적인 식물 종에 대한 보존 노력을 북돋우는 데 기여할 것이다. 인간의 필요에 맞게 변경할 수 없는 식물 서식지 영역을 늘리는 것은 생물 다양성 유지와 기후 변화 완화를 향한 실제적인 단계가 될 것이다. 그러한 보존은 또한 "관계를 맺을 자연이 존재하도록 하기 위해" 필수적이다.[75] 여기서 더 많은 자연 식물 서식지의 보존과 식물, 주로 농작물에 대한 폭력의 경감 사이에는 뚜렷한 연결이 존재한다. 농작물의 죽음을 줄이면, 인간이 경작하기 위해 필요한 농경지를 줄일 수 있다. 이것은 세계 도처의 식물 서식지에 가해지는 실제적인 압력을 감소시킬 것이다.

복원에서 식물을 최우선에 두기

우리가 자연과의 대화에 참여하기를 원한다면, 수동적인 노력뿐 아니라 능동적인 노력도 필요하다. 우리의 노력은 보전뿐 아니라 복원을 지향해야 한다. 식물과의 도덕적 관계가 진적으로 인간의 권리주장을 부정하고 피해를 줄이는 것에만 국한될 필요는 없다. 헤팅어Ned Hettinger가 말했듯이, "지구상에서 자연의 많은 부분을 그대로 남겨 두는 것은 적절한 환경 윤리의 절대적으로 중요한 부분"이지만, 우리는 또한 존 비스베이더John Visvader를 따라서 "우리 주위의 세계에 고작 우리의 부재보다는 더 많은 선물을 주는 상상"을 해야 한다.[76] 현대 애니미스트들이 보여 주듯이, 식물의 안녕을 위한 돌봄은 사회적 상호작용과 인간의 존재 및 활동을 필요로 한다.

식물 서식지의 복원은 인간 산업을 식물 복지를 위한 일로 전환하는 방법 중 하나다. 전 세계적으로—지역 삼림이나 이교도의 작은 숲 복원에서부터 플로리다 에버글레이즈의 복원을 위한 10억 달러 프로젝트에 이르기까지—매우 다른 규모의 수천 개의 복원 계획이 존재한다.[77] 대부분의 복원 계획은 재개발산업 부지나 이전에 경작되거나 방목된 지역과 같은 훼손된 토지에서 식물 서식지를 재창조하는 것을 포함한다. 이러한 장소에서는 복원이 생태학적 손상에 대한 인간의 유일하고 적절한 대응인 경우가 많다. 스코틀랜드 칼레도니아 숲의 '생명을 위한 나무' 등과 같은 복원 프로젝트의 성공은 복원이 자연과 관계 맺는 점점 더 인기 있는 방식이 되고 있음을 보여 준다. 여러 면에서 복원은 식물의 사람다움 및 인간과 식물의 친족 관계에 관한 우리의 지식을 **구현하는** 한 가지 방법이다. 그것은 우리가 이론적인 윤리 영역에서 벗어나 의례의 방향, 곧 몸으로 경험하고 수행하는 활동으로 나아가게 할 수 있다. 그라임즈는 인류가 세 번째 밀레니엄까지 살아남을 기회를 줄 겸손과 감사의 마음을 키우기 위해 몸으로 경험하고 수행하는 활동이 필요하다고 주장한다.[78]

그렇지만 복원 과정에 대한 비판이 없는 것은 아니다. 에릭 카츠Eric Katz는 복원에 대한 가장 두드러진 비판자 중 한 명인데, 그는 복원된 환경이 자연적이지 않다는 주장에 근거해서 자연 서식지의 복원에 반대한다.[79] 이러한 주장에 따르면, 인류의 노력을 통해 성취된 어떤 것도 자연적일 수 없다. 그러므로 카츠는 모든 복원 프로젝트가 "자연 영역의 조작과 지배를 포함한다."고 주장한다. "이 모든 프로젝트는 인위적 현실을 창조하는 것, 가치의 과정과 대상에 인간중심적 관심을 부과하는 것과 관련된다."[80] 그러나 앤드류 라이트Andrew Light가 반론을 제기했듯이, 인간의 작업 결실이 자연적일 수 없다는 관념 자체는 인간과 자연 사이의 근본적인 존재론적 이원론에 의존한다.[81] 이와 같은 이원론은 우리가 처한 환경 곤경의 중심에 자리하고 있는데, 복원 작업이 이러한 생태학적 분리를 극복하기 위해 작용한다는 점에서 이는 약점이라기보다는 강점이다. 복원 활동의 열렬한 지지자인 윌리엄 조던 3세William Jordan III에 따르면, 복원은 인간의 관심을 자연에 부과하는 것이 아니라, "자연에 진 빚을 갚는 한 가지 방법"이다.[82] 서식지의 복원은 자연 세계에 무언가를 되돌려 주는 행위다. 그것은 주로 지배를 이어 온 세월을 적극적으로 사과하는 활동이다. 왜냐하면 그 목적이 근본적으로 그들의 서식지로 복원되는 존재들을 "그대로 두는 것"이기 때문이다.[83] 이러한 동기를 가지고, 복원은 식물 종의 생활을 위한 공간을 적극적으로 마련한다.

복원의 목적은 전통적 원예, 조림, 혹은 농경과 다르다. 그 목적은 식물을 인간의 통제 아래 두고 식물의 주관성을 부정하는 것이 아니라, 오히려 다른 종들이 살 수 있는 서식지를 복구하는 것이다. 가장 양호한 농경 활동이라 할지라도 "인간의 어떤 목표를 위해 좀 더 효과적으로 이용하려고 생태계를 단순화하는 일"이 포함된다. 그러나 "복원은 반대로 생태계를 다시 복잡하게 만들어서 생태계를 해방시키고, 다시 스스로에게 돌아가게" 한다.[84] 조던은 이러한 복원 과정이 주로 "인간의 이익에 대한 의도적인 무관심"으로 이루어진다고 주장했다.[85] 그의 복원 정신은 자연 세계에서 인간을 분리하는 것이 아니라, 지배와 통제라는 근시안적이고 단기적인 인간의 "이익"을 식물 서식지에 강요하는 것을 피하는 것이다.

물론 인간은 다양하고 건강한 생태 공동체에 매우 실질적인 관심을 갖고 있다. 북부 오스트레일리아의 와가이트Wagait 범람원의 지속적인 복원은 토착 막막Mak Mak 부족이 그들의 고향에서 계속 모여 사냥하고, 먹고, 살아갈 수 있게 했다. 많은 프로젝트에서 그렇듯이 이러한 사례에서 식물 군집의 회복은 개별 식물의 피해를 수반한다. 막막 부족의 경우, 그들의 습지 복원은 급속히 퍼지는 엄청난 수의 미모사 피그라*Mimosa pigra* L.의 제거를 포함한다.[86] 하비의 애니미스트 선언animist manifesto이 명백히 밝혔듯이, 어떤 경우에는 존중이 누군가에게는 죽음을, 다른 누군가에게는 생명을 가져올 가능성을 배제하지 않는다.[87]

식물 서식지 복원의 가장 긍정적인 측면 중 하나는 정신적으로나 물리적으로나 지배를 억제할 수 있다는 점이다. 복원은 식물, 포유류, 새, 곤충, 그리고 균류의 이익을 인간의 이익과 동등하게 (그리고 많은 프로젝트에서 흔히 더 앞에) 두는 능동적이고 실제적인 방법이다. 복원의 능동적인 성격은 그것이 자연과의 대화를 가능하게 하고, 인간과 식물의 윤리가 이론의 영역을 넘어서게 하기 때문에 중요하다. 그것은 인간이 생태학적으로 유익한 일을 추구함으로써 도구적 관계를 돌봄과 연대의 사회적 관계로 직접 대체할 수 있게 한다. 이는 이론적인 생태학적 관계를 생태학적 현실에 기반하게 하며, 인간과 자연의 전반적인 관계를 실질적으로 회복하는 한 방법이다.[88]

인간이 복원 기간 동안 식물 서식지의 구성, 상황, 범위에 크게 영향을 미칠 수 있다는 사실은 (카츠가 규정한 것처럼) 약점이 아니라 오히려 사실상 엄청난 강점이다. 우리가 식물 서식지를 복원하는 데 미치는 영향은 "우리로 하여금 다른 사람들이 거주하는 세계에서 스스로 생태학적으로 유능한 거주자임"을 자각하도록 만드는데, 그것은 흔히 복원주의자들이 깊은 즐거움을 느낄 수 있는, 그리고 인간이 스스로를 관계적 존재로 더욱 적절하게 이해하도록 회복시키는 과정이다.[89] 야생의 자유로운 생태계를 (가능한 한 자연 상태에 가깝게) 재창조하는 어려운 과제에 긴밀히 참여하면서, 인간은 인간의 부정적인 영향을 되풀이해서 받는 식물 생태계의 취약성과 복잡성을 인식하게 된다.

인간이-아닌 사람의 이익을 위해 일함으로써, 자연 세계에 대한 인간의 긍정적인 생태학적 영향력을 회복할 수 있다. 복원된 서식지는 흔히 지속적인 인간의 관심을 필요로 하기에, 복원은 인간과 식물 사이의 실제적인 돌봄 관계를 창조한다. 이러한 대화에 기초한 관계는 자연 세계의 다양한 목소리를 인식하고, 우리의 생태학적 곤경의 중심에 놓인 인간-자연 이원론을 해소하는 방향으로 나아가는 작업이다.[90] 가령, 복원 중에 인간과 다른 주관적 존재와의 관계 맺기가 요구된다는 점은 복원의 중요한 강점 중 하나다. 데버라 로즈가 강력히 말했듯이, "주체와 주체의 만남은 헤게모니적 인간중심주의의 모든 기반을 약화시키는 생태학적 과정"이다.[91]

복원이 일부 개체들에게 해를 끼칠 수도 있지만, 식물 서식지를 다시 만들기 위한 직접적인 행동이 우리의 식물 친족의 자율성을 손상시키지는 않는다. 왜냐하면 대화 지향적인 복원 활동은 사실상 인간과 식물의 협력으로 이루어지기 때문이다. 이러한 협력은 인간이 식물의 필요를 자기 행동의 중심에 놓는 것에 기초한다. 지배력을 행사하기보다, "복원을 통해 자연이 스스로의 자율적 재구성에 참여하게 할 수 있다."[92] 가령, 복원 프로젝트에서 식물과 긴밀하게 협력함으로써 많은 서구인들은 식물의 자율성을 직접 접할 수 있는 기회를 얻게 된다.

비록 복원 과정에서 인간이 고착성 식물의 처지에 영향을 미칠 수 있겠지만, 복원 활동은 식물이 끊임없이 자율적으로, 그리고 지능적으로 행동하고 있다는 사실을 부정하지 않는다. 식물이 어떻게 땅속에 고정되든 간에, 일단 뿌리내리고 나면 식물은 성장하기 시작하고, 지각하고, 소통하며, 그들의 형태를 유연하게 바꾼다. 그리고 그렇게 하면서 합리적인 결정을 내린다. 천연림 서식지와 복원된 숲 모두에서, 식물들은 소통과 정신적 활동으로 활기에 넘칠 것이다.

식물이 능동적이고, 자기주도적이며 심지어 지능적인 존재라는 이해의 씨앗은 과학으로 뿌릴 수 있지만, 그것은 상호 이익을 위한 협력 프로젝트에서 식물과의 긴밀한 협력을 통해 실현되어야 한다. 또한 개별 식물 사람과 긴밀히 협력하는 것은 자연을 유기적이고 균질적인 전체로 보는 시각, 곧 개별적 개성에 눈 감음으로써 자연의 배경화에 기여하는 시각을 뒤바꿀 잠재력을 가지고 있다.[93] 식물을 사람으로 실천적으로 인정하는 것은 자연을 **과정**이나 **사물**의 조합으로 여기는 이원론으로부터 우리를 해방시킨다.[94] 그 대신 자연이 스스로의 삶을 조직하고 경험하는 주관적이고 협력적인 존재들의 공동체communion라는 시각을 제시한다.[95]

주

1 Blake 1972, 151.
2 Blake 1972, 793.
3 Bookchin 1982.
4 Plumwood 1993, 71.
5 Plumwood 1999.
6 Sing 1980; Plumwood 1999, 200에서 재인용.
7 Warren 2000, 76.
8 Kohák 1993, 384.
9 Kohák 1993, 383.
10 Kohák 1993, 385.
11 Kohák 1993, 383.
12 여기서 번성에 대한 나의 이해는 크리스 쿠오모와 관련되는데, 그는 번성을 자기가 창조한 안녕과 연결짓는다. 번성할 수 있는 존재는 "역동적인 매력"을 가진 자, "변화에 적응하거나 저항하기 위한 '내적 능력'을 발산하는 자이며, 쿠오모가 볼 때 개체들(그리고 그들의 집합체)은 그들의 온전함이 유지될 때, 물리적으로 건강할 때, 그리고 생명과 건강에 상호 기회를 줄 공동체와 연결될 때 번성한다(Cuomo 1998, 71-74).
13 Plumwood 1993; Warren 2000; Heyd 2007.
14 Merchant 1982, 9.
15 Plumwood 2002, 26.
16 Plumwood 2002, 27.
17 UNEP 2007; SCBD, 4.
18 Tilman et al. 2001.
19 Ramancutty and Foley 1999.
20 UNEP 2007, 82; Laurance et al. 2001.
21 SCBD 2002, 4; Thomas et al. 2004; Pimm and Raven 2000.
22 IPCC 2001, Section 3.2.4.
23 Neidjie 1985, 52.
24 Francione 2008 참고.
25 Plumwood 1999, 204.
26 의례화의 중요성에 대해서는 Grimes 2002 참고.
27 비록 나의 경우 원주민의 생각과 동물권 이론의 차이를 드러내는 방식으로 글을 설계했지만, 그의 원칙은 사실상 동물 복지의 핵심적 견해들 중 하나와 연결된다. 차이점은 무엇이 불가피하고 수용 가능한가에 관한 절충에 있다.
28 Baxter and Montgomery 1996, 24.
29 Rose 2005.
30 Bonfante-Fasolo et al. 1981; Isaac 1992, 318. 이러한 결합을 끌어내기 위해서, 식물이 뿌리에서 이차대사물질을, 보통 특정 균류 및 미생물 종과 소통을 위한 대사 물질의 특정한 조합을 방출한다고 알려져 있다. 이러한 소통은 공생자가 공생 파트너의 뿌리를 다른 식물 종의 뿌리와 구별할 수 있게 하고, 그들의 공생적 상호작용을 가능하게 한다. Bais et al. 2004.
31 Ritchie 1956, 298.
32 Ritchie 1956, 297.
33 Storch 1993; Welch et al. 1997.
34 식물의 경우, 대화가 항상 상호 이익과 관련되는 것은 아니라는 점에 주목하는 것이 중요하다. 많은 경우, 식물 개체

혹은 식물 종 사이의 대화는 자원 경쟁과 관련된다.

35 Nabhan 1997; Harvey 2005a.

36 6장에서 보듯, 서구 사회에는 이미 식물의 사람다움을 분명히 표현하는 이야기가 상당히 많다.

37 Grimes 2002, 157.

38 Rose 1999, 185.

39 Heyd 2007, 32.

40 Kohák 1993, 376.

41 Cuomo 1998, 78.

42 Thompson 2007, 391.

43 사실, 종의 개념 자체가 개체들의 집합에 의존하기에, 우리가 개체 식물에게 미치는 영향을 의식하는 것이 기본이다. 물론, 종에 관한 여러 개념들이 있지만, 가장 일반적으로 사용되는—**생물학적, 분류학적, 계통발생학적**—개념은 비슷한 개체들의 집합에 의존한다.

44 Rose 2006.

45 Chan 2007.

46 WRAP 2007.

47 Ibid.

48 예를 들어, 2007년에 영국의 인구는 1,106만 5,000m³의 제재목과 1,241만 2,000톤의 종이를 소비했다. 이를 생산하기 위해서는 저마다 지각할 수 있고 자율적인 나무 수백만 톤을 벌목해야 할 뿐 아니라, 자연 서식지를 조림지로 전환할 것이 요구된다. FAO 2007.

49 Ramancutty and Foley 1999.

50 Planta Europa Secratariat 2002, 20.

51 SCBD 2002, 4.

52 Hawkins 2008, 6.

53 Medicinal Plant Specialist Group 2007, 8.

54 McCann 2000.

55 Brooker 2006.

56 Daly et al. 2007.

57 Daly et al. 2007; Czech et al. 2005.

58 이것은 낭비와 과소비 둘 다의 하위 범주로 이론화될 수 있을 것이다.

59 Steinfeld et al. 2006, Annex 2.

60 De Haan, Steinfeld, and Blackburn 1998, 2.

61 Steinfeld et al. 2006, 12.

62 Ibid.

63 열대 생물 다양성에 미치는 콩 경작의 영향에 대한 사례로는, Ratter, Ribeiro, and Bridgewater 1997 참고.

64 Steinfeld et al. 2006, 271.

65 Pahl 2005.

66 유채(*Brassica napus* L.), 해바라기(*Helianthus annuus* L.), 기름야자(*Elaeia guineensis* Jacq., *Elaeis oleifera* (Kunth) Cortés), 콩(*Glycine max* (L.) Merr).

67 Pin Koh 2007.

68 Pin Koh 2007, 1373.

69 Pin Koh 2007.

70 Searchinger 2008.

71 Ibid.

72 Ibid.

73 가장 지역적인 수준에서 식물이 번성할 수 있는 공간을 남기는 것은 우리 정원에서 시작될 수 있다. 농작물이나 관상용 식물과 함께, 지역의 토착 종들이 번성할 토지를 남겨둠으로써 식물과의 대화가 이루어질 수 있다.

74 인간의 이용과 식물의 필요 사이에서 균형이 유지되어야 한다. 이것은 보호받는 식물 서식지 일부를 이용하는 일을 배제하지 않지만, 인간의 목적을 위한 전적인 변경을 배제한다.

75 Light 2005, 165.

76 Hettinger 2005; Visvader 1996; Hettinger 2005, 89에서 재인용.

77 Jordan 2003.

78 Grimes 2002, 157. 퍼포먼스와 복원에 관해서는 Jordan 2003 참고.

79 Katz 1997, 105.

80 Katz 1997, 97.

81 Light 2005, 162-63.

82 Jordan 2003, 96.

83 Jordan 2005, 201.

84 Jordan 2003, 87.

85 Ibid.

86 Rose 2002.

87 Harvey 2005b.

88 Jordan 2003, 78.

89 Jordan 2003, 72.

90 Plumwood 1993 참고.

91 Rose 2005, 302.

92 Light 2005, 166.

93 균질화는 흔히 Harding 2006과 같은 가이아/심층 생태 철학에 내포되어 있다. 그렇지만 이는 Plumwood 1993에서 강력히 비판된다.

94 Mathews 1999.

95 Berry 2003, 492 참고.

Alpi, A. et al. 2007. Plant neurobiology, no brain, no gain? *Trends in Plant Science* 12, 135-36.

Anglo Saxon Rune Poem. Online at www.ragweedforge.com/rpae.html.

Apollodorus. 1998. *The Library of Greek Mythology*, translated by R. Hard. New York: Oxford University Press.

Arber, A. 1950. *The Natural Philosophy of Plant Form*. Cambridge, UK: Cambridge University Press.

Aristotle. 1986. *De Anima (On the Soul)*, edited by H. Lawson-Tancred. London: Penguin.

Attfield, R. 2003. Christianity. In *A Companion to Environmental Philosophy*, edited by D. Jamieson, 96-110. Oxford, UK, Blackwell.

Bacon, F. 1670. *Sylva Sylvarum*. London, William Lee.

Baillaud, L. 1962. Mouvements Autonomes des Tiges, Vrilles et Autre Organs. In *Encyclopedia of Plant Physiology, XVII: Physiology of Movements, Part 2*, edited by W. Ruhland, 562-635. Berlin, Springer-Verlag.

Bais, H.P et al. 2004. How Plants Communicate Using the Underground Information Superhighway. *Trends in Plant Science* 19, 26-32.

Bakhtin, M. M. 1981. *The Dialogic Imagination: Four Essays*. Austin, TX: University Texas Press.

Bakhtin, M. M. 1984. *Problems of Dostoevsky's Poetics*. Minneapolis, MN: University of Minnesota Press.

Baluška, F., D. Volkmann, and D. Menzel. 2005. Plant Synapses, Actin-Based Domains for Cell-to-Cell Communication. *Trends in Plant Science* 10: 106-111.

Baluška, F., S. Mancuso, and D. Volkmann, eds. 2006. *Communication in Plants*. Berlin, Springer-Verlag.

Baluška, F. et al. 2006. Neurobiological View of Plants and Their Body Plan. In *Communication in Plants*, edited by F. Baluška et al., 19-36. Berlin: Springer-Verlag.

Barlow, P. W. 2008. Reflections on "plant neurobiology." *Biosystems* 92: 132-47.

Bashō 1966. *The Narrow Road to the Deep North and Other Travel Sketches*, translated by N. Yuasa. Harmondsworth, UK: Penguin.

Bateson, G. 1972. *Steps Toward an Ecology of Mind*. New York: Ballantine Books.

Bauckham, R. 2006. Modern Domination of Nature: Historical Origins and Biblical Critique. In *Environmental Stewardships, Critical Perspectives Past and Present*, edited by R. J. Berry, 32-50. London: T&T Clark.

Bauman, Z. 1993. *Postmodern Ethics*. Oxford, Blackwell.

Baxter, L. A. and B. M. Montgomery. 1996. *Relating: Dialogues and Dialectics*. New York: The Guildford Press.

Barnes, J. 1984. *The Complete Works of Aristotle*. Princeton, NJ: Princeton University Press.

Bekoff, M. 2003. Minding Animals, Minding Earth: Old Brains, New Bottlenecks. *Zygon* 38: 911-41.

Bekoff, M. and J. Goodhall. 2002. *Minding Animals: Awareness, Emotions, and Heart*. New York: Oxford University Press.

Berkov, A, B. Meurer-Grimes, and K. L. Purzycki. 2000. Do Lecythidaceae Specialists Coleoptera Cerambycidae Shun Fetid Tree Species? *Biotropica* 32: 440-51.

Berndt, R. M. and C. H. Berndt. 1989. *The Speaking Land: Myth and Story in Aboriginal Australia*. Ringwood, Australia: Penguin Australia.

Berry, R. J., ed. 2006. *Environmental Stewardships: Critical Perspectives Past and Present*. London: T & T Clark.

Berry, T. 2003. Into the Future. In *This Sacred Earth: Religion, Nature, Environ- ment*, edited by R. S. Gottlieb, 492 – 96. London: Routledge.

Bhagavadgītā. Online at www.gita-society.com.

Biehl, J., ed. 1997. *The Murray Bookchin Reader*. London: Cassell.

Bird-David, N. 1999. Animism Revisited, Personhood, Environment and Relational Epistemology. *Current Anthropology*. 40: S67 – 91.

Blake, W. 1972. *Blake, Complete Writings*. Oxford: Oxford University Press.

Bloom, A. J., F. S. Chapin, and H. A. Mooney. 1985. Resource Limitation in Plants—an Economic Analogy. *Annual Review of Ecology and Systematics* 16: 363-92.

Bonfante-Fasolo, P., G. Berta, and V. Gianinazzi-Pearson. 1981. Ultrastructural aspects of endomycorrhizas in the Ericaceae II. Host-endophyte relationships in *Vaccinium myrtillus*. *New Phytologist* 89: 219-244.

Bookchin, M. 1982. *The Ecology of Freedom: The Emergence and Dissolution of Hierarchy*. Palo Alto, CA: Cheshire Books.

Braam, J. 2005. In touch: Plant Responses to Mechanical Stimuli. *New Phytologist* 165: 373-89.

Bradley, J. 1988. *Yanyuwa Country: the Yanyuwa People of Borroloola tell the His- tory of their Land*. Richmond, Australia: Greenhouse Publications.

______. 2001. Landscapes of the Mind, Landscapes of the Spirit: Negotiating a Sentient Landscape. In *Working on Country: Contemporary Indigenous Management of Australia's Lands and Coastal Regions*, edited by R. Baker, J. Davies, and E. Young, 295-307. Oxford: Oxford University Press.

Bradley, J. et al. 2006. *All Kinds of Things from Country: Yanyuwa Ethnobiological Classification*. Aboriginal and Torres Strait Islander Studies Res Rep Series 6. Brisbane, Australia: Aboriginal and Torres Strait Islander Studies Unit, University of Queensland.

Bradshaw, A. D. and K. Hardwick. 1989. Evolution and Stress-Genotypic and Phenotypic Components. *Biological Journal of the Linnaean Society* 37: 137-55.

Brennan, A. 1988. *Thinking About Nature: An Investigation of Nature, Value and Ecology*.

Athens, GA: University of Georgia Press.

Brenner, E. D. et al, 2006. Plant Neurobiology: An Integrated View of Plant Signalling. *Trends in Plant Sciences* 11: 413-19.

______. 2007. Response to Alpi *et al.*, Plant neurobiology, the gain is more than the name. *Trends in Plant Science* 12: 285-86.

Briggs, D. and S. M. Walters. 2000. *Plant Variation and Evolution*, 3rd ed. Cambridge, UK: Cambridge University Press.

Brockington, J. L. 1992. *Hinduism and Christianity*. Edinburgh, UK: Edinburgh University Press.

______. 1996. *The Sacred Thread: Hinduism in its Continuity and Diversity*. Edinburgh, UK: Edinburgh University Press.

Brooker, R. 2006. Plant – Plant Interactions and Environmental Change. *New Phytologist* 171: 271-84.

Brosius, J. P. 2001. Local Knowledges, Global Claims: On the Significance of Indigenous Ecologies in Sarwak, Indonesia. In *Indigenous Traditions and Ecology*, edited by J. A. Grim, 125-58. Cambridge, MA: Harvard University Press.

Browning Cole, E. 1992. Theophrastus and Aristotle on Animal Intelligence. In *Theophrastus: His Psychological, Doxographical and Scientific Writings*, edited by W. W. Fortenbaugh and D. Gutas, 44-62. London: Transaction Publishers.

Buber, M. 1944. *I and Thou*. Edinburgh, UK: T. & T. Clark.

van Buitenen, J. A. B. 1975. *The Mahabharata*, Books 2 and 3. Chicago: University of Chicago Press.

______. 1981. *The Bhagavadgītā in the Mahābhārata*. Chicago: University of Chicago Press.

Callaway, R. M. 2002. The Detection of Neighbors by Plants. *Trends in Ecology and Evolution* 17: 104 – 105.

Callaway, R. M., S. C. Pennings, and C. L. Richards. 2003. Phenotypic Plasticity and Interactions Among Plants. *Ecology* 84: 1115-128.

Callicott, J. B. 1997. *Earth's Insights: A Multicultural Survey of Ecological Ethics from the Mediterranean Basin to the Australian Outback*. Berkeley, CA: University of California Press.

Callimachus. *Hymn VI to Demeter*. Online at www.theoi.com/Text/CallimachusHymns2.html#6.

Capra, F. 1996. *The Web of Life*. New York: Anchor Books, New York.

Carone, G. 2003. The Classical Greek Tradition. In *A Companion to Environmental Philosophy*, edited by D. Jamieson. Oxford: Blackwell.

Cashford, J. 2003. *The Homeric Hymns*. London: Penguin.

Chan, K. M. A. 2007. When Agendas Collide, Human Welfare and Biological Conservation. *Conservation Biology* 21: 59-68.

Chapple, C. K. and M. E. Tucker, eds. 2000. *Hinduism and Ecology: The Intersection of Earth, Sky, and Water*. Cambridge, MA: Harvard University Press.

Chapple, C. K., ed. 2002. *Jainism and Ecology: Nonviolence in the Web of Life*. Cambridge,

MA: Harvard University Press.

Chaudhur, R. H. N. and D. C. Pal. 1997. Plants in Folk Religion and Mythology. In *Contribution to Indian Ethnobotany*, edited by S. K. Jain, 17–24. Jodphur, India: Scientific Publishers.

Clifton, C. S. and G. Harvey, eds. 2004. *The Paganism Reader*. London: Routledge.

Coleman, F. M. 2006. Book Review. Nature, Technology and the Sacred. *Organization and Environment* 19: 534–35.

Cooper, J. M. 1997. *Plato: Complete Works*. Indianapolis, IN: Hackett.

Cooper, D. E. and S. P. James. 2005. *Buddhism: Virtue and Environment*. Aldershot, UK: Ashgate.

Cort, J. E. 2002. Green Jainism? Notes and Queries Towards a Possible Jain Environmental Ethic. In *Jainism and Ecology: Nonviolence in the Web of Life* edited by C. K. Chapple, 63–94. Cambridge, MA: Harvard University Press.

Cudworth, R. 1678. *The True Intellectual System of the Universe*. London: Printed for Richard Royston.

Cuomo, C. J. 1998. *Feminism and Ecological Communities: An Ethic of Flourish- ing*. London: Routledge.

Czech, B. et al. 2005. Establishing Indicators for Biodiversity. *Science* 308: 791–92.

Dalai Lama. 1992. *MindScience: An East-West Dialog*. Somerville, MA: Wisdom Publications.

______. 2005. *The Universe in a Single Atom: The Convergence of Science and Spirituality*. New York: Morgan Road Books.

Daly, H. et al. 2007. Are We Consuming Too Much—For What? *Conservation Biology* 21: 1359–62.

Darwin, C. 1875. *Insectivorous Plants*. London: John Murray.

______. 1875a. *The Movements and Habits of Climbing Plants*. London: J. Murray.

______. 1880. *The Power of Movement in Plants*. London: J. Murray.

Deakin, R. 2007. *Wildwood: A Journey Through Trees*. London: Hamish Hamilton.

de Haan, C., H. Steinfeld, and H. Blackburn. 1998. *Livestock and the Environment: Finding a Balance*. Rome, Italy: FAO.

Della Porta, G. 1658. *Natural Magick*. London: Thomas Young and Samuel Speed.

Descola, P. 1992. Societies of Nature and the Nature of Society. In *Conceptualizing Society*, edited by A. Kuper, 107–126. London: Routledge.

Detwiler, F. 1992. All My Relatives: Persons in Oglala Religion. *Religion* 22: 235–46.

Deutsch, E. 1970. Vedānta and Ecology. *Indian Philosophical Annual* 6: 79–88.

______. 1986. A Metaphysical Grounding for Natural Reverence: East-West. *Environmental Ethics* 8: 293–99.

Devaraja, N. K. 1976. What is Living and What is Dead in Traditional Indian Philosophy? *Philosophy East and West* 26: 427–42.

de Weert, S. et al. 2002. Flagella-driven Chemotaxis Towards Exudates Components is an Important Trait for Tomato Root Colonization by *Pseudomonas flourescens*. *Molecular Plant-Microbe Interactions* 15: 1173–80.

Dicke, M. J. and J. Bruin. 2001. Chemical Information Transfer Between Damaged and Undamaged Plants. *Biochemical Systematics and Ecology* 29: 979-1113.

Diels, H. and W. Kranz. 1985. *Die Fragmente der Vorsokratiker*. Zürich, Switzerland: Weidmann.

Diodorus Siculus. 1989. *Library of History. Volume* 5, translated by C. H. Oldfather. London: Loeb.

Dwivedi, O. P. 2000. Dharmic Ecology. In *Hinduism and Ecology. The Intersection of Earth, Sky, and Water*, edited by C. K. Chapple, and M. E. Tucker, 3-22. Cambridge, MA: Harvard University Press.

Dolch, R. and T. Tscharntke. 2000. Defoliation of Alders (*Alnus glutinosa*) Affects Herbivory by Leaf Beetles on Undamaged Neighbours. *Oecologia* 125: 504-511.

Doniger, W. and B. K. Smith. 1991. *Manu-Smriti*. London: Penguin.

Dowden, K. 1999. *European Paganism: The Realities of Cult from Antiquity to the Middle Ages*. London: Routledge.

Dreadon, E. 2002. He Taonga Tuku Iho, Hei Ara: A Gift Handed Down as a Pathway. In *Readings in Indigenous Religions*, edited by G. Harvey, 250-58. London: Continuum.

Dudley, S. A. and A. File. 2007. Kin Recognition in an Annual Plant. *Biology Letters* 3: 435-38.

Dundas, P. 1992. *The Jains*. London: Routledge.

Dyson, R. W. 1998. *Augustine: The City of God against the Pagans*. Cambridge, UK: Cambridge University Press.

Egerton, F. N. 2001. A History of the Ecological Sciences: Early Greek Origins. *Bulletin of the Ecological Society of America*: 93-97, January 2001.

Eliot, C. 1993. *Japanese Buddhism*. Richmond, UK: Curzon Press.

Emel, J., C. Wilbert, and J. Wolch. 2002. Animal Geographies. *Society and Animals* 10: 407-412.

Empedocles. 1981. *The Extant Fragments*, edited by M. R. Wright. New Haven, CT: Yale University Press.

Estabrook, E. M. and J. I. Yoder. 1998. Plant-Plant Communications, Rhizosphere Signaling Between Parasitic Angiosperms and their Hosts. *Plant Physiology* 116: 1-7.

Evans, J. P. and M. L. Cain. 1995. A Spatially Explicit Test of Foraging Behaviour in a Clonal Plant. *Ecology* 76: 1147-55.

Falik, O. et al. 2003. Self/Non-Self Discrimination in Roots. *Journal of Ecology* 91: 525-31.

FAO. 2002. *The State of Food Insecurity in the World*. Rome, Italy: FAO.

______. 2007. *State of the World's Forests, Annex Country Data*. Online at ftp,//ftp.fao.org/docrep/fao/009/a0773e/a0773e10.pdf.

Fathers of the English Dominican Province. 1911-1925. *The Summa Theologica of St. Thomas Aquinas*. London: R & T Washbourne.

Fienup-Riordan, A. 2001. A Guest on the Table: Ecology from the Yup'ik Eskimo Point of View. In *Indigenous Traditions and Ecology*, edited by J. A. Grim, 541-58. Cambridge, MA: Harvard University Press.

Findly, E. B. 2002. Borderline Beings: Plant Possibilities in Early Buddhism. *Journal of the American Oriental Society* 122: 252-63.

Firn, R. 2004. Plant Intelligence: An Alternative Point of View. *Annals of Botany* 93: 345-51.

Forde, B. G. 2002. Local and Long Range Signalling Pathways Regulating Plant Responses to Nitrate. *Annual Review of Plant Biology* 53: 203-224.

Francione, G. L. 2008. *Animals as Persons: Essays on the Abolition of Animal Exploitation.* New York: Columbia University Press.

Friedrich, G. and G. Kittel. 1985. *Theological Dictionary of the New Testament*, translated by Geoffrey W. Bromily. Grand Rapids, MI: Eerdmans Exeter Paternoster.

Garber, D. 2002. Descartes, Mechanics and the Mechanical Philosophy. In *Renaissance and Early Modern Philosophy*, edited by P. A. French and H. K. Wettstein, 185-204. Oxford: Blackwell Publishing.

Gersani, M. et al. 2001. Tragedy of the Commons as a Result of Root Competition. *Journal of Ecology* 89: 660-69.

Green M. J. 1992. *Dictionary of Celtic Mythology and Legend.* London, Thomas and Hudson.

Grim, J. A. 1998. Indigenous Traditions and Ecology. *Earth Ethics* 10, no. 1 (Fall 1998). Online at http://fore.research.yale.edu/religion/indigenous.

Grim, J. A., ed. 2001. *Indigenous Traditions and Ecology.* Cambridge, MA: Harvard University Press.

Grimes, R. L. 2000. *Deeply into the Bone: Re-Inventing Rites of Passage.* Berkeley: University of California Press.

Grodzins Gold, A. and B. R. Gujar. 1989. Of Gods, Trees and Boundaries: Divine Conservation in Rajasthan. *Asian Folklore Studies* 48: 211-29.

Gruntman, M., and A. Novoplansky. 2004. Physiologically Mediated Self/Nonself Discrimination in Roots. *PNAS* 101: 3863-67.

Guthrie, S. 1993. *Faces in the Clouds: A New Theory of Religion.* New York: Oxford University Press.

Habel, N. 2000. Introducing Earth Bible. In *The Earth Bible Volume 1: Readings from the Perspective of Earth*, edited by N. Habel. Sheffield, UK: Academic Press.

Haddas, M., ed. 1982. *The Complete Plays of Sophocles.* London: Bantam.

Hakeda, Y. S. 1972. *Kūkai: Major Works.* New York: Columbia University Press.

Haldane, E. S. and G. R. T. Ross, eds. 1955. *The Philosophical Works of Descartes.* New York: Dover Publications.

Hales, S. 1727. *Vegetable Staticks.* London: W. and J. Innys, and T. Woodward.

Hallé, F. 2002. *In Praise of Plants.* Portland, OR: Timber Press.

Hallowell, A. I. 1960. Ojibwa Ontology, Behavior and World View. In *Culture in History: Essays in Honor of Paul Radin*, edited by Stanley Diamond, 19-52. New York: Columbia University Press.

Hand, S., ed. 1989. *The Levinas Reader.* Oxford: Blackwell.

Harding, S. 2006. *Animate Earth: Science, Intuition and Gaia.* Totnes, UK: Green Books.

Harris, I. 1991. How Environmentalist Is Buddhism? *Religion* 21: 101-114.

Harvey, D. 1998. *Justice, Nature and the Geography of Difference*. Oxford: Blackwell.

Harvey, G. 1997. *Listening People, Speaking Earth: Contemporary Paganism*. London: Hurst & Company.

______, ed. 2000. *Indigenous Religions: A Companion*. London: Cassell Academic.

______. 2002. *Readings in Indigenous Religions*. London: Cassell Academic.

______. 2005a. *Animism: Respecting the Living World*. London: Hurst & Company.

______. 2005b. An Animist Manifesto. Online at http://www.bioregionalanimism.com/2007/09/animist-manifesto.html.

______. 2006. Animals, Animists, and Academics. *Zygon* 41: 9-20.

Harvey, P. 1990. *An Introduction to Buddhism Teachings, History and Practices*. Cambridge, UK: Cambridge University Press.

______. 2000. *An Introduction to Buddhist Ethics: Foundations, Values, and Issues*. Cambridge, UK: Cambridge University Press.

Hawkins, B. 2008. *Plants for Life: Medicinal Plant Conservation and Botanic Gardens*. Richmond, UK: Botanic Gardens Conservation International.

Healy, J. F. 1999. *Pliny the Elder on Science and Technology*. Oxford: Oxford University Press.

Henare, M. 2001. Tapu, Mana, Mauri, Hau, Wairua: A Maori Philosophy of Vitalism and Cosmos. In *Indigenous Traditions and Ecology*, edited by J. A. Grim, 197-221. Cambridge, MA: Harvard University Press.

Hesiod. *Hymn V to Aphrodite*. Online at www.omacl.org/Hesiod/hymns.html.

______. *Theogony*. Online at www.omacl.org/Hesiod/theogony.html.

Hettinger, N. 2005. Respecting Nature's Autonomy in Relationship with Humanity In *Recognizing the Autonomy of Nature*, edited by T. Heyd, 86-98. New York: Columbia University Press.

Heyd, T. 2007. *Encountering Nature: Toward an Environmental Culture*. Aldershot, UK: Ashgate.

______, ed. 2005. *Recognizing the Autonomy of Nature*. New York: Columbia University Press.

Hillel, D. 2006. *The Natural History of the Bible: An Environmental Exploration of the Hebrew Scriptures*. New York: Columbia University Press.

Homer. 2003a. *The Iliad*, edited by P. Jones. London: Penguin Classics.

______. 2003b. *The Odyssey*, edited by E. V. Rieu. London: Penguin Classics.

Honko, L. 1990. The Kalevala and the World's Epics: An Introduction. In *Religion, Myth and Folklore in the World's Epics: The Kalevala and its Predeces- sors*, edited by L. Honko, 1-26. Berlin: Mouton De Gryter.

______, ed. 1990. *Religion, Myth and Folklore in the World's Epics: The Kalevala and its Predecessors*. Berlin: Mouton De Gryter.

Hort, A., ed. 1938. *The Critica Botanica of Linnaeus*. London: The Ray Society.

Hutchings, M. J. and H. de Kroon. 1994. Foraging in Plants: The Role of Morphological Plasticity in Resource Acquisition. *Advances in Ecological Research* 25: 159-238.

Hutton, R. 1991. *The Pagan Religions of the Ancient British Isles: Their Nature and Legacy*.

Oxford: Blackwell.

Ingold, T. 1994. *What is an Animal?* London: Routledge.

Intergovernmental Panel on Climate Change. 2001. *Climate Change 2001: Syn- thesis Report.* Cambridge, UK: Cambridge University Press.

Isaac, S. 1992. *Fungal-Plant Interactions.* Berlin: Springer-Verlag.

Izaguirre, M. M. et al. 2006. Remote Sensing of Future Competitors: Impacts on Plant Defences. *PNAS* 103: 7170-74.

Jackson, R. B. and M. M. Caldwell. 1996. Integrating Resource Heterogeneity and Plant Plasticity: Modelling Nitrate and Phosphate Uptake in a Patchy Soil Environment. *Journal of Ecology* 84: 891-903.

Jackson, M.B. and T. D. Colmer. 2005. Response and Adaptation by Plants to Flooding Stress. *Annals of Botany* 96: 501-505.

Jacobi, H. 2001. *Jaina Sutras.* London: Routledge-Curzon.

James, S. P. 2004. *Zen Buddhism and Environmental Ethics.* Aldershot, UK: Ashgate.

Jenson, M. 2006. *The Gravity of Sin: Augustine, Luther and Barthan on Homo Incurvatus in Se.* London: T & T Clark.

Jordan, W. 2003. *The Sunflower Forest: Ecological Restoration and the New Com- munion with Nature.* Berkeley, CA: University of California Press.

______. 2005. Autonomy, Restoration and the Law of Nature. In *Recognizing the Autonomy of Nature*, edited by T. Heyd, 189-205. New York: Columbia University Press.

Karban, R. et al. 2000. Communication Between Plants: Induced Resistance in Wild Tobacco Plant Following Clipping of Neighboring Sagebrush. *Oecologia* 125: 66-71.

Kasulis, T. P. 2004. *Shinto, the Way Home.* Honolulu, HI: University of Hawai'i Press.

Katz, E. 1994. Judaism and the Ecological Crisis. In *Worldviews and Ecology: Religion, Philosophy and the Environment*, edited by M. E. Tucker and J. A. Grim, 55-70. Maryknoll, NY: Orbis.

______. 1997. *Nature as Subject: Human Obligation and Natural Community.* Lanham, MD: Rowman and Littlefield.

Kaukonen, V. 1990. The Kalevala as Epic. In *Religion, Myth and Folklore in the World's Epics: The Kalevala and its Predecessors*, edited by L. Honko, 157-180. Berlin: Mouton De Gryter.

Kelly, C. K. 1992. Resource Choice in *Cuscuta europaea. PNAS* 89: 12194-197. Kenny, A. 1973. *The Anatomy of the Soul.* Oxford: Blackwell.

Kilham, C. et al. 1986. *Dictionary and Source Book of the Wik-Mungkan Language.* Darwin, Australia: Summer Institute of Linguistics, Australian Aborigines Branch.

King, R. 1999. *Indian Philosophy: An Introduction to Hindu and Buddhist Thought.* Edinburgh, UK: Edinburgh University Press.

Kohák, E. 1993. Speaking to Trees. *Critical Review* 6: 371-88.

______. 1997. Varieties of Ecological Experience. *Environmental Ethics* 19: 153-71.

Kost, C. and M. Heil. 2006. Herbivore-Induced Plant Volatiles Induce an Indirect Defence in Neighbouring Plants. *Journal of Ecolology* 94: 619-28.

Kozlowski, T. T. 1990. Sattva, Enlightenment for Plants and Trees. In *Dharma Gaia: A Harvest of Essays in Buddhism and Ecology*, edited by A. H. Badiner. 136-44. Berkeley, CA: Parallax Press.

______. 1997. Responses of Woody Plants to Flooding and Salinity. In *Tree Physiology Monograph No. 1*. Online at www.heronpublishing.com/tp/monograph/kozlowski.pdf.

LaFleur, W. R. 1989. Saigyō and the Buddhist Value of Nature. In *Nature in Asian Traditions of Thought: Essays in Environmental Philosophy*, edited by J. B. Callicott and R. T. Ames, 183-209. Albany, NY: SUNY Press.

Laurance, W. F. et al. 2001. The Future of the Brazilian Amazon. *Science* 291: 438-39.

Leclerc, G. L. 1753. History of Man and the Quadrapeds. In P. Hyland, O. Gomez and F. Greensides, eds. 2003. *The Enlightenment: A Sourcebook and Reader*, 107-110. London: Routledge.

Leiss, W. 1972. *The Domination of Nature*. New York: George Braziller.

Letcher, A. 2003. Gaia told me to do it: Resistance and the Idea of Nature Within Contemporary British Eco-Paganism. *Ecotheology* 8: 61-84.

Light, A. 2005. Restoration, Autonomy and Domination. In *Recognizing the Autonomy of Nature*, edited by T. Heyd, 154-169. New York: Columbia University Press.

Lincoln, B. 1986. *Myth, Cosmos, and Society: Indo-European Themes of Creation and Destruction*. Cambridge, MA: Harvard University Press.

Linnaeus, C. 2003. *Systema Naturae*. In *The Enlightenment: A Sourcebook and Reader*, edited by P. Hyland, O. Gomez, and F. Greensides, 102-106. London: Routledge, London. (Originally published in 1735).

Locke, John. 1690. *Essay Concerning Human Understanding*. London: Printed by Elizabeth Holt for Thomas Bassett.

______. 1980. *Second Treatise of Government*, edited by C. B. Macpherson. London: Hackett.

Lönnrot, E. 1999. *The Kalevala: An Epic Poem After Oral Tradition*. New York: Oxford University Press.

Lovejoy, A. O. 1936. *The Great Chain of Being: A Study of the History of an Idea*. New York: Harper.

Low, N., ed. 1999. *Global Ethics and Environment*. London: Routledge.

Lucan. 1956. *Pharsalia: Dramatic Episodes of the Civil Wars*, edited by R. Graves. London: Harmondsworth.

Lymington, C. 1996. *The Poetic Edda*. New York: Oxford University Press.

Mabey, R. 2007. *Beechcombings: The Narratives of Trees*. London: Chatto and Windus.

Mahall, B. E. and R. M. Callaway. 1991. Root Communication Among Desert Shrubs. *PNAS* 88: 874-76.

Margulis, L. and D. Sagan. 2000. *What is Life?* Berkeley, CA: University of California Press.

Marvell, A. 1892. *The Poems of Andrew Marvell*, edited by G. A, Aitken. London: Lawrence & Bullen.

Mathews, F. 1991. *The Ecological Self*. London: Routledge.

______. 1994. *Cultural Relativism and Environmental Ethics*. Originally published in IUCN

Ethics Working Group No. 5. Online at www.freyamathews.com.

______. 1999. Letting the World Grow Old: An Ethos of Countermodernity. *Worldviews, Environment, Culture, Religion* 3: 119-37.

______. 2003. *For Love of Matter: A Contemporary Panpsychism*. Albany, NY: SUNY Press.

______. 2004. Letting the World Do the Doing. *Australian Humanities Review* 33. Online at www.lib.latrobe.edu.au/AHR/archive/Issue-August-2004/matthews.html.

Maturana, H. and F. Varela. 1980. *Autopoiesis and Cognition: The Realization of the Living*. Dordrecht, The Netherlands: Kluwer.

Mauzé, M. 1998. Northwest Coast Trees: From Metaphors for Culture to Symbols in Culture. In *The Social Life of Trees*, edited by L. Rival, 233-51. Oxford: Berg.

Mayr, E. 1969. Footnotes in the Philosophy of Biology. *Philosophy of Science* 36: 197-202.

McCann, K. S. 2000. The Diversity-Stability Debate. *Nature* 405: 228-33.

Medicinal Plant Specialist Group. 2007. International Standard for Sustainable Wild Collection of Medicinal and Aromatic Plants (ISSC-MAP). Version 1.0. Bonn, Gland, Frankfurt, and Cambridge. Bundesamt für Natur-schutz (BfN), MPSG/SSC/IUCN, WWF Germany, and TRAFFIC. Online at www.floraweb.de/map-pr.

Merchant, C. 1982. *The Death of Nature*. London: Wildwood House.

Mitra, V. 1976-1978. *The Yogavasistha-Maha-Ramayana of Valmiki*. Varanasi, India: Bharariya Publishing House.

Moltmann, J. 1985. *God in Creation: An Ecological Doctrine of Creation*. London: SCM.

Morrison, K. M. 2000. The Cosmos as Intersubjective: Native American Other than Human Persons. In *Indigenous Religions: A Companion*, edited by G. Harvey, 23-36. London: Cassell Academic.

Morton, A. G. 1982. *History of Botanical Science: An Account of the Development of Botany from Ancient Times to the Present Day*. London: Academic Press.

Mourelatos, A. P. D. 1993. *Pre-Socratics: A Collection of Critical Essays*. Princeton, NJ: Princeton University Press.

Munro-Chadwick, H. 1900. The Oak and The Thunder God. *The Journal of the Anthropological Institute of Great Britain and Ireland* 30: 22-44.

Nabhan, G. P. 1997. *Cultures of Habitat: On Nature, Culture and Story*. Washington, DC: Counterpoint.

Nash, J. 1991. *Loving Nature: Ecological Integrity and Christian Responsibility*. Nashville, TN: Abingdon Press.

Nash, R. 1989. *The Rights of Nature: A History of Environmental Ethics*. Madison, WI: University of Wisconsin Press.

Nee, S. 2004. More Than Meets the Eye. *Nature* 429: 804 – 805.

Neidjie, B. 1985. *Kakadu Man*. New South Wales, Australia: Mybrood.

______. 1998. Story About Feeling. Broome, Australia: Magabala Books.

Nelson, L. 2000. Reading the *Bhagavadgītā* from an Ecological Perspective. In *Hinduism and Ecology: The Intersection of Earth, Sky, and Water*, edited by C. K. Chapple and M. E. Tucker, 127-64. Cambridge, MA: Harvard University Press.

Nelson, R. K. 1986. *Make Prayers to Raven: A Koyukon View of the Northern Forest.* Chicago: University of Chicago Press.

Niebuhr, H. R. 2006. *The Meaning of Revelation.* Lousville, KY: Westminster John Knox Press.

Nielsen, K. 1989. *There is Hope for a Tree: The Tree as Metaphor in Isaiah.* Sheffield, UK: JSOT Press.

Nine Herbs Charm. Online at www.heorot.dk/woden-9herbs.html.

Noble, D. 2006. *The Music of Life: Biology Beyond the Genome.* New York: Oxford University Press.

Ovid. 2005. *Metamorphoses*, translated by C. Martin. New York: Norton.

Page, R. 1992. The Bible and the Natural World. In *Christianity and Ecology: Seeking the Well-Being of Earth and Humans,* edited by D. T. Hessel and R. Radford Ruether, 20-34. Cambridge, MA: Harvard University Press.

Pahl, G. 2005. *Biodiesel: Growing a New Energy Economy.* White River Junction, VT: Chelsea Green Publishing.

Park, S. W. et al. Isolation and Characterization of a Novel Ribosome-Inactivating Protein from Root Cultures of Pokeweed and Its Mechanism of Secretion from Roots. *Plant Physiology* 130: 164-78.

Parkes, G. 1997. Voices of Mountains, Trees and Rivers: Kūkai, Dōgen and a Deeper Ecology. In *Buddhism and Ecology: The Interconnection of Dharma and Deeds,* edited by M. E. Tucker and D. R. Williams, 111-30. Cambridge, MA: Harvard University Press.

Passmore, J. 1974. *Man's Responsibility for Nature, Ecological Problems and Western Traditions.* London: Duckworth.

Paterson, B. 2004. Finding Your Way in the Woods: The Art of Conversation with the Genius Loci. In *The Paganism Reader,* edited by C. Clifton and G. Harvey, 354-64. London: Routledge.

Peng, J. Y. et al. 2005. Preliminary Studies on Differential Defence Responses Induced During Plant Communication. *Cell Research* 15: 187-92.

Peters, N. K., J. W. Frost, and S. R. Long. 1986. A Plant Flavone: Luteolin, Induces Expression of *Rhizobium meliloti* Nodulation Genes. *Science* 233: 977-80.

Pichersky, E. and J. Gershenzon 2002. The Formation and Function of Plant Volatiles: Perfumes for Pollinator Attraction and Defense. *Current Opin- ion in Plant Biology* 5: 237-43.

Pimm, S. L. and P. Raven. 2000. Extinction by Numbers. *Nature* 403: 843-45.

Pin Koh, L. 2007. Potential Habitat and Biodiversity Losses from Intensified Biodiesel Feedstock Production. *Conservation Biology* 21: 1373-75.

Planta Europa Secratariat 2002. *European Plant Conservation Strategy.* London: Plantlife International.

Pliny. 1938-1963. *Natural History*, edited by H. Rackham. Ten volumes. London: Heinemann.

Plumwood, V. 1993. *Feminism and the Mastery of Nature.* London: Routledge.

______. 1999. Ecological Ethics from Rights to Recognition, Multiple Spheres of Justice for Humans, Animals and Nature. In *Global Ethics and Environment*, edited by N. Low, 188-212. London: Routledge.

______. 2002. *Environmental Culture: The Ecological Crisis of Reason*. London: Routledge.

______. 2006. Nature in the Active Voice. Unpublished Manuscript.

Primavesi, A. 2001. Ecology and Christian Hierarchy. In *Women as Sacred Custodians of the Earth? Women Spirituality and the Environment*, edited by A. Low and S. Tremayne, 121-41. London: Berghahn Books.

Priscian. 1997. *On Theophrastus on Sense-Perception*, edited by P. Huby. London: Duckworth.

Quayyum, H. A. et al. 2000. Growth Inhibitory Effects of Nutgrass (*Cyperus rotundus*) on Rice (*Oryza sativa*) Seedlings. *Journal of Chemical Ecology* 26: 2221-31.

Ramancutty, N. and J. A. Foley. 1999. Estimating Historical Changes in Global Land Cover. *Global Biogechemical Cycles* 13: 997-1027.

Ram-Prasad, C. 2007. *Indian Philosophy and the Consequences of Knowledge: Themes in Ethics, Metaphysics and Soteriology*. Aldershot, UK: Ashgate.

Randall, B. 2003. *Songman: The Story of an Aboriginal Elder*. Sydney, Australia: ABC Books.

Rao, K. L. S. 1970. On Truth: A Hindu Perspective. *Philosophy East and West* 20: 377-82.

Ratter, J. A., J. F. Ribeiro, and S. Bridgewater. 1997. The Brazilian Cerrado Vegetation and Threats to its Biodiversity. *Annals of Botany* 80: 223-30.

Ray, J. 1798. *The Wisdom of God Manifested in the Works of Creation*. Glasgow, UK: Mundell & Son, and J. Mundell.

Regan, T. 1983. *The Case for Animal Rights*. Berkeley, CA: University of California Press.

Ritchie, J. C. 1956. Biological Flora of the British Isles, *Vaccinium myrtillus* L. *Journal of Ecology* 44: 291-99.

Rival, L. 2001. Seed and Clone: The Symbolic and Social Significance of Bitter Manioc Cultivation. In *Beyond the Visible and the Material: The Amerindianization of Society in the Work of Peter Rivière*, edited by L. Rival and N. Whitehead, 57-80. New York: Oxford University Press.

______, ed. 1998. *The Social Life of Trees*. Oxford: Berg.

Rival, L. and N. Whitehead, eds. 2001. *Beyond the Visible and the Material: The Amerindianization of Society in the Work of Peter Rivière*. New York: Oxford University Press.

Roberts, R. M. and P. R. Willis. 1998. Understanding Maori Epistemology: A Scientific Perspective. In *Tribal Epistemologies: Essays in the Philosophy of Anthropology*, edited by H. Wautischer, 43-78. Aldershot, UK: Ashgate.

Roe, P. and F. Hoogland. 1999. Black and White: A Trail to Understanding. In *Listen to the People, Listen to the Land*, edited by J. Sinatra and P. Murphy 11-30. Victoria, Australia: Melbourne University Press.

Roebuck, V. J. 2003. *The Upanisads*. London: Penguin.

Rolston, H. 1987. Can the East Help the West to Value Nature? *Philosophy of East and West* 37: 172-90.

Rose, B. 1995. *Land Management Issues: Attitudes and Perceptions Amongst Abo- riginal People of Central Australia*. Alice Springs: Australia: Central Land Council.

Rose, D. 1987. A Social and Ecological Analysis of Dreaming Trees. Unpublished Manuscript.

______. 1992. *Dingo Makes Us Human: Life and Land in an Aboriginal Aus- tralian Culture*. Cambridge, UK: Cambridge University Press.

______. 1996. *Nourishing Terrains: Australian Aboriginal Views of Landscape and Wilderness*. Canberra, Australia: Australian Heritage Commission.

______. 1999. Indigenous Ecologies and an Ethic of Connection. In *Global Ethics and Environment*, edited by N. Low, 175-87. London: Routledge.

______. 2002. *Country of the Heart: An Indigenous Australian Homeland*. Canberra, Australia: Aboriginal Studies Press.

______. 2005. An Indigenous Philosophical Ecology: Situating the Human. *The Australian Journal of Anthropology* 16: 294-305.

______. 2006. What if the Angel of History Were a Dog? *Cultural Studies Review* 12: 67-78.

Rose, D., D. James, and C. Watson. 2003. *Indigenous Kinship with the Natural World in New South Wales*. New South Wales, Australia: NSW National Parks and Wildlife Service.

Rose, D. and L. Robin. 2004. The Ecological Humanities in Action: An Invitation. *Australian Humanities Review*. Online at, www.lib.latrobe.edu.au/AHR/archive/Issue-April-2004/rose.html.

Ross, A. 1992. *Pagan Celtic Britain: Studies in Iconography and Tradition*. London: Constable.

Runyon, J. B, M. C. Mescher and C. M. De Moraes. 2006. Volatile Chemical Cues Guide Host Location and Host Selection by Parasitic Plants. *Science* 313: 1964-67.

Russell, B. 1984. *History of Western Philosophy and Its Connection with Political and Social Circumstances from the Earliest Times to the Present Day*. London: Unwin Hyman.

Russell, C. 1979. The Tree as a Kinship Symbol. *Folklore* 2: 217-33.

Sachs, J. 1890. *History of Botany, 1530-1860*. London: Russell and Russell.

Sanchez, C. L. 1999. Animal, Vegetable, Mineral: The Sacred Connection. In *Ecofeminism and the Sacred*, edited by C. J. Adams, 207-28. New York: Continuum.

Saint Thomas Aquinas. 1955-1957. *Summa Contra Gentiles*, edited by C. J. O'Neil. Notre Dame, IN: University of Notre Dame Press.

Sarton, G. 1952. *A History of Science: Ancient Science Through the Golden Age of Greece*. Cambridge, MA: Harvard University Press.

Schiestl, F. P. et al., 1999. Orchid Pollination by Sexual Swindle. *Nature* 399: 421-22.

Schmithausen, L. 1991a. *Buddhism and Nature*. Tokyo, Japan: International Institute for Buddhist Studies.

______. 1991b. *The Problem of the Sentience of Plants in Earliest Buddhism*. Tokyo, Japan: International Institute for Buddhist Studies.

Searchinger, T. 2008. Use of U.S. Croplands for Biofuels Increases Greenhouse Gases Through Emissions from Land Use Change. Online at www.scienceexpress.org.

Secretariat of the Convention on Biological Diversity 2002. *Global Strategy for Plant*

Conservation. Montreal, Canada: Secretariat of the Convention on Biological Diversity

Sensarma, P. 1989. *Plants in the Indian Puranas*. Calcutta, India: Naya Prokash.

Seton, K. A. and J. J. Bradley. 2004. "When You Have No Law You Are Nothing": Cane Toads, Social Consequences and Management Issues. *The Asia Pacific Journal of Anthropology* 5: 205-25.

Schultes, R. and A. Hofmann. 1992. *Plants of the Gods: Their Sacred, Healing, and Hallucinogenic Powers*. Rochester: Healing Arts Press.

Shilapi, S. 2002. The Environmental and Ecological Teachings of Tirthankara Mahavira. In *Jainism and Ecology: Nonviolence in the Web of Life*, edited by C. K. Chapple, 159-67. Cambridge, MA: Harvard University Press.

Singer, P. 1980. Animals and the Value of Life. In *Matters of Life and Death*, edited by T. Regan, 218-59. New York: Random House.

______. 1995. *Animal Liberation*. London: Pimlico.

Snellgrove, D. L. 1987. *Indo-Tibetan Buddhism Indian Buddhists and their Tibetan Successors*. London: Serindia.

Soper, K. 1995. *What is Nature?* Oxford: Blackwell.

Soulé, M. and G. Lease. 1995. *Reinventing Nature? Responses to Postmodern Deconstruction*. Washington, DC: Island Press.

Spero, S. 1983. *Morality, Halakha and the Jewish Tradition*. New York: KTAV Publishing.

Stahlberg, R. 2006a. Historical Overview on Plant Neurobiology. *Plant Signalling and Behaviour* 1: 6-8.

______. 2006b. Historical Introduction to Plant Electrophysiology. *Plant Electrophysiology* 1: 3-14.

Stanner, W. E. H. 1979. The Dreaming. In W. E. H. Stanner, *White Man Got Not Dreaming: Essays 1938-1973*. Canberra, Australia: ANU Press.

Steinfeld, H. et al. 2006. *Livestock's Long Shadow. Environmental Issues and Options*. Rome, Italy: FAO.

Stenhouse, D. 1974. *The Evolution of Intelligence: A General Theory and Some of its Implications*. London: George Allen and Unwin.

Stevenson, P. nd. The Seasons and Seasonal Markers of the Tiwi people of North Australia. Unpublished Manuscript.

Storch, I. 1993. Habitat Selection by Capercaillie in Summer and Autumn, Is Bilberry Important? *Oecologia* 93: 257-65.

Struik, P. C., X. Yin, and H. Meinke. 2008. Plant neurobiology and green plant intelligence, science, metaphors and nonsense. *Journal of the Science of Food and Agriculture* 88: 363-70.

Sultan, S. E. 1996. Phenotypic Plasticity for Offspring Traits in *Polygonum persicaria*. *Ecology* 77: 1791-1807.

______. 2000. Phenotypic Plasticity for Plant Development, Function and Life History. *Trends in Plant Sciences* 5: 537-41.

Swearer, D. 2006. An Assessment of Buddhist Eco-Philosophy. *Harvard Theological Review*

99: 123-37.

Szerszynski, B. 2005. *Nature, Technology and the Sacred*. Oxford: Blackwell. Tacitus. 1999. *Germania*, edited by J. B. Rives. Oxford: Clarendon Press.

______. 2004. *The Annals*, edited by A. J. Woodman. Indianapolis, IN: Hackett Publishing.

Tatia, N., ed. 1994. *Tattvartha Sutra*. San Francisco, CA: Harper Collins.

Tawhai, T. P. 2002. Maori Religion. In *Readings in Indigenous Religions*, edited by G. Harvey, 237-49. London: Cassell Academic.

Thistleton-Dyer, T. F. 1994. *The Folk-Lore of Plants*. Felinfach, UK: Llanerch Publishers.

Theophrastus. 1916. *Enquiry into Plants*, edited by A. Hort. In Greek with translation. Two volumes. Cambridge, MA: Harvard University Press.

______. 1976-1990. *De Causis Plantarum*, translated by B. Einarson and G. K. Link. In Greek with translation. Three Volumes. Cambridge, MA: Harvard University Press.

______. 1993. *Metaphysics*, translated by M. van Raalte. Leiden, The Netherlands: E. J. Brill.

Thomas, C. D. et al. 2004. Extinction Risk from Climate Change. *Nature* 427: 145-48.

Thomas, R. F. 1988. Tree Violation and Ambivalence in Virgil. *Transactions of the American Philological Association* 118: 261-73.

Thompson, E. 2007. *Mind in Life: Biology, Phenomenology and The Sciences of Mind*. Cambridge, MA: The Belknap Press of Harvard University Press.

Tilman, D. et al. 2001. Forecasting Agriculturally Driven Climate Change. *Science* 292: 281-84.

Trenckner, V. ed. 1888-1925. *Majjhima Nikāya*. Four Volumes. London: Pali Text Society.

Trewavas, A. J. 2002. Mindless Mastery. *Nature* 415: 841.

______. 2003. Aspects of Plant Intelligence. *Annals of Botany* 92: 1-20.

______. 2004. Aspects of Plant Intelligence: An Answer to Firn. *Annals of Botany* 93: 353-57.

______. 2005. Green Plants as Intelligent Organisms. *Trends in Plant Sciences* 10: 413-19.

Tscharntke, T. et al. 2001. Herbivory, Induced Resistance, and Interplant Signal Transfer in Alnus glutinosa. *Biochemical Systematics and Ecology* 29: 1025-47.

Tucker, M. E. and J. A. Grim. 1994. *Worldviews and Ecology*. Lewisburg, PA: Bucknell University Press.

Tucker, M. E. and D. R. Williams, eds. 1997. *Buddhism and Ecology: The Interconnection of Dharma and Deeds*. Cambridge, MA: Harvard University Press.

Tudge, C. 2006. *The Secret Life of Trees: How They Live and Why They Matter*. London: Penguin.

Tull, H. W. 2004. Karma. In *The Hindu World*, edited by S. Mittal and G. R. Thursby, 309-31. London: Routledge.

Tunbrige, D. 1988. *Flinders Ranges Dreaming*. Canberra, Australia: Aboriginal Studies Press, AIAS.

United Nations Environment Programme. 2007. *Global Environment Outlook GEO4, Environment for Development*. Nairobi, Kenya: UNEP.

Upadhyaya K. 1964. Indian Botanical Folklore. *Asian Folklore Studies* 23: 15-34.

Virgil. 1987. *The Aeneid*, edited by R. D. Williams. London: Allen and Unwin.

______. 1996. *The Eclogues and The Georgics*, edited by R. D. Williams. London: Bristol Classic Press.

______. 1999. *Eclogues, Georgics, Aeneid* I-VI, edited by G. P. Goold and translated by H. Rushton-Fairclough. Cambridge, MA: Harvard University Press.

______. 2000. *Aeneid VII-XII. Appendix Vergiliana*, edited by J. Henderson and translated by H. Rushton Fairclough. Cambridge, MA: Harvard University Press.

Vlastos, G. 1968. Does Slavery Exist in Plato's Republic? *Classical Philology* 63: 291-95.

______. 1973. *Platonic Studies*. Princeton, NJ: Princeton University Press.

Wandersee, J. H. and E. E. Schussler. 1999. Preventing Plant Blindness. *The American Biology Teacher* 61: 84-86.

______. 2001. Toward a Theory of Plant Blindness. *Plant Science Bulletin* 47: 2-9.

Wandersee, J. H. and R. M. Clary. 2006. Advances in Research Towards a Theory of Plant Blindness. In *Proceedings of the 6th International Congress on Education in Botanic Gardens at Oxford University*. London: Botanic Gardens Conservation International.

Warren, K. 2000. *Ecofeminist Philosophy*. Lanham, MD: Rowman and Littlefield.

Webster, C. 1966. The Recognition of Plant Sensitivity by English Botanists. *Isis* 57: 5-23.

Welch, C. A. et al. 1997. Constraints on Frugivory by Bears. *Ecology* 78: 1105-1119.

Whippo, C. W. and R. P. Hangarter. 2006. Phototropism, Bending Towards Enlightenment. *The Plant Cell* 18: 1110-19.

White, L. 1967. The Historical Roots of Our Ecological Crisis. *Science* 155: 1203-1207.

Whitt, L. A. et al. 2003. Indigenous Perspectives. In *A Companion to Environmental Philosophy*, edited by D. Jamieson, 3-20. Oxford: Blackwell.

Wiley, K. 2002. The Nature of Nature: Jain Perspectives on the Natural World. In *Jainism and Ecology: Nonviolence in the Web of Life*, edited by C. K. Chapple, 35-59. Cambridge, MA: Harvard University Press.

Williams, R. H. B. 1963. *Jaina Yoga: A Survey of the Mediaeval Sravakacaras*. New York, London: Oxford University Press.

Wilson, H. H., ed 1840. *The Vishnu Purana*. London: Trubner and Co.

Winter, N. 2000. *Tobacco Use by Native North Americans*. Norman, OK: University of Oklahoma Press.

Wolch, J. R. and J. Emel. 1998. *Animal Geographies: Place, Politics, and Identity in the Nature-Culture Borderlands*. London: Verso.

WRAP 2007. *Understanding Food Waste Report Summary*. Online at www.wrap. org.uk/downloads/FoodWasteResearchSummaryFINALADP29_3__07.c0d5c6dc.pdf.

Zohary, M. 1982. *Plants of the Bible*. Cambridge, UK: Cambridge University Press.

찾아보기

[ㅈ]

[ㅎ]